Gustav Lünenborg

Bürger und Soldat. Innere Führung hautnah

1956 - 1993

1993 - 2015

Gustav Lünenborg

Bürger
und
Soldat

Innere Führung hautnah

1956 - 1993
1993 - 2015

2015

Carola Hartmann Miles-Verlag Berlin

Bibliografische Information der Deutschen Nationalbibliothek
Die Deutsche Nationalbibliothek verzeichnet diese Publikation in der Deutschen Nationalbibliografie; detaillierte bibliografische Daten sind im Internet über www.dnb.de abrufbar.

Herstellung: Books on Demand, Norderstedt

Titelbild: Lünenborg

www.miles-verlag.jimdo.com
email: miles-verlag@t-online.de

Printed in Germany

ISBN 978-3-945861-07-3

Es gibt in der Deutschen Militärgeschichte
so manches großartige Beispiel für Zivilcourage
und so manches erschreckende Versagen.
Die Gelegenheiten, Geschichte zu schreiben sind selten,
der militärische Führer bewährt sich im Alltag.

Inhalt

Auf dem Weg III

Auf dem Weg IV

Auf dem Weg VI

Vorwort

1956 war es für Abiturienten in der Bundesrepublik Deutschland nicht selbstverständlich, Offizier zu werden. Gerade 11 Jahre zuvor hatte Deutschland am Ende des 2. Weltkrieges bedingungslos kapituliert. Die Bundesrepublik war kaum 7 Jahre alt und der Widerstand gegen eine „neue Wehrmacht", gegen die Wiederbewaffnung, war groß. Viele Städte in Europa und ganz besonders in Deutschland lagen in Schutt und Asche, 50 Millionen Kriegstote, 6 Millionen ermordete Juden, Deutschland geächtet in der Völkerfamilie. Das Trauma wirkte weit über 1945 hinaus. Nie wieder deutsche Soldaten.

Die Alliierten kriegsmüde, aber gleichzeitig bedrohte das sowjetische Imperium unter dem Diktator Joseph Stalin das demokratische Westeuropa. Der Eiserne Vorhang, eine mit Minen und Selbstschußanlagen bewehrte Grenze, trennte Ost von West und zerschnitt Deutschland in die kommunistische Deutsche Demokratische Republik und die demokratische Bundesrepublik Deutschland.

Die Bundesrepublik wurde zur Verteidigung des freiheitlichen Westeuropas gebraucht und die Siegermächte gaben uns die frühe Chance eines Neuanfangs.

Ich war bei Kriegsende 9 Jahre alt und hatte mit meiner Familie Krieg und Kriegsende unbeschadet überstanden. Schon als Primaner hatte ich eine ungefähre Ahnung von dem, was im 2. Weltkrieg von deutschem Boden ausgegangen war und im deutschen Namen angerichtet wurde. Ich fühlte die Bedrohung durch die Sowjetunion und sah die einzigartige Chance der Bundesrepublik, nach der Katastrophe des Krieges sich aus den Trümmern des 3. Reiches zu einem freiheitlichen demokratischen Rechtsstaat zu entwickeln. Die Bundesrepublik wurde zur Verteidigung des freiheitlichen Westeuropas gebraucht, und die Siegermächte gaben uns die frühe Chance eines Neuanfangs. Ich hatte Architekt werden wollen und wurde Offizier.

Gustav Lünenborg

Hamburg, im März 2015

Einleitung

Neben der praktischen Arbeit in meinen jeweiligen Verwendungen habe ich mich am Prozeß der Selbstfindung der Bundeswehr aus der Rückbindung an die Wehrmacht hin zur geistigen Eigenständigkeit der Streitkräfte im demokratischen Rechtsstaat in allen Schüben beteiligt. Die Jahre als Jugendoffizier der Gebirgsdivision waren besonders spannend. Später gaben die langen Kommandeurverwendungen reichlich Gelegenheit, Einfluß zu nehmen. Aber auch sonst hat es nie an Plattformen und Aufmerksamkeit gemangelt, wenn ich mich zur Sache äußern wollte. Grundlage aller Arbeit war der freiheitliche Rechtsstaat und die Würde des Menschen.

Auch an mir war der Geist der frühen Jahre nicht folgenlos vorüber gegangen.

Das Pathos der ersten Ansprachen und Texte ist mir heute fremd, manche Äußerungen aus jetziger Sicht angreifbar. Aber ich will dieses berufliche Lebensbild nicht im Nachhinein glätten, sondern ihm seine Farbe, seine Authentizität, lassen. Es steht auch stellvertretend für andere.

Die Leserbriefe aus 1964 zeigen die Heftigkeit der Auseinandersetzung zwischen Bundeswehr und Teilen der Gesellschaft und die unvermeidlichen Mühen beider, ihren Weg in die Demokratie und ein angemessenes Verhältnis zueinander zu finden.

Um dem Einstieg die Schärfe, das Befremden vielleicht über die idealistischen, pathetischen Aussagen des 27jährigen Oberleutnants zu mildern, habe ich meine Abschiedsansprache an die Kleine Kommandeurrunde des Territorialkommando Schleswig-Holstein von 1993 den dann chronologischen Texten voran gestellt.

Nach der Pensionierung hatte ich mein Leben neu zu gestalten. Die Tagesthemen der Bundeswehr traten zurück, an den großen Themen wie „Wehrmachtsausstellung“ oder „Nichts ist gut in Afghanistan“ habe ich mich intensiv beteiligt.

Im Frühjahr 2013 haben mich Berichte über die Unzufriedenheit der jungen Kompaniechefs und Zugführer im Einsatz in Afghanistan, die, die außerhalb der Camps im scharfen Einsatz die Herausforderungen des Krieges zu meistern haben, zu mehrmonatigen Recherchen veranlaßt. „Mit der ‚Inneren Führung' können wir nichts anfangen. Sie taugt vielleicht für den Frieden, aber nicht für den Krieg." Die persönliche Begegnung mit einigen dieser Offiziere und Feldwebel hat mich sehr beeindruckt. Mein Resümee habe ich in den letzten Beiträgen dargestellt.

Ein Dank an Generalleutnant a. D. Professor ***Graf von Baudissin*** sei mir schließlich erlaubt. Wer 5 Jahre nach dem materiellen und moralischen Zusammenbruch seines Landes auf der Grundlage des gerade beschlossenen Grundgesetzes das Konzept einer neuen deutschen Bundeswehr im demokratischen Rechtsstaat entwickelte, das bis heute durch alle Veränderungen trägt, hat meinen ganzen Respekt und meine große Bewunderung. Mit Baudissin waren auch einige wenige weitere Offiziere an der Erarbeitung beteiligt, aber er trug die Last der Anfeindungen und der persönlichen Verunglimpfungen und stand sie durch. Seine Noblesse, sein Weitblick, sein Beispiel als Staatsbürger in Uniform waren mir stets Vorbild.

Die Auswahl der Veröffentlichungen und Ansprachen ist chronologisch geordnet. Die Zwischentexte **„Auf dem Weg I - VI"** sind aus der Erinnerung geschrieben und dienen der Orientierung des Lesers, den sie in mein jeweiliges berufliches und soziales Umfeld einführen.

Kiel, 23.09.93

Abschiedsansprache an die Kleine Kommandeurrunde

des Territorialkommandos Schleswig-Holstein
im Namen der ausscheidenden Kommandeure

Von Offizieren wie die, die sich heute hier versammelt haben und von denen, die Sie Herr General hier verabschieden, hat in den vergangenen Jahren abgehangen, was Bundeswehr ist und wohin sie sich entwickelt, wie sie mit ihren Menschen umgeht und wie leistungsfähig sie ist, welchen Platz sie in diesem Staat einnimmt und wie viel Respekt unsere Mitmenschen der Bundeswehr zollen.

Wir haben diese Bundeswehr geprägt, Inhalt und Klima der Arbeitsplätze unserer Soldaten und das Bild, das die Bundeswehr nach außen abgab.

Wir, die wir ausscheiden, gehen in der fast alles verändernden Wende. So sehr Weichen bereits heute neu gestellt sind, so sehr werden neue Inhalte und neues Bewusstsein erst im Laufe der nächsten Jahre ganz deutlich werden. Schon in wenigen Jahren werden Kommandeure der verschiedenen Ebenen eine andere Bundeswehr zu führen haben, als wir es taten.

Wir hatten als Soldaten eine gute Zeit. Wir gehen nach einem erfüllten Berufsleben. Wir haben zwar einen außergewöhnlichen Beruf gewählt, aber wir konnten in überschaubaren politischen Verhältnissen immer sicher sein, einer guten, notwendigen Sache zu dienen. Welch ein Auftrag, Recht und Freiheit der eigenen Mitbürger zu schützen, Recht und Freiheit, die offensichtlich bedroht waren. Und dieser Auftrag wurde von der überwältigenden Mehrheit in unserem Parlament durch die Jahrzehnte stets neu uns gegeben.

Wir hatten als Kompaniechefs, Kommandanten, Kommandeure alle benötigten Mittel überreich zur Verfügung: moderne Waffen und modernes Gerät, reichlich Munition und Betriebsstoff, funktionsgerechte Kasernen, eine hervorragende Ausbildungsorganisation, Geld für Lehrgänge, Übungen, Öffentlichkeitsarbeit und in jedem Quartal 40.000 junge Wehrpflichtige, die wir ausbilden durften mit unseren tüchtigen Feldwebeln und erfahrenen Offizieren.

Wo Mangel war, war es Mangel auf hohem Niveau. Meist hatten wir soviel, daß Phantasie, Initiative, Improvisationsvermögen eher unterfordert wurden.

Unser Beruf hat uns besonders als Chefs, Kommandanten und Kommandeure ungewöhnliche Gestaltungs- und Entscheidungsmöglichkeiten gegeben. Der Grundsatz der ungeteilten Verantwortung des militärischen Führers stellt da die besondere Herausforderung und Faszination des Offiziersberufes dar.

Bei allen Abhängigkeiten, auch mitunter Abhängigkeiten von Verständnis und gutem Willen von Vorgesetzten, habe ich, und ich denke so ist es meinen Kameraden nicht anders gegangen, diesen Beruf als ein Feld großer Freiheit für den selbstbewußten und couragierten Offizier erlebt. Fast immer war es möglich, das zu erreichen und durchzusetzen, was notwendig und richtig war.

Auch diese Freiheit ist ein besonderes Kapital der Bundeswehr, das uns vor vielen zivilen Arbeitsplätzen auszeichnet.

Der notwendige Einsatz, die Zivilcourage, war, gemessen an dem, was Männer und Frauen in den 12 Jahren vor 1945 zu wagen hatten, lächerlich gering.

Und schließlich: So sehr Kameradschaft oft auch als Begriff gedankenlos oder leer verbraucht wird, so sehr ist sie dennoch immer ein Wesensgehalt unserer Gemeinschaft geblieben. Bei allen menschlichen Schwächen, Eitelkeiten, überbewerteten Hierarchien, Karrierebesessenheit und Unsicherheiten, die wir mit Kameraden und Vorgesetzten in unserem Führungsberuf nicht selten erlebten, hat uns Kameradschaft dennoch sehr wesentlich getragen wie in wohl keinem anderen Beruf.

Defizite sollen nicht verschwiegen werden: Nach meinem Erleben hat dieser ungewöhnliche Beruf immer mit der Gefahr der Isolierung seiner Berufsträger gelebt, auch der Selbstisolierung. Besonders wir Führer haben uns, und das beklage ich nicht, oft mit Haut und Haaren der Herausforderung dieses Berufs gestellt und all unsere Kräfte darin investiert. Nicht selten haben wir dabei vergessen, unsere Bedeutung mit Blick auf das Ganze zu relativieren.

Wie viel Distanz hatten wir noch zur eigenen Rolle und wie kritisch haben wir sie reflektiert?

Wie gründlich haben wir geprüft, ob das, was und wie wir es taten immer noch trägt und gültig ist?

Mit wie viel Erfolg haben wir durchgesetzt, daß nicht die Hierarchie und die Organisation, sondern der Mensch und hier doch wohl zunächst der einfachste Soldat als schwächstes Glied im Mittelpunkt steht?

Der Preis, den unsere Familien für unser berufliches Engagement gezahlt haben, ist hoch.

Aber dennoch: Wenn man das Glück hatte, als Kommandeur arbeiten zu dürfen, dann ist der Offiziersberuf in besonderer Weise ein faszinierender Beruf gewesen, ganz sicher in unseren Jahren und ich hoffe, er wird es immer noch sein, wenn er aus der Asche dieser Veränderungen neue Gestalt gewonnen hat.

Wo, und erlauben Sie mir das aus dem eigenen Erlebnisbereich zu sagen, wo kann man nach einer Woche harter Übung mit seinem Bataillon durch Schleswig-Holstein in der entscheidenden Übungsphase, dem Übersetzen einer gepanzerten Brigade über die Elbe, seinen jungen Soldaten, die die schweren Motorboote der Fähren fahren, am Morgen um 4 Uhr in die Gesichter schauen und erleben, wie der Stolz auf das eigene Können und auf die Leistung des Verbandes aufleuchtet und den Kommandeur anstrahlt.

Das mag sehr romantisch klingen, aber auch der Soldat lebt nicht vom Brot allein. Die entscheidende Kraft war auch bei uns das menschliche Vertrauen. Das war auch unsere Macht, mit der wir führen und verführen konnten.

Wir Scheidenden hatten das Glück unserer Generation:

- Wir lebten in einem Staat, dem zu dienen sich uneingeschränkt lohnt. Wann hatten deutsche Soldaten einen besseren Auftrag!
- Wir waren Handelnde in Jahrzehnten permanenten Aufschwungs.
- Die militärische Bedrohung unseres Landes war offenkundig und damit die Notwendigkeit der Bundeswehr. Wir waren Teil eines starken, selbstbewußten und außerordentlich erfolgreichen Bündnisses.

- Wir brauchten in keinen Krieg zu ziehen. Unserem Land war eine glückliche Zeit des Friedens vergönnt. Wir durften daran mitwirken.

So scheiden wir aus einem Beruf, der uns ganz und gar gepackt hat, zufrieden und dankbar.

Ihren Vorgängern als Befehlshaber und Ihnen persönlich Herr General haben wir Dank zu sagen, für das Vertrauen, in dem Sie uns, Ihren Kommandeuren Freiheit zum Handeln gaben, für Großmut und Kameradschaft mit denen Sie auch dann, wenn es nicht so lief, wie es sein sollte uns beigestanden haben und für das Vorbild. Die Befehlshaber unserer Jahre haben uns immer die Gewißheit gegeben, daß sie alles in ihrer Macht Stehende tun, um ihrer hohen Verantwortung gerecht zu werden.

Das war eine gute Gewißheit. Herzlichen Dank.

Auf dem Weg I

1945	Ende des 2. Weltkrieges
1947	Beginn des Kalten Krieges
1949	Nordatlantikpakt
1950 - 53	Koreakrieg (Südkorea/USA - Nordkorea)
1946 - 54	Indochinakrieg (Frankreich - Vietminh)
1955	Aufbau der Bundeswehr
1956	Aufbau der Nationalen Volksarmee
1956	Ungarnaufstand
1956	Suezkrise

1956 - Meine Mutter war überrascht, meine Oma, im Stadtviertel respektvoll „Napoleon vom Wietesch" genannt, stimmte sofort zu: „Gustav wird General!"

Wenige Wochen später stand ich vor dem geschlossenen Tor der Funkkaserne in München-Freimann, einen Koffer an der Hand. Es war der 2. Mai 1956. Ich schaute durch das Eisentor. Vor mir eine Flaggenparade. Die erste in meinem Leben. Die Szene war mir fremd, unwirklich. **Wollte ich da wirklich hinein?**

Ich war 19, hatte gerade das Abitur gemacht, nicht glänzend, dafür Hockey gespielt beim RHC Rheine mit Passion, die letzten zwei Jahre in der Oberliga, linker Verteidiger. Einziges Kind, große Familie am Ort, eine feste Freundin. Wollte ich wirklich da hinein?

Vier Jungen aus meiner Abiturklasse gingen zur Bundeswehr. 1956 völlig ungewöhnlich. Die Straßenparolen hießen „Ohne mich!", „Nie wieder deutsche Soldaten!" Der 2. Weltkrieg war gerade 11 Jahre vorbei. - Wo waren wir Vier gestartet? Unsere Familien, unsere Väter: ein Wehrmachtsgeneral, ein Elektroingenieur, ein Kolonialwarenhändler aus dem Arbeiterviertel, ein Textilkaufmann.

Meine bürgerliche Familie war lange vom Nationalsozialismus begeistert gewesen, wie Millionen Deutsche, nicht mehr, aber auch nicht weniger. **Meine Oberstufen-Lehrer** waren strenge, väterliche Herren, kein Wort zum 3. Reich. Nur als Adi Lutze, Klassenkamerad und Sohn des verstorbenen ehemaligen Reichsführer SA auf eine Frage reflexartig und anerzogen „Jawoll!“ antwortete, explodierte der weißhaarige Lateinlehrer.

Unser Deutschlehrer war Fallschirmjägeroffizier gewesen. Kein Wort, aber wir wußten es. Seine Nachdenklichkeit, seine warmherzige Achtsamkeit sprachen uns Jungen sehr an. Respekt war selbstverständlich.

Drei Monate nach der Flaggenparade. Inzwischen eingekleidet und eingegliedert in den „3. Offiziersanwärterjahrgang Pioniere“. Wir wirkten mit an einem Werbefilm der Bundeswehr, bauten eine Behelfsbrücke, fuhren Sturmboote. Es knallte und rauchte reichlich. Schöne Bilder, eine zivile Filmgesellschaft. Ich hatte viel Kontakt mit dem Kameramann. Fotografieren war schon damals meine Leidenschaft. In München zurück eine Einladung zum Abendessen: **„Wollen Sie mein Kameraassistent werden**? Sie können sofort anfangen.“ Eine Versuchung. - Ich blieb Soldat.

In der Funkkaserne zogen wir von Block zu Block und richteten ihn ein: Holzböden abspähnen, je Stube 6 Schränke, 3 x 2 Betten, 6 Stühle, ein Tisch. Spartanisch, militärisch. Gleichzeitig lief die Grundausbildung: Grundstellung, Marschieren, Singen, Grüßen und die Ausbildung an den US-Handfeuerwaffen, an einfachem Gerät und Pioniertätigkeiten. Später auch US-Brückengerät, zunächst mit amerikanischen Ausbildern.

Ausgang in Uniform war gewünscht, aber mindestens zu zweit und nicht nach 22 Uhr. Pöbeleien und Handgreiflichkeiten von Bundeswehrgegnern waren häufig. Am Wochenende lag ein Bereitschaftszug in der Kaserne bereit, um einzugreifen, wenn Soldaten angegriffen wurden.

Als Ausgehuniform trugen wir eine kurze grau-blaue Jacke, „Affenjäckchen“ genannt, und Schirmmütze. Eleganz sah anders aus.

Unsere Vorgesetzten, Offiziere und Feldwebel, waren Kriegsteilnehmer aus der Wehrmacht, oft gerade zurück aus russischer Kriegsgefangenschaft. 6 Monate vor uns war der 1. Offiziersanwärterjahrgang in Andernach vereidigt worden. Konrad Adenauer war Bundeskanzler, General Heusinger Generalinspekteur und General Speidel der erste westdeutsche NATO-General. Beide waren schon in der Wehrmacht General.

Die junge Bundeswehr machte sich holpernd auf den Weg. In einer Bundesrepublik, die noch lange nicht ihre Sicherheit als demokratischer Rechtsstaat gefunden hatte. In rasantem Tempo wurden die alten Kasernen bezogen, in wenigen Jahren sollten 500.000 Mann unter Waffen stehen und dann die konventionellen Streitkräfte der NATO in Europa entscheidend verstärken. Darüber hinaus stellte die Bundesrepublik für den Fall des Krieges das atomare Schlachtfeld und erhielt im Gegenzug einen wesentlichen Teil seiner Souveränität zurück.

In der praktischen Ausbildung war die Wehrmacht Vorbild. In der Menschenführung tastete man sich an das heran, was später „Innere Führung", „Staatsbürger in Uniform" und „Mitdenkender Gehorsam" heißen würde. Bei der „Tradition" löste man sich langsam und unter Schmerzen von der Wehrmacht. Die Männer des 20. Juli waren für die meisten auch unserer Vorgesetzten Verräter. Es sollte noch mindestens 2 Jahrzehnte dauern, bis die Bundeswehr ihre neuen Formen und den neuen Geist selbstverständlich lebte, und da war sie vielen anderen Institutionen der Bundesrepublik wie Universitäten, Verwaltungen oder Ministerien voraus.

1957 - Offiziersschule Husum, Fähnrichslehrgang. Abends immer eine Stunde Langlauf und mit Hockeyschläger und Ball Training an der Wand. Schlagen, Stoppen, Schlagen … Erholung vom Hörsaal. Mit Unterstützung des Sportlehrers hatte ich eine Hockeymannschaft gegründet. Ein Dutzend Gleichaltrige aus einem Dutzend Vereinen und Internaten aus der ganzen Bundesrepublik. Ein Nationalspieler, einige aus den Oberligen, einige Fast-Anfänger. Ein bunter Haufen. Unser erstes Spiel in Flensburg verloren wir 1 : 7. Aber wir wurden von Spiel zu Spiel erfolgreicher.

Pionierschule München. Der letzte Lehrgang vor der ersten Verwendung in der Truppe. In meiner Freizeit trainierte ich die 1. Mannschaft des Münchener Hockeyclubs Jahn, ging in die Kammerspiele zu Therese Giehse, ins Kabarett zu Werner Finck, in die Oper zu Rita Streich in den Meistersängern, fuhr einen blauen Heinkelroller und verunglückte nachts auf dem Herkommer Platz: Schädelbasisbruch. Krankenhaus rechts der Isar. Visite, der ganze Tross von Ärzten und Schwestern, voraus Professor Maurer in militärischer Grundstellung: „Darf ich mich nach dem werten Befinden des Herrn Leutnants erkundigen?"

Zunächst hatte ich zur Luftwaffe gewollt, Starfighterpilot. Ein Augenfehler bewahrte mich vor dem Schleudersitz oder Schlimmeren. **„Heer, Waffengattung Pioniere!"** meinten die Prüfoffiziere. Ich hatte ja Architekt werden wollen.

Nun stand die erste Verwendung an. Wenn schon nicht Pilot, dann Fallschirmjäger oder **Gebirgspionier.** Es war eng. Eine Zugführerstelle, drei Bewerber. Ich wurde Leutnant im Gebirgspionierbataillon 8. Der Präsident des Hockeyvereins hatte wohl auch die Hand im Spiel.

1958 - Zugführer in Degerndorf am Inn. Ein gepflegtes Dorf unter dem Wendelstein, eine solide Kaserne, ein schönes, komfortables Offizierscasino außerhalb. Dort wohnten wir unverheirateten jungen Offiziere, bestens bekocht und umsorgt von Rosa, der Küchenfrau.

Zunächst fuhr ich meiner ersten Kompanie nach, sie war zur Winterausbildung am Geiglstein bei Aschau. Der Kompaniechef, Hauptmann Köberl, gab mir seinen besten Skilehrer, Stabsunteroffizier Götz als „Privatlehrer". In 4 Tagen würden die Leistungsgruppen festgelegt. Ich solle zeigen, was ich könne. Ich war körperlich gut trainiert und landete im ersten Drittel.

Stegebau, ein Baggersee bei Rosenheim, Sommer, viele Badegäste. Ich baute mit meinem Zug einen Bocksteg, hochbeinig, ins Wasser hinein, dem anderen Ufer zu. Mein Chef war zur Dienstaufsicht gekommen. Der Steg stand halbfertig, als er sich nach rechts neigte und klatschend ins Wasser fiel. Viel Volks rundherum also, und man amüsierte sich.

Hauptmann Köberl forderte mich auf, mit ihm in die Kaserne zurück zu fahren. Oberfeldwebel Hase, mein Stellvertreter, sollte den Steg zurückbauen. Ich erwartete einen heftigen Anschiss. Kein Wort bis zur Kaserne, der Fahrer war ja dabei, dachte ich. Dann also in seinem Dienstzimmer.

Der Hauptmann besprach mit mir die nächste Dienstwoche, ganz normal, ohne Emotionen, ohne Zeigefinger. Kein Wort zum Bocksteg. Ich habe diese kluge Reaktion nie vergessen. Später in vergleichbaren Situationen als Kompaniechef und als Kommandeur war sie mir Beispiel.

Standortübungsplatz Nußdorfer-Au. Drei Kilometer Anmarsch aus der Kaserne mit meinem Zug. Damals sangen wir noch. Um uns Heuberg und Wendelstein, Hochries und Schwarzenberg, im Süden stand der Wilde Kaiser, die Spätsommerluft flirrte, die ersten Herbstfarben auf den Hängen.

Ein Gruppe Lehrer aus Rosenheim. Wir sollten einiges Gerät vorführen und u.a. eine Minenräumschnur zünden. Sie war 60 Meter lang, hatte entlang einer Sprengschnur einige Dutzend kleine Sprengstoffpäckchen, wurde von einer kleinen Rakete über eine feindliche Minensperre ausgezogen und detonierte mit dem letzten Zug der Rakete. Dort, wo die Sprengstoffpäckchen detoniert waren, hatte man eine vor Minen sichere Tretspur und konnte die Sperre überwinden.

Bei der Vorführung sollte es natürlich eine Übungs-Minenräumschnur sein, ohne Sprengstoff, nur Pyrotechnik, aber mit Knall und Rauch.

Ich war gut in Schwung, ließ die Lehrer ziemlich dicht heran, befahl „Zünden!“ Die Minenräumschnur detonierte mit Krachen, Gesteinssplitter flogen, wir alle duckten uns reflexartig. Die Räumschnur war scharf gewesen, eine Verwechslung bei der Ausgabe, ich hatte nicht kontrolliert. Es hätte das Ende meiner Laufbahn sein können. Die Lehrer fragten nicht und ich sprach nicht darüber.

1959 - Lenggries, Deutsche Skimeisterschaften. Mit meinem Pionierzug unterstützte ich den örtlichen Skiclub bei der Vorbereitung auf Pisten und bei der Organisation. Zwei Wochen. Quartier bei den Amerikanern in der großen Kaserne unter dem Brauneck. Ich bekam Schwierigkeiten beim Mittagessen. Ich aß wie gewohnt bei Einsätzen außerhalb unserer Kaserne gemeinsam mit meinem Zug, ließ mir das Essen von einem meiner Soldaten bringen. Die amerikanischen Soldaten murrten, der deutsche Küchenmeister nahm mich beiseite. Ich aß ab da in der amerikanischen Offiziersmesse.

Auf den Pisten ging es besser. Wir wurden gebraucht. Die Meisterschaften verliefen perfekt. Ich lernte Harry Valerien kennen, heute eine Sportreporterlegende. Willy Bogner und Barbi Henneberger, damals das Traumpaar des deutschen Sports, wurden jeweils deutsche Meister. Die Pioniere aus Degerndorf wurden gefeiert, ich wurde Ehrenmitglied des Skiclubs Lenggries.

Einmal im Jahr lud Frau Meyer, die Frau unseres Kommandeurs, die Leutnante zu sich nach Hause ein. Ihr Zwetschgendatschi war berühmt und keiner ließ ihn sich entgehen. Anneliese Meyer war eine kultivierte Frau mit einem großen Herzen, in ihrer Jugend eine bekannte bayrische Handballspielerin. Ihr Mann, groß, starke Ausstrahlung, hochgeachtet, Träger des Silbernen Lorbeerblattes für besondere Verdienste im deutschen Sport. Antje, Tochter und einziges Kind, im passenden Alter.

Wir Leutnante haben diese familiären Stunden immer genossen, ein gutes Stück Bindung, ein wenig zu Hause.

1960 - Ein Ball im Offizierscasino. Die österreichischen Offiziere der Nachbargarnison aus Kufstein waren unsere Gäste. Gute Stimmung. Um Mitternacht ein Toast des deutschen Kommandeurs auf seine österreichischen Kameraden: „Wir haben immer zusammen gehört und wir gehören auch in Zukunft zusammen!“ Damals fast ein Politikum.

Ein Tanztee mit den jungen Damen des Alpentöchterheim aus dem nahen Nußdorf. Als Fähnrich- und Casinooffizier war ich für die Organisation verantwortlich. Zarte Bande, hübsche Mädchen „aus gutem Hause“. Ein kleines, heiteres Fest in aller Form und Ehren. Manche Verbindungen hielten lange.

Beim alten Rittmeister a. D. Gube in Rosenheim nahm ich Reitstunden. Irgendwann durfte ich auch mit dem betagten Schimmel allein ausreiten. Ein guter Reiter wurde ich nicht.

Oberstudienrat Klier gab den Offizieren Englischunterricht. Er bot mir an, mich kostenlos in Französisch zu unterrichten. Er war beinamputiert. „Mein Beitrag zur Bundeswehr.“ Ich hätte fleißiger sein können und schäme mich heute noch.

<u>1960 - S2/S1-Offizier</u>, Wechsel vom Zugführer zum Sicherheits- und Personaloffizier im Bataillonsstab. Damals zugleich Adjutant des Kommandeurs. Vorzimmer. Ein Taubenschlag. Eines Morgens stand Wolfgang in der Tür, Oberleutnant im Bataillon wie ich, weinend. „Zum Kommandeur." Sein Bruder war an diesem Morgen mit seinem Starfighter abgestürzt. Der wievielte?

So manches Wochenende verbrachte ich auf meinem Zimmer im Casino. Ich las. Das 3. Reich war mir unheimlich, seine Machtentfaltung, seine Selbstinszenierung faszinierten mich, seine Verbrechen stießen mich ab, die militärischen Leistungen der Wehrmacht bewunderte ich, die Menschenverachtung des Systems ließ mich schaudern. Wie konnte es zu solcher maßlosen Verführung/Verblendung kommen? Was motivierte die Millionen Soldaten zu diesen unglaublichen Leistungen?

Ich wollte mehr wissen und las:

- Golo Mann „Deutsche Geschichte des 19. und 20. Jahrhunderts"
- Paul Schmidt „Statist auf diplomatischer Bühne" (Hitlers Dolmetscher)
- Eugen Kogon „Der SS-Staat, das System der Deutschen Konzentrationslager"
- Churchill „Hitlers Angriff auf Russland"
- Ernst von Salomon „Die Kadetten"
- von Manstein „Verlorene Siege"
- Allen Bullock „Hitler - Eine Studie über Tyrannei"
- Adolf Hitler „Mein Kampf" (ich kam nicht weit)
- B.H. Liddle Hart „Jetzt dürfen sie reden - Hitlers Generale berichten"
- S.L.A. Marshall „Soldaten im Feuer"
- Rolf R. Bigler „Der einsame Soldat"
- Gordon A. Craig „Die preußisch-deutsche Armee"
- Helmut von Moltke „Briefe 1825 - 1891"
- Maxwell D. Taylor „Und so die Posaune einen undeutlichen Ton gibt, wer wird sich zum Streite rüsten?"
- Heinz Karst „Das Bild des Soldaten"
- Carl Zuckmayer „Als wär's ein Stück von mir".

Es waren wohl auch noch andere. Die erste nachhaltige Erinnerung an Graf Baudissin ist ein Aufsatz in den „Informationen für die Truppe", in dem er die Totalität eines 3. Weltkrieges beschreibt.

Kogons „SS-Staat" hat mich offenbar besonders beeindruckt. Ich finde auf dem ersten Deckblatt des Buches ein von mir handgeschriebenes Gedicht von Ernst Moritz Arndt:

„Wer aber vor Furcht zittert,
der ist ein Knecht,
und wer aus Furcht etwas tut,
ein niedriges Tier.
Es sind viele Laster schändlich zu nennen,
doch das schändlichste von allen
ist ein knechtischer Sinn."

Es war wohl das Entsetzen über das Gelesene, die Bestätigung dessen, was ich längst wußte, die mich in dieser Stunde hohem Idealismus und Pathos so sehr öffneten. Da war wohl auch eine Seite in mir getroffen. - Nie wieder habe ich soviel gelesen. Die Lektüre gab mir Sicherheit auf dem begonnenen Weg.

1961 Bau der Berliner Mauer

1962 Kubakrise

1963 Ermordung John F. Kennedys

1962/63 - Jugendoffizier der Gebirgsdivision. Ich war 26. Umzug von Degerndorf nach Garmisch, dem Sitz des Divisionsstabes. Abteilung G1, angedockt bei Rudi Meffert, lebenslustiger Presseoffizier. Ich bekam eine Pressekarte und konnte nach Belieben ins Eisstadion. Dort feierten Kilius/Bäumler Triumphe. Der G1, Major i. G. Ossenbrink, Leiter der Personalabteilung der Division, ehemaliger Personalchef bei Springer. Ein souveräner Vorgesetzter. Er ließ mir alle Freiheit.

Der Jugendoffizier war Mittler zwischen Bundeswehr und Schulen, Jugendorganisationen und -verbänden, zu allen, die mit „Jugend" zu tun hatten. Mein Reich dehnte sich zwischen Kempten und Bad Reichenhall, Garmisch und bis an München. **Franz-Josef Strauß war Verteidigungsminister, die politische Luft vibrierte.**

Ich konzentrierte mich auf die 52 Oberschulen meines Bereiches, erhielt Zutritt in 49. Das war nicht selbstverständlich. Jeweils eine Doppelstunde Unter- und Oberprima, Vortrag und Diskussion. In Uniform. Meist mit Protest, mit Zischen von den Klassen empfangen, fast immer mit Beifall, Klopfen auf den Tischen verabschiedet. Kreuzige und Hosianna, dicht beieinander.

Themen im Rahmen, aber nach meiner Wahl, z. B.: „Warum Bundeswehr?" - „Die NATO" - „Der Warschauer Pakt" - „Wehrpflicht und Freiwilligenheer" - „Widerstand gegen Hitler, der 20. Juli". Dies Thema war Anfang 60 fast ein Tabu. Eidbrecher oder Helden? Die Attentäter hatten meinen Respekt, meine Bewunderung. Aber der Lehrer am Skigymnasium Berchtesgaden widersprach mir verärgert.

Unvergessene Momente: Klosterschule Benediktbeuern, die ganze Oberstufe und alle Lehrer in der prachtvollen barocken Aula. Ich war gut in Form. - Kloster Ettal, das Internatsgymnasium, damals die Kaderschmiede Bayerns für Nachwuchs in Staat und Wirtschaft. Nach Vortrag und Diskussion zwei würdige Mönche an meiner Seite, sie luden mich ein zum Mittagessen. Ehemalige Offiziere aus dem 2. Weltkrieg. Bewegende Begegnungen.

Die Wies. Kurart Satzger, der Pfarrer. Er hatte in Sichtweite eine Landvolkshochschule gegründet. Der Jugendoffizier gehörte fest zu den Referenten. Satzger hatte im Krieg einen Arm verloren. Er trug das „Deutsche Kreuz in Gold" für herausragende Tapferkeit. Er hatte als Divisionspfarrer immer wieder Schwerverwundete aus dem feindlichen Feuer geborgen. Es wurde erzählt, Hitler habe sich geweigert, einem Pfarrer das Ritterkreuz zu verleihen. Die Begegnungen mit diesem lebensklugen, heiteren Gottesmann, aber auch die Mittagessen im Pfarrhaus der Wieskirche sind unvergessen.

Pädagogische Hochschule München. Eigentlich nicht mein Bereich. Bisher hatte kein Offizier Zutritt. Ich war dem Direktor in der Politischen Akademie Tutzing begegnet. Jetzt ca. 200 angehende Realschullehrer in der aufsteigenden Aula. Das Zischen und Pfeifen des Protestes nahm kein Ende. Mein erster Satz: „Fahren Sie doch fort mit Ihrem gedankenlosen Protest. Dann werden Sie bald nach der Pfeife derer tanzen, die heute schon in der DDR ihre Kollegen nach ihrer Pfeife tanzen lassen!“ Verblüffte Stille und dann nahm das Klopfen der Zustimmung kein Ende. **Kreuzige und Hosianna,** eine Lehre für's Leben.

Ich wohnte als Junggeselle zunächst im Offiziersheim des Divisionsstabes. Freitags kam Erika aus München, samstagmorgens starteten wir meist zum Wochenende in die Berge.

Wenn wir am Wochenende in Garmisch blieben, kochte Erika samstagmittags für uns in der Küche des Offiziersheims. Zum Beispiel eine Ungarische Pfanne: geräucherter Schinken, Zwiebeln, reichlich Paprika, Kabanossi, Schmand und dazu gab es ein gutes Brot. Der Duft stieg wohl auch dem Stellvertretenden Divisionskommandeur angenehm in die Nase, denn nicht selten stand er zustimmend neben ihr in der Küche. Aber zum gemeinsamen Essen ließ er sich nicht einladen: Oberleutnant und General. Dazu entschloss sich einige Jahre später der Stellvertretende Brigadekommandeur. Er liebte Erikas „Braune Bohnen mit Speck“. Längst waren wir da verheiratet.

Eine Woche am Kochelsee, in einem Haus des Deutschen Gewerkschaftsbundes: Ausbildung der nebenamtlichen Jugendoffiziere der Division. Armin Halle, Hauptmann und Jugendoffizier des II. Korps und ich leiteten. Frühnachrichten: Kubakrise! Wie dicht waren wir einem atomaren Krieg.

Armin passte in kein Schema. Offizier auf Zeit, in England erzogen, geprüfter Tanzlehrer, begabter Amateurzauberer. Nach der Bundeswehrzeit ging er zunächst als Journalist nach Israel, wurde dann Sprecher des westdeutschen Verteidigungsministeriums und dann der NATO in Brüssel.

Wir organisierten einen Tanztee im renommierten Alpenhof in Garmisch. Die Besatzung eines Minensuchbootes war zu betreuen. Aus welchem Internat hatte Armin diese hübschen Mädchen? Eine Tanzfläche im Hotelsaal, Kaffeezeit, viele zivile Gäste. Bald gehörte der Saal uns. Armin zauberte, eine große Nummer, das hübscheste Mädchen als Assistentin, die Uniformjacke hing am mobilen Garderobenständer mitten im Saal, eigentlich ein Unding. Das Publikum tobte. Innige Umarmungen beim Tanz. Wo blieb die Nacht?

Eine Nacht im Casino des Divisionsstabes. Ich feierte mit zwei Reserveoffizieren ihren Abschied. Die Stimmung war glänzend. War es auch etwas zu viel Alkohol? Nach Mitternacht bombardierten wir die Wände mit zahlreichen Blumentöpfen. Bei Dienstbeginn waren die Löcher notdürftig verfüllt, die Blumenerde einigermaßen aufgekehrt. Die Spuren der Nacht aber noch sehr deutlich. Wer hatte da gearbeitet? Morgens zum Chef des Stabes: eine deutliche Mißbilligung. War da ein winziges Lachen in seinen Augenwinkeln, daß die Leutnante ausnahmsweise, aber wenigstens ein Mal über die Stränge geschlagen hatten? Wir bezahlten den Maler und die Putzfrauen.

Ein Ball im Alpenhof in Garmisch. Das **Ballett der Bayrischen Staatsoper** tanzte für die Gebirgsdivision. Viele Uniformen, viel zivile Prominenz. Nach heftigsten Schneefällen hatte ein Kommando Gebirgsjäger das große Dach der Staatsoper in München vor dem Zusammenbrechen gerettet. Nun der Dank. Ich hatte die Ansagen zu machen. Kein Versprecher. Eine Woche später. Noch einmal tanzt das großartige Ballett. Diesmal für die Soldaten des Schneeräumkommandos und zahlreiche ihrer Kameraden, Mannschaften und ihre Unteroffiziere. Ich patze mehrmals.

Häufig in der Politischen Akademie Tutzing. Professor Messerschmidt, der Direktor, hatte mir angeboten, jeder Zeit, auch spontan, Gast des Hauses zu sein. Diesmal eine Tagung zur Deutschen Teilung. Hauptreferent: Professor Richard Löwenthal Berlin. Ein kleiner Mann, explosive Kraft. Im Plenum respektable Teilnehmer. Ich der einzige Soldat, Uniform. In der Diskussion meldete ich mich: „Wenn jeder von uns seinen Teil beiträgt, dann muß es besser werden.“ Stille - und dann der Professor: „Wie meinen Sie das, Herr Oberleutnant?“ Ich wußte nichts zu sagen, war auf die Knochen blamiert. Nie wieder wollte ich, ohne das Ende bedacht zu haben, den Mund aufmachen!

<u>**1963**</u> - zurück in Degerndorf, <u>**Kompaniechef**</u> im Gebirgspionierbataillon 8: Die 3., Maschinen- u. Brückenkompanie, fast 100 LKW, viele beladen mit Brückengerät, dazu Planierraupen, Autokräne, Frontlader. Ein hochqualifiziertes Team an Feldwebeln und Unteroffizieren, junge Kraftfahrer auf schwerem Gerät.

Zur Übergabe die LKW frisch unter Farbe, aber die ca. 3.000 Werkzeuge in den großen Kästen zu jedem LKW, jeder Planierraupe, jedem Kran hatte ich nicht überprüfen, durchzählen lassen. Erst später stellte sich heraus: es fehlten große Mengen. Wir „verkauften" unseren Anteil an einer Skihütte, die wir liebevoll für unsere Soldaten eingerichtet hatten und kauften Werkzeug. Bittere Stunden.

Oberfeldwebel Obinger, mein Spieß, also der Kompaniefeldwebel der 3. Kompanie. Ein Mann wie im Buche, ein alter Soldat mit väterlichem Herzen. Ehrenamtlicher Bürgermeister der kleinen, sehr schmucken Gemeinde Neubeuern, natürlich Mitglied der Freiwilligen Feuerwehr. Tief heimatverbunden, hoch angesehen. Mein Anker in bewegter See.

Ein Bergmarsch der Kompanie, eine Woche, Montag bis Freitag. Von Berchtesgaden nach Degerndorf zurück. Abseits der üblichen Wanderwege, der Heeresbergführer der Kompanie hatte die Strecke erkundet. Nahe der Grenze zu Österreich, die wir am 3. Tag unbeabsichtigt überschritten.

Ein ähnlicher Grenzzwischenfall lag wenige Wochen zurück. Wien hatte sehr empfindlich reagiert. Deutsches Militär auf Staatsgebiet des neutralen Österreichs. Für uns führte der Rückweg auf deutsches Gebiet über stark ansteigendes Gelände. Wir blieben unentdeckt. Die schwer beladenen Tragtiere mit ihren Führern im steilen Hang sehe ich noch jetzt vor mir. Absturz mit Waffen und Munition. Es ging gut.

Ein Nachtmarsch, eher eine Disziplinierungsübung der Kompanie. Rat vom Spieß. 54 Kilometer, ein Mal um den Wendelstein, auf asphaltierten Straßen: über den Tatzelwurm, hoch ins Sudelfeld, hinab nach Bayrischzell, Fischbachau, Bad Feilenbach. Knapp 100 Soldaten, Handfeuerwaffen, Maschinengewehre, schwere Panzerfäuste. Abends Abmarsch aus der Kaserne, Marsch durch die Nacht, bei Fischbachau das erste Morgenlicht. Kaum Pausen, wenig Ausfälle.

Das war ein Kräftemessen mit mir. Ich mußte da durch, trug Strecken Maschinengewehre oder die schweren Panzerfäuste meiner Soldaten, schlapp zu machen, wäre eine Blamage, ein nicht wieder gut zu machender Gesichtsverlust gewesen. Ich marschierte meist an der Spitze, mein Oberleutnant Schließender, der Spieß hatte Getränke, ein

Fahrzeug nahm die Ausfälle auf.

Bei Bad Feilenbach war der neue Morgen da. Wir marschierten geordnet in die Kaserne ein.

Heeresskimeisterschaften in Mittenwald. Generalmajor Thilo, der zukünftige Kommandeur der Gebirgsdivision, war „inspizierender" Gast. Ich drei Tage sein Begleitoffizier. Der General war bekannt als starke Persönlichkeit, für Strenge und Professionalität. Sein Quartier während der Meisterschaften die Gebirgs- und Winterkampfschule. Am zweiten Tag verspäte ich mich um zwei Minuten. Der General stand nahe der großen Uhr über der Wache im Gespräch mit einem Brigadekommandeur. Ich meldete mich. Ein kurzes Nicken und ein kurzer Blick auf die Uhr. Sonst kein weiteres Wort dazu. Ich habe das Bild auch heute sofort vor mir. Wir hatten sonst gute Tage miteinander.

An der Donau bei Eining. Drei Wochen im Biwak. Das ganze Bataillon. Bau und Betrieb von Fähren und Kriegsbrücken. Schlauchbootbrückengerät, ein Baukasten aus Tausend Einzelteilen, verlastet auf den Siebentonnern-LKW meiner Kompanie. Übersetzen von LKW und Panzer. Wir arbeiteten Tag und Nacht, nachts meist ohne Licht. Wir stellten auch die Sturmboote für das schnelle Übersetzen von Infanterie und die Motorboote zum Bewegen der Fähren auf dem Wasser. Der Maschinenzug mit seinen Raupen, Frontladern, Autokränen bildete im Gelände aus, wenn die Maschinen nicht am Wasser gebraucht wurden.

Betreuungstag. Die Nachbarstadt Abensberg hatte meiner Kompanie das Sportstadion zur Verfügung gestellt. Wettkampf der Schwergewichte. Für unsere ca. 30 beladenen Brücken-LKW, 7 Tonner-3Achser, ein Messen der Fahrkunst. Der Schirrmeister hatte einen kniffeligen Geschicklichkeitsparcours gebaut. Die Fahrer und Beifahrer waren heiß, die Gäste zahlreich, die Stimmung gut. Natürlich auch die ganze Kompanie, soweit nicht im Wettkampf auf der Tribüne. Nach 3 Stunden überreichte der Bürgermeister den Pokal.

In der Garnison zurück. Das „Oberbayrische Volksblatt" aus Rosenheim schrieb kritisch über die Bundeswehr und unser Bataillon. Ich begann meine Teilnahme an der öffentlichen Diskussion. **Die ersten Leserbriefe**.

1964	Vietnamkrieg (Südvietnam/USA - Nordvietnam/Waffen aus UDSSR u. China)
1968	543.000 US-Soldaten in Vietnam

1964 - Hochzeit mit Erika. Christkönigskirche in Degerndorf. Militärpfarrer Radlmeier, genannt Pratzenlucki, traute uns. Draußen ein Spalier meiner Feldwebel mit über uns gekreuzten Paddeln, ein Kantholz im Sägeblock und eine gute Zugsäge. Kein Problem. Ein Radlader mit abgesenkter Ladeschaufel, ausgepolstert. Er sollte uns ins Casino fahren. Soldatenbräuche, der emotionale Kitt.

Erika blieb, vor, neben, hinter mir, bei mir, Begleiterin im Auf und Ab, 1.000 Gespräche, 1.000 Ratschläge in schweren und in guten Zeiten. Bis heute.

Eine Winternacht. Selten leuchteten die Sterne so hell. Zurück vom Spaziergang, vor der Haustür. Probleme mit meinem Vorgesetzten, Probleme in der Kompanie. Berufswechsel? Oben schlief unsere 6 Monate alte Tochter, neben mir stand meine junge Frau. „Ich trage jede Entscheidung mit.“ Ich blieb, bessere Zeiten.

Ein Ball im Casino. Mit Franz Glück, unser Trauzeuge, mein bester Freund in diesen Jahren, bereitete ich das Fest vor. Es war Herbst. Ein Rosenzüchter bot uns an, sein ganzes Rosenfeld für das Fest abzuernten. Die Verkaufszeit sei vorüber. Und da stand noch ein Meer von Rosen. Ein voller Unimog. Es wurde ein traumhaftes Fest. Der Rosenzüchter mit seiner Frau unsere Ehrengäste. Franz spielte Hackbrett und pfiff zweistimmig. Unglaublich.

Noch immer waren **Ablehnung, Skepsis, Distanz** gegen die Bundeswehr in der Gesellschaft groß. Wir jungen Offiziere trugen oft demonstrativ auch außerhalb des Dienstes Uniform. Unsere Partnerinnen ertrugen das mehr oder weniger tapfer.

Da war **ein Opernbesuch,** „Die Meistersinger“. Natürlich in Uniform, Schirmmütze, Fangschnur, das ganze Programm. Erika in einem zauberhaften, zitronengelben, leicht gerafften, kniekurzen Kleid. Ein Sommerabend. Auf der weiten Treppe der wiedererrichteten prachtvollen Münchener Oper viel heiter sich unterhaltendes Publikum. Wir schritten über den Max-Joseph-Platz darauf zu. Die Gespräche verstummten, großes Schweigen, eine breite Gasse öffnete sich, mißbilligendes, fragendes, staunendes Betrachten unseres Auftritts.

Ich war am selben Tag aus drei Wochen Übungsplatzaufenthalt zurückgekommen, wenig Schlaf. Ich führte einen mannhaften Kampf, aber schlief während der Oper mehrfach ein.

Winterbiwak am Brauneck. Aufstieg von Lenggries mit Gepäck für 14 Tage Biwak und Skimarsch. Leichte Handfeuerwaffen, Skier. 120 Soldaten meiner Kompanie. Wir waren mit der Bahn gekommen, Benzinrationierung. Wir bauten Iglus zum Übernachten, die Feldküche hatten uns die Amerikaner aus Bad Tölz eingeflogen. Küche im Kuhstall.

7 Tage Skiausbildung und dann eine Woche Skimarsch mit Gepäck und Waffen abseits der Pisten. Hinab vom Brauneck, hinauf durch die Tegernseer und die Schlierseer Berge, Bayrischzell, Sudelfeld, Kaserne. 4 Nächte in Schneehöhlen, die sich jeder in den Schneehang grub, Latschen als Unterlage, eine dünne Schlafdecke, der Rucksack als Abschluß, die Füße hinein. Unvergessliche Tage.

Eining, **wieder an der Donau** - ein Brückenschlag bei Nacht. Das alte Schlauchbootbrückengerät. Harte Arbeit. Das ganze Bataillon im Einsatz. Ich eingeteilt als „Offizier des Einfahrens". Ich hatte die Oberstrom gebauten einzelnen Brückenfähren abzurufen, entsprechend meiner Einteilung. Sie ließen sich dann, gehalten und manövrierfähig durch Motorboote, nach Unterstrom fallen, warfen ca. 60 Meter über der Brückenlinie Anker, ließen sich an den Ankerseilen in die Brückenlinie sacken und koppelten mit den schon eingeschwommenen Fähren. Statt sie als erste abzurufen, ließ ich die schwächste Fähre, nur ein Motorboot, als Schlußfähre einschwimmen. Sie verhakte sich in einem gespannten Ankerseil und war erst Stunden später frei. Kein Brückenschluß, die überzusetzende Brigade, mehrere 100 Rad- und Kettenfahrzeuge, drehte ab. Ein schwerer Mißerfolg für unser Bataillon. Der Stellvertretende Kommandeur, verantwortlich für den Brückenschlag, tippte mir noch in der Nacht mit einer resignierten Geste gegen die Brust: „Es ist wie es ist. Wir werden es überleben." Eine großherzige, kameradschaftliche Zuwendung des Älteren an den Jüngeren. Ich habe sie nicht vergessen.

Ein Todesfall. Ein wehrpflichtiger Gefreiter hatte in seiner

Freizeit im Sudelfeld eine Radtour gemacht. Rückfahrt. Abschüssiger Tatzelwurmtunnel, Schotter und beidseitig unbehauener, scharfkantiger Fels. In Fahrt sprang die Kette ab. Er hatte keine Chance, durchraste den Tunnel und flog draußen über die Leitplanken gegen einen Baum. Fahrt zur Familie, Ehrenzug, Salut über dem Grab. Ein schrecklicher Tag.

1967	Sechstagekrieg (Israel-Nachbarn)
1968	Einmarsch von Truppen des Warschauer Pakts in die Tschechoslowakei

1969 - **Sonthofen** Unteroffiziersschule **Hörsaalleiter** in den B-Lehrgängen: Stabsunteroffiziere auf dem Weg zum Feldwebel. Eine Lehrgruppe mit 3 Inspektionen, je 4 Hörsäle mit je ca. 20 Lehrgangsteilnehmern. Prüflehrgang, wichtig für die Laufbahn unserer Soldaten.

Der Lehrplan stand fest, Themen, Ausbildung, Übungen liefen routinemäßig ab, in jedem Quartal ein neuer Jahrgang. Ich lernte das 1 x 1 der Allgemeinen Ausbildungsgebiete neu: Alarmposten, Alarmstellungen, Feldposten, Spähtrupp, MG, Panzerfaust - schulmäßig, bis ins Detail. Dazu Nahkampf. Als Lehrer im Anfang meinen Schülern nur eine Nasenlänge voraus. Gott sei Dank war da noch ein erfahrener Hörsaalfeldwebel.

Viele Ausbildungsabläufe waren seit Jahren eingefahren. Der Lehrgruppenkommandeur wachte über die Kontinuität: „Das machen wir schon immer so." Bei Änderungsvorschlägen fragte er getrennt andere Hörsaalleiter, die dann unterschiedliche Meinungen hatten. **„Warum soll ich da was ändern?!"** Die Unzufriedenheit war groß.

Ich versammelte die Hörsaalleiter nach Dienst. Wir definierten die strittigen Themen, bildeten Arbeitsgruppen, verteilten Referate und Koreferate, trafen uns zu Vorträgen und Aussprachen, immer außerhalb der Dienstzeit, aber in der Kaserne. Wir beschlossen die Ergebnisse einstimmig und trugen sie am nächsten Tag den 3 Inspektionschefs und dem Lehrgruppenkommandeur vor.

Ein ungewöhnliches Verfahren, am Rande der Unbotmäßigkeit. In einem Vierteljahr waren alle strittigen Punkte ausgeräumt. In offiziellen Dienstbesprechungen wurde unsere Aktion nicht erwähnt. Später verabschiedete mich der Schulkommandeur mit deutlichem Dank für Arbeit und Initiativen.

Das Eishockeyspiel gegen die Mannschaft der Sportschule der Bundeswehr im Sonthofener Eisstadion verloren wir vor großem Publikum deutlich. Als Hockeyspieler und Schlittschuhläufer hatte ich einen Vorsprung und schoss 2 Tore.

Wir lebten in diesen Jahren in Vorderhindelang, hoch oben am Hang und hatten guten Kontakt zu unseren bäuerlichen Nachbarn. Unser einjähriger Sohn erkrankte nach einer Pflichtimpfung schwer.

.. FähnrOffz

Degerndorf/Inn, 04.12.63
Karfreitkaserne

Ansprache an die Reserveoffiziersanwärter des Standortes bei der Nikolausfeier am 5.12.1963

Lassen Sie mich als Ihr Fähnrichoffizier an diesem heiter besinnlichen Adventabend einige Gedanken sagen, die ich auf dem Herzen habe.

Betrachten Sie sie einmal als meinen freudigen Glückwunsch zu Ihrem bestandenen Lehrgang, zum anderen aber auch als die Brücke in den nächsten Ausbildungsabschnitt, der Sie schnell - ich meine, viel zu schnell - zum Offizier führen wird.

Sie alle werden den bestandenen Lehrgang als die wichtigste Klippe ansehen, auf Ihrem Weg zum Leutnant. Ich will Ihre Freude nicht schmälern, eher vertiefen, wenn ich Ihnen zu bedenken gebe, daß die eigentliche Bewährung noch vor Ihnen liegt.

Ihr Ziel heißt Offizier zu werden. Auf Officium läßt sich dieses Wort zurückführen und das heißt: ein Amt, eine Pflicht.

Walter Flex sagte einmal: „Leutnant sein, heißt vorsterben.“ Wenn das auch heute von Ihnen nicht verlangt werden braucht, weil kein Krieg ist, so sei Ihr Leitwort: „Leutnant sein, heißt vorleben!“

Wir alle stehen in einer langen und stolzen Tradition deutscher und preußischer Offiziere, die bis auf den heutigen Tag in der ganzen Welt als vorbildlich bewundert werden und denen man noch heute nacheifert. Welche tiefe Verwirrung ist es, daß viele von uns auch in der Bundeswehr glauben, wir könnten auf diese Tradition verzichten und kämen aus mit einer Mischung Krämergeist, Intelligenz und technischem Verständnis, um eine schlagkräftige Truppe zu formen, mit der man kämpfen und siegen kann.

In einem künftigen Krieg müssen wir uns auf die Kampfweise des Gegners einstellen. Kommunistische Einheiten werden im Partisanenkrieg ausgebildet. Wenn auch die Perfektion der Waffen und die Fähigkeit sie zu bedienen eine wichtige Rolle spielen wird, so wird dennoch die Entscheidung über Sieg oder Niederlage in den seelischen Kräften der einzelnen Kämpfer liegen, entscheidend bei ihren Führern, den Offizieren.

Seit eh und je sind Opfermut, Ritterlichkeit, Tapferkeit, Selbstdisziplin und der Wille zum Sieg Tugenden gewesen, die den deutschen Offizier auszeichneten, oft gepaart mit einer hervorragenden Bildung und dem Bewußtsein der Verantwortung für das Wohl des ganzen Staates.

Viele tausend deutsche Offiziere haben uns diese Tugenden in den vergangenen Generationen vorgelebt und sind in ihrem Geiste uns vorgestorben und wenige waren es, die versagt haben. Wenn bei uns wenige versagten, viele aber Vorbild waren, wer maßt sich dann an zu sagen, unsere Tradition sei befleckt, wir müßten uns neue Leitbilder suchen?

Offiziere wie York, Scharnhorst, Gneisenau, Moltke, Beck, Manstein, Rommel, Guderian oder Dietl sind von der ganzen Welt bewunderte Soldaten und Vorbilder. Wir stehen in ihrer direkten Nachfolge. Warum sollten wohl gerade wir jungen Offiziere darauf nicht stolz sein?

Das Kriegsbild befindet sich heute in einem rapiden Wandel. Damit wandeln sich Waffentechnik und Gefechtsformen. Grundlage und damit Voraussetzung für jeden Sieg aber sind auch heute noch jene Tugenden, die ich Ihnen nannte.

Sie verschaffen selten den äußeren Erfolg, der den Applaus der Straße erhält und der nicht selten rücksichtslos und mit allen Mitteln erkauft wurde. Opfermut, Ritterlichkeit, Tapferkeit, Selbstdisziplin und der Wille zum Sieg fordern viel mehr die tägliche, oft mühselige Bewährung. In dieser Bewährung aber lernen Sie sich selbst in die Hand zu nehmen, finden Ihre eigene Mitte und werden sich Ihrer selbst bewußt. Das sind Voraussetzungen für jede erzieherische Aufgabe, ganz besonders, wenn Sie von Ihren Soldaten einmal so viel Vertrauen erwerben müssen, daß Sie Ihren Befehlen auf Leben und Tod folgen.

Lassen Sie sich als zukünftige Offiziere nicht krankmachen von dem Gift unserer Zeit, die all zu oft nur dem Geld und der äußeren Macht ihre Reverenz zollt und die glaubt, über jene Tugenden, die auch heute menschliche Größe ausmachen und seit Jahrtausenden die

Zeichen eines gesundes Volkes gewesen sind, mit Verachtung spotten zu können.

Bei allen Schwierigkeiten, die uns entgegentreten, haben wir mit dem Aufbau eines jungen Offizierskorps in der Bundeswehr die Chance, eine gesunde, junge Elite zu bilden. Nicht eine Pseudoelite, die in Überheblichkeit unfruchtbar ist, sondern ein Team junger Männer, für die die Forderung vom gesunden Geist im gesunden Körper gilt, die durch eine harte, tägliche Bewährung in einer schweren, erzieherischen Aufgabe bescheiden und demütig geworden sind und die atmen in der klaren Luft eines großen Zieles, das sie fordern läßt und sie hart und stolz macht!

Wenn Sie Offiziere werden, werden Sie es auf Lebenszeit, auch wenn Sie bald als Reservisten in den Universitäten studieren.

Sie verpflichten sich einer Aufgabe, die nicht zuerst heißt, Uniform zu tragen, sondern bereit zu sein, wenn es sein muß, für das Recht auf Freiheit zu kämpfen. Machen Sie daraus nie einen Hehl.

Reservisten gehören zur Reserve. Auf die Reserve muß man sich verlassen können.

Ich wünsche Ihnen, daß Sie sich nie hinter Ihrem Zivilanzug feige verstecken, sondern daß Sie einmal stolze, junge Offiziere sind, in dem Bewußtsein, in einer verpflichtenden Tradition zu stehen und mit dem unbeugsamen Willen zum Sieg, wo immer es zu kämpfen gilt.

Oberbayrisches Volksblatt Rosenheim, 5.2.1964

Kein Verzicht auf Clausewitz, Scharnhorst und Moltke

Mit wachsendem Interesse habe ich Ihren Artikel „Der Liegestütz“ gelesen. Nicht so sehr die Feststellung, daß das „Volksblatt“ in das gleiche Horn stößt, wie ein großer Teil der deutschen Presse, sondern einige Behauptungen von Ihnen können wir Soldaten uns nicht gefallen lassen.

Ich gehöre zu jener Generation, die damals noch nicht geboren war, als Ihre Generation Hitler an die Macht wählte. Auch die deutsche Presse hat sich in den Jahren vor und nach 1933 nicht weniger vor Hitlers Karren spannen lassen, wie sie es heute den Soldaten vorwirft. Nur bestand ein wesentlicher Unterschied: die Soldaten waren notwendigerweise zum Gehorsam auf den Staat oder später auf die Person des von der überwältigenden Masse des Volkes gewählten Repräsentanten des Staates vereidigt.

Wenn wir von Schuldigen sprechen, dann kann es nur das deutsche Volk in allen seinen Schichten sein. Nur Dumme werden dem deutschen Soldaten die Schuld am letzten Krieg allein geben. Das aber scheint das gefährliche Erbe der Bundeswehr zu sein. Wenn man Ihnen heute die Pressefreiheit entzöge, mit der Begründung, die deutsche Presse habe 1933 versagt, dann wären Sie gewiß empört.

Wenn man uns Soldaten seit 1955, oft gezwungen von der sogenannten öffentlichen Meinung, für die wesentlich die Presse verantwortlich ist, die Voraussetzungen dafür vorenthält, aus der Bundeswehr mehr zu machen als eine „bedingt abwehrbereite Truppe“, dann klatschen Sie Beifall und nutzen Ihren Einfluß, um die Voraussetzungen noch schlechter zu machen als sie sind.

Wenn in Nagold Fehler gemacht wurden, dann soll man die Verantwortlichen zur Rechenschaft ziehen, auch wenn wir Soldaten den fatalen Eindruck nicht loswerden, daß die alte Weisheit sich bestätigt, daß den letzten die Hunde beißen. Auch jene deutsche Presse, die seit 1949 systematisch mitgeholfen hat, das Ansehen des Soldatenberufes in den Schmutz zu zerren, hat ihren gewichtigten Teil Schuld daran, daß der erdrückende Unteroffiziersmangel uns heute zwingt, Soldaten mit viermonatiger Dienstzeit zu Vorgesetzten zu machen.

Der Liegestütz in Ihrer Sicht ist nicht symptomatisch für die Bundeswehr, sondern die Unsicherheit aller Ausbilder, von denen die wenigsten noch einen gangbaren Weg zwischen dem, was sie sollen, nämlich den feldverwendungsfähigen Soldaten auszubilden, und dem, was sie dürfen, nämlich den bedingt abwehrbereiten (Staats-)Bürger in Uniform nach

18 Monaten zu entlassen, finden.

„Dieses System ... hat aber auch nicht verhindern können, daß wir zwei Weltkriege verloren haben", schreiben Sie. Ich muß annehmen, daß Sie damit die Ausbildungsmethoden der Reichswehr und der Wehrmacht gemeint haben. Immerhin haben diese Ausbildungsmethoden den deutschen Soldaten nach Meinung des Auslandes zum besten Soldaten beider Kriege gemacht. Daß man ihn vor eine unlösbare Aufgabe gestellt hat, und daß es überhaupt Krieg gab, ist doch wohl die Schuld der zivilen politischen Führung und nur in den Augen der Dummen in erster Linie die Schuld des Soldaten selbst.

Wenn Sie also mit dem „alten Geist" jene Ausbildungsmethoden meinen, die es dem militärischen Vorgesetzten ermöglichten, einen Soldaten auszubilden, der tatsächlich im Kampf bestehen konnte, dann kann ich als junger Kompanie-Chef nur bedauern, daß so wenig von diesem „alten Geist" geblieben ist. Ihre Ausführungen zu „Liegestütz und Turnhallen" sind befremdend. Macht es sich der Chefredakteur einer Zeitung nicht etwas zu leicht, wenn er in 08/15-Manier von der Knobelbecherperspektive schreibt? Haben Sie sich schon einmal einen Tag Dienst in einer Kompanie angesehen, um tatsächlich zu wissen, was los ist? Haben Sie seit 1957 schon einen Artikel darüber geschrieben, daß die Degerndorfer Pioniere Dutzende von Sportplätzen im Rosenheimer Land für zivile Sportvereine gebaut haben und bis heute für rund 1.000 Soldaten sich den eigenen nicht bauen durften?

„Tradition", „Truppenfahnen" und „Leitbilder". Ich hoffe auf den Tag, wo man sich auf die großartige deutsche Soldatentradition besinnt und endlich den Mut hat, sie in den Dienst der Bundeswehr zu stellen. Aber das wird wohl erst dann sein, wenn Ihre Generation nicht mehr in den verantwortlichen Positionen sitzt. Der Schock von 1945 sitzt bei vielen Ihrer Generation so tief, daß sie auch nicht mehr unterscheiden können, was für eine Armee zeitlos notwendig ist und was man wissen kann. Truppenfahnen sind Symbole. Sie sollen etwas sichtbar machen. Wenn uns Degerndorfern der Landkreis Rosenheim eine Fahne überreicht hat, dann ist das ein Teil unseres Bemühens, bei unseren Soldaten ein klein wenig Heimat- und Vaterlandsbewußtsein zu wecken.

Einmal habe ich eine höhere Meinung von Ihrer Generation, als Sie selbst, und bin überzeugt, daß es Tausende von Männern und Frauen gibt, die Leitbilder meiner Generation sein könnten. Zum anderen besteht unsere militärische Tradition nicht allein in der Zeit von 1933 bis 1945. Männer, wie Friedrich der Große, Clausewitz, Scharnhorst, Gneisenau, Moltke, Beck und viele mehr, gehören zu den großen militärischen Leitbildern der Welt; nur wir Deutschen glauben, aus törichter Selbstzerfleischung auf sie verzichten zu können.

.., Oberleutnant und Kompaniechef, Degerndorf, Karfreitkaserne

„Christ und Welt“ April 1964

Diskussion um die „Innere Führung“ in der Bundeswehr

Wenn es möglich wäre, dann sollte man das Wort „Innere Führung“ vergessen oder wenigstens für einige Jahre nicht mehr benutzen. Es ist zum Schutthügel der Bundeswehr geworden, auf den alles geladen wird, was nicht klappt. Einsichtige in der Truppe wissen um diese Belastung, und man wird sie selten das Wort „Innere Führung“ aussprechen hören. Was das Wort meint, Menschenführung im umfassenden Sinne nämlich, verwirklichen sie mit aller Selbstverständlichkeit täglich im Umgang mit ihren Soldaten.

Würde das Offizierskorps der Bundeswehr aus wenigen hundert Mann bestehen, die zudem noch sorgfältig ausgesucht werden könnten, dann würde man bald einmütig zu den Grundsätzen der „Inneren Führung“ stehen. Nun sind aber einige zehntausend Offiziere in der Bundeswehr, und von einer besonders sorgfältigen Auslese kann zwangsläufig in den wenigsten Fällen gesprochen werden. In der Masse haben wir es also hier mit durchschnittlichen Männern zu tun, nicht schlechter, aber auch nicht besser als der Durchschnitt in anderen, ähnlichen Berufen.

Ganz zweifellos wird man das Offizierskorps der Bundeswehr einmal danach beurteilen, wie es die Aufgabe der „Inneren Führung“, der zeitgemäßen Menschenführung der Staatsbürger in Uniform, gelöst hat. Diese Lösung eines so vielschichtigen, mit einem Berg von Gefühlen überladenen Problems aber schon heute, nach acht Jahren Aufbau, in denen der nüchterne Alltag mehr als alle Kräfte forderte, zu erwarten, wäre eine unverständige Überforderung.

Was nun die „Mittelschicht“ betrifft, von der Dekan Mittelmann spricht, so ist sie zweifellos vorhanden. Sie trägt sogar nach meiner Überzeugung die Bundeswehr, denn ohne ihr selbstloses Mühen wäre die Bundeswehr gar nicht denkbar. Diese „Mittelschicht“ ist sehr oft tief verbittert und der Resignation nahe. Das kann wirklich nur verstehen, wer am eigenen Leibe erfahren hat, was es heißt, mit kaum einem Drittel des Unteroffizierssolls eine Kompanie zu führen. Das kann nur der begreifen, der aus eigenem Erleben die zwangsläufigen Spannungen und Kompetenzstreitigkeiten aus der Zweigleisigkeit Truppe und Bundesverwaltung kennt, wer mit den verheerenden Folgen des bisherigen Lossystems auf die Einstellung der jungen Soldaten zum Wehrdienst selber als Truppenoffizier hat fertig werden müssen, wen die Auswirkungen des Mangels an Führung durch höchste Stellen der Bundeswehr vor der Umgliederung der Führungsspitze betroffen haben, wer erlebte, wie Schöffen, die von militärischen Notwendigkeiten oder Zusammenhängen nichts wissen, militärische Straftaten zu verurteilen hatten oder wer zum soundsovielten Male seine Uniform zum Schneider gebracht hat, weil man sich die nächste Uniformänderung hat einfallen lassen, anstelle von Anfang an etwas Vernünftiges zu machen.

Nach alledem haben viele aus dieser „Mittelschicht" „die Nase voll" und den Eindruck, daß „es nicht funktioniert". Daraus ziehen sie den irrtümlichen, aber verständlichen Schluß, daß das „neue System" falsch ist. Für das Neue in der Bundeswehr steht der Begriff „Innere Führung"!

Ich glaube nicht, daß diese „Mittelschicht" die Ehrlichkeit aller großen Reden über „Innere Führung" in Zweifel zieht. Aber da ihr aus den geschilderten Gründen das Wasser täglich bis zum Hals steht, und das schon seit Jahren, oft ohne ein Zeichen von Besserung (zum Beispiel Unteroffiziersfrage), hält sie all diese Reden für nichts mehr als Theorie, die der Wirklichkeit nicht standhält.

.., Oberleutnant und Kompaniechef, Degerndorf (Inn).

Oberbayrisches Volksblatt — Rosenheim, 25.6.64

Flucht in die Öffentlichkeit

Unter dieser Überschrift schreibt Klaus Eck am 19. Juni im Volksblatt zum Fall Heye: „Und er griff zu, als ihm ‚Quick' die Möglichkeit bot, das zwischen den Zeilen (seines offiziellen Berichtes) Gesagte deutlicher zu machen."

Eindeutiger könnte eine Abqualifizierung des Wehrbeauftragten wohl kaum sein. Wenn der Admiral a. D. Heye der richtige Mann für dieses Amt des Wächters des Bundestages über den Geist der Bundeswehr wäre, dann würde er seine alarmierenden Vorwürfe gegen die Bundeswehr nicht zwischen den Zeilen seines offiziellen Berichtes an den Bundestag verpacken, um die Katze erst in der „Quick" aus dem Sack zu lassen, sondern würde in aller Offenheit in seinem offiziellen Bericht, der ja allen Bundestagsabgeordneten zugeht und der Öffentlichkeit ebenfalls zur Kenntnis kommt, die Dinge beim Namen nennen.

Hier geht es nicht mehr um einen Formfehler, sondern darum, daß der Admiral a. D. Heye sich durch sein Verhalten als Wehrbeauftragter selbst disqualifiziert hat.

Wenn jemand, nachdem das Kind in den Brunnen gefallen ist, sich äußert, er würde einen anderen Weg beschritten haben, wenn er gewußt hätte, was die „Quick" aus seinem Artikel gemacht hätte, dann ist das normalerweise naiv zu nennen. Für einen Mann in so hoher Verantwortung ist die Annahme, eine Illustrierte würde einen Artikel nicht frisieren, nicht Naivität, sondern Dummheit.

Der Vorwurf, die Bundeswehr würde ein Staat im Staate, ist alarmierend. Man kann ihn aber auch ungeheuerlich nennen. Träfe dieser Vorwurf zu, dann dürfte kein anderes Thema die deutsche Öffentlichkeit mehr interessieren. Denn niemand dürfte zulassen, daß die Jugend der Bundesrepublik Deutschland 18 Monate durch den Einfluß eines sogearteten Offizier- und Unteroffizier-Korps geht. Und weiter: Wieviel Verlaß ist dann noch auf das einzige schlag- und einsatzfähige Machtinstrument im Ernstfall, das sich ja der Staat zu seinem eigenen Schutz geschaffen hat, wenn er ein Staat im Staate wäre?

Aber der Admiral a. D. Heye hat Unrecht mit seinem Vorwurf. Die deutsche Öffentlichkeit hat zwar jahrelang alles getan, um die Bundeswehr, und hier besonders die Berufssoldaten in die Isolierung zu drängen und den Trotz in ihnen wachzurufen. Eine Armee aus Freiwilligen hätte sich wahrscheinlich unter diesem verblendeten Druck zum Staat im Staate entwickeln müssen.

Bei einem wehrpflichtigen Heer ist diese Entwicklung außerordentlich schwer, wenn nicht unmöglich. Die geistige Neuorientierung des Soldaten in seinem Verhältnis zum Staat, zum Individuum und zur soldatischen Aufgabe, die unter so grundlegend veränderten Verhältnissen nach 1945 notwendig wurde, hat bei den Berufssoldaten bis heute so wenig ihren Abschluß gefunden, wie bei irgend einer anderen ähnlichen Berufsgruppe in der Bundesrepublik Deutschland sonst.

Bei dieser inneren Bewegung konnte es zu einem geschlossenen Offizier- und Unteroffizierskorps überhaupt nicht kommen. Eine Armee als Staat im Staate aber ist ohne innere Geschlossenheit doch gar nicht denkbar.

Was nun „die Waffen von morgen und den Geist von gestern“ betrifft, so soll zur Klärung in dieser Diskussion gesagt werden: Es gibt auch heute noch einige unumstößliche Voraussetzungen der soldatischen Erziehung und Ausbildung. Dazu gehören ein glasklar geregeltes Vorgesetztenverhältnis, das Wissen, daß der Soldat grundsätzlich zu gehorchen hat und ein Verhältnis des Vorgesetzten zu seinem Untergebenen oder umgekehrt, das nicht als kollegial, sondern als soldatisch zu bezeichnen ist. Das Verhältnis des Admiral a. D. Heye zu seinem Fahrer Hottenrott mag dem Admiral zwar gefallen, weil Hottenrott für ihn die Stimme des Volkes ist. Übertragen in das praktische militärische Leben wäre der Schritt von dieser Kollegialität zur Diskussion mit Untergebenen über notwendige Entscheidungen nicht weit und von dort zur Entscheidungslosigkeit nur der nächste.

Sollte das die zeitgemäße Menschenführung des Admiral a. D. Heye sein, dann will sie doch wohl niemand ernsthaft der Bundeswehr empfehlen.

Der Mangel an qualifizierten Vorgesetzten ist zweifellos zur Zeit unser größtes Problem. Wir Soldaten haben aus den Erfahrungen der vergangenen Jahre gelernt, gegenüber der sogenannten öffentlichen Meinung und einem Teil der Presse geduldig und nachsichtig zu sein. Sonst nämlich müßte es uns wie bitterer Hohn erscheinen, daß gerade die, die bis heute mit billigen Romanen und böswilliger und unqualifizierter Kritik an allem Soldatischen, viele davon abgehalten haben, Unteroffizier und Offizier zu werden, sich heute über die angeblich unzeitgemäße und miserable Menschenführung in der Bundeswehr beklagen.

Admiral a. D. Heye hat mit seinem Exklusivbericht in der „Quick" die Aussichten, in absehbarer Zeit das Ausbilderproblem der Bundeswehr befriedigend zu lösen, in weite Ferne gerückt.

In der Auseinandersetzung um den Wehrbeauftragten ist auch die Rede vom Primat der Politik. Wir Soldaten anerkennen diesen Primat bedingungslos und jeder der behauptet, er sei in der Vergangenheit, gerade der jüngsten, durch das Militär verletzt worden, der kennt die Geschichte nicht.

Wir wehren uns aber mit aller Entschiedenheit gegen einen Primat des Zivilen. Wir sind bis heute den Verdacht nicht losgeworden, daß man aus Mißtrauen gegen den Soldaten zivile Kontrollorgane in die Bundeswehr eingebaut hat, die sich vom Personalgutachterausschuß über den zivilen Personalchef der Bundeswehr noch weit fortsetzen ließen. Strömungen, die nicht den Grundsätzen der Inneren Führung entsprechen, sind sehr häufig die Früchte dieses Mißtrauens. Welche Auswirkungen diese Arroganz des Zivilen heute bereits auf das Verhältnis Soldaten - Zivilisten hat, könnte wohl nur der Ernstfall offenbar machen.

Zweifellos wurde die Institution des Wehrbeauftragten von Anfang an von vielen Unteroffizieren und Offizieren als ein weiteres Kontrollorgan der zivilen Seite bewertet. Daß der erste Wehrbeauftragte wegen Homosexualität entlassen werden mußte und nun der zweite unwahre Vorwürfe größter Tragweite gegen eine sich nach härtesten Aufbaujahren mühsam konsolidierende Bundeswehr erhebt, trägt keineswegs zum Ansehen dieses notwendigen Amtes bei.

In der heftigen Reaktion, die nach so schwerwiegenden unwahren Äußerungen erfolgen muß, werden auch die positiven Anregungen des Admirals untergehen. Der Wehrbeauftragte, dessen Amt es ist, der Bundewehr zu helfen, hat ihr schweren Schaden zugefügt.

.. Oberleutnant, Degerndorf

Auf dem Weg II

1971 Friedensnobelpreis für Willy Brandt

1970 - <u>Bremen</u>, Schule Technische Truppen II, **<u>Lehrstabsoffizier Pioniere</u>.** Ich hatte überschaubare Stundenzahl und Themen und erarbeitete mit Tonbandgerät und Text eine andere Art des Unterrichts. Spötter nannten ihn den **„vollautomatischen Pionierunterricht".** Ich hatte Erfolg, die Lehrgangsteilnehmer liebten ihn, kein Abschlußbericht ohne Hinweis. Mein Hörsaalfeldwebel konnte ihn bald so gut halten wie ich selbst. Ich hatte freie Zeit und wurde der **inoffizielle Jugendoffizier** der großen Schule.

Der Schulkommandeur, Brigadegeneral, 7. Kind aus einer bäuerlichen Familie auf der Schwäbischen Alp. Seine junge Tochter lebte, so hieß es, mit einem führenden Bremer Juso zusammen. Das bekümmerte den bodenständigen Vater sehr. Ich hatte alle Freiheiten: Vorträge und Diskussionen in den Jugendzentren, in den Kirchengemeinden. Ich begegnete dem Rechtsanwalt **Heinrich Hannover**, der die Kriegsdienstverweigerer verteidigte und zeitweise Ulrike Meinhof, ich lernte das Pastorenehepaar **Taube** kennen, mit dem uns später eine lebenslange Freundschaft verband. Hans Taube war 1940 als Pastor eingezogen und dann in Russland Wehrmachtsoffizier geworden, Batteriechef, Kriegsgefangener, Spätheimkehrer. Seine Kinder, hellwach, politisch aktiv, weit links, trugen an der militärischen Vergangenheit des Vaters. Er war ein warmherziger Seelsorger seiner Gemeinde. Ethik und Moral, Alter und Krankheit, Politik und Literatur waren seine Themen. 100 Gespräche.

Ein Abend in der Kirchengemeinde Bremen-Grohn. Die zweite Begegnung mit Heinrich Hannover. „Bundeswehr und Kriegsdienstverweigerung" das Thema. Wir begegneten uns vorher in der Garderobe. Ich trug an diesem Abend ausnahmsweise, aber mit Bedacht Zivil. Hannover wütend: „Warum haben Sie Ihre Uniform nicht an?!" Er hätte es bei auch äußerlich klar erkennbarem „Feindbild" leichter gehabt. Eine aggressive Gruppe Bundeswehrgegner im Saal. Hannover, Rechtsanwalt, sprach mich mit „mein Herr Gegner" an. Ein gutes Patt nach nächtlicher Schlacht.

Ich gründete einen **Sicherheitspolitischen Arbeitskreis** an der Schule. Henning Scherf, Kirchenrat Kloppenburg, Herr Klein, CDU-Vorsitzender in Bremen, Graf Baudissin die ersten Referenten.

Graf von Baudissin, Generalleutnant a. D., war inzwischen Direktor des Instituts für Friedens- und Konfliktforschung an der Universität Hamburg. Nur wenige Offiziere machten nach ihrer Dienstzeit eine vergleichbare wissenschaftliche Karriere. Baudissin kannte mich nicht, als ich ihn im Institut anrief. Er sagte sofort zu und kam zu uns nach Bremen. Ich hatte ihn ein Jahr vorher im Bremer Ratskeller erlebt. Überfüllter Saal, Männer, überwiegend ältere. Baudissin versuchte, sein liberales Konzept von der Armee in der Demokratie zu entwickeln. Er wurde niedergeschrien.

Soziale Verteidigung, das pazifistische Modell von Theodor Ebert, Professor in Berlin. Ich wurde zur Mitarbeit eingeladen in einen kirchlichen Arbeitskreis von Pazifisten. Respektvoller Umgang: „Herr Oberstleutnant." Ich hatte später Eberts Konzept vor den Offizieren des Stammpersonals unserer Schule vorzutragen. An der Tafel zögerte ich kurz. „Soll ich die Stichworte links oder rechts einfügen?" mehr zu mir selber. Eine Stimme aus dem Plenum: „Sie immer links!"

Als unser Sohn schulpflichtig wurde, suchten wir **einen festen Wohnsitz** für die Familie. Wir entschieden uns für Hamburg, bauten an der Peripherie, im Kreis Segeberg. Es sollten noch fünf Verwendungen werden, täglich eine Autostunde hin, eine zurück. Aber im Umkreis. Dem Personalamt sei Dank.

1973 Ölkrise

1973/74 - **<u>Hamburg,</u>** Offiziersschule, **<u>Hörsaalleiter und Taktiklehrer</u>.** Ich war nicht der beste Lehrer an der Schule. Mein Hörsaaloffizier, Oberleutnant Kappus, eine treffliche Stütze. Beim Thema „Führungskreis" hatte ich meine Probleme. Gerade da Besuch des Generals für Erziehung und Bildung im Heer. Ich ging „baden". Dennoch: eine wichtige Zeit. Taktisches und logistisches Wissen durchgearbeitet bis zum freien Vortrag.

1974/75 - **<u>Hamburg,</u>** Führungsakademie, Teilnehmer am

Generalstabslehrgang A „Mittlere Führung". 16 ausgewählte Offiziere aus aller Welt: Ein japanischer Generalstäbler, ein Hauptmann aus Nepal, zuletzt Chef der Palastwache, ein Major aus Südkorea, direkt zu uns aus dem Vietnamkrieg, zwei Oberstleutnante von den Philippinen, der eine bis dahin Kommandant des Flughafens der Hauptstadt Manila, zwei persische Stabsoffiziere, der eine Geheimdienstoffizier, später Chef der iranischen Gendarmerie unter dem Ajatollah Chomeini, der andere Kommandeur des Panzerbataillon Teheran mit Sonderauftrag „Schutz der kaiserlichen Familie", ein Major aus dem Sudan, gerade zurückgekehrt aus dem Bürgerkrieg, zwei algerische Majore, zwei Schweizer Generalstabsoffiziere, zwei Generalstabsoffiziere aus Brasilien. Dazu vier deutsche Offiziere, Lehrgangsteilnehmer und Tutoren.

Also Gäste aus Nicht-NATO-Staaten, mit denen die Bundesrepublik in guten diplomatischen Verbindungen stand. **Eine faszinierende Versammlung**, ein Jahr beisammen, Unterrichtssprache Deutsch, viele Reisen in der Bundesrepublik. Ziel von Auswärtigem Amt und Verteidigungsministerium: Erlernen der deutschen Sprache, deutsche Generalstabsausbildung (verkürzt, 1 Jahr), vertraut werden mit deutscher Mentalität, Ausbildung, Kultur und Wirtschaft und mit dem demokratischen Rechtsstaat Bundesrepublik Deutschland. Einflußreiche neue Freunde für die Bundesrepublik.

Ein aufregendes Jahr. Freunde fürs Leben.

Ein Abend bei uns zu Hause. Eine internationale Runde. Die Stimmung bestens, Erika hatte vorzüglich gekocht, es war spät geworden. „Hitler größter Mann Europa in diesem Jahrhundert!" Unser Freund aus Afrika war ein Mann wie ein Baum. Intelligent, humorvoll, blitzende Zähne, strahlendes Lachen. Er war direkt aus dem Krieg gegen Rebellen in seinem Land zu uns in das friedliche, zivilisierte Deutschland gekommen. Ein Vierteljahr Sprachenschule und dann zur Führungsakademie.

„Hitler größter Mann in Europa!" Er saß mir gegenüber und lachte mich auffordernd an. „Hitler ist einer der größten Verbrecher in diesem Jahrhundert!" sagte ich. Er lachte irritiert, unser Wortwechsel setzte sich fort bis er schließlich seine Lösung fand: „Sie dürfen nicht sagen die Wahrheit!“ Wir lachten.

Eine Busfahrt, nachts zurück nach Hamburg. Die beiden Schweizer Generalstabsoffiziere äußerten laut ihren Mißmut über den ruhigen Fluß der Ausbildung. Ein scharfes Gegenwort aus dem Kreis der deutschen Lehrgangsteilnehmer rief sie zur Ordnung. Dankbare Kameraden reihenweise.

Hongkyu Kim, südkoreanischer Major, wieder einmal bei uns zu Haus. Gradlinig, nachdenklich, herzlich, humorvoll. Wir hatten viel Gemeinsames, verstanden uns gut über die Kontinente hinweg. Er sprach vorzüglich Deutsch und genoß unsere familiäre Häuslichkeit. Ich kam die Treppe hinauf, er saß im Schneidersitz mitten im Kinderzimmer. Vor ihm unsere beiden Kinder, Claudia 9 und Dirk 7, aufmerksam zuhörend. Honkyu las aus Grimms Märchen. Einen Moment hielt ich den Atem an, das Bild schien mir fast unwirklich: Ein Asiat aus einem Land auf der anderen Seite des Globus, gerade noch Kompaniechef in einem problematischen Vietnamkrieg, jetzt in einem deutschen Kinderzimmer, Grimms Märchen. Aufregende Welt, mitunter auch beglückend. Die Freundschaft hält bis heute.

Noch im Generalstabslehrgang hatte ich mich bei Professor Graf von Baudissin beworben. Er hatte im wissenschaftlichen Team seines Instituts eine Planstelle für einen Offizier mit Generalstabsausbildung. Graf Baudissin stimmte zu. Dann bot mir das Personalreferat das Pionierbataillon 6 in Plön an. **Das Bataillon toppte das Institut.**

Leutnante 70 - Reformer oder Träumer?

Ein Vortrag an der Volkshochschule Bremen-Nord im Februar 1970

Als im Januar 1970 die Zeitungen der Bundesrepublik die „9 Thesen zum Selbstverständnis des jungen Offiziers heute" verbreiteten, sprach man von einem einmaligen Vorgang in der deutschen Militärgeschichte. Zum ersten Mal setzten sich, so die FAZ vom 29. Januar 1970, junge Offiziere offen mit der Generalität in Fragen über den Beruf des Soldaten auseinander.

Im Juni 1969 war eine Studie des Führungsstabes des Heeres „Gedanken zur Verbesserung der Inneren Ordnung des Heeres" fertig gestellt worden. Sie wurde mit „Geheim" eingestuft und trug die Unterschrift des Inspekteurs des Heeres, General Schnez.

Schnez-Studie

Diese so genannte „Schnez-Studie" wurde durch Indiskretion bald bekannt und Anlaß zu heftiger Kritik in Presse, Rundfunk und Fernsehen. Man sprach von antidemokratischen Tendenzen, Mißachtung des Primats der Politik, Bevormundung der Öffentlichen Meinung und nahm besonders die Forderung der Studie nach Reform an Haupt und Gliedern in Bundeswehr und Gesellschaft übel.

Die Angriffe konzentrierten sich auf die Person des General Schnez, der sich mit seiner Unterschrift ja auch verantwortlich erklärt hatte.

Die Studie war im ersten Halbjahr 1969 entstanden, auf Weisung des damaligen Verteidigungsminister Schröder. Er forderte von der Heeresführung die ungeschminkte Darstellung der Verfassung des Heeres und Vorschläge für ihre Verbesserung, ohne Rücksicht auf politische Gegebenheiten und Möglichkeiten.

Die Studie war als Arbeitspapier für den internen Bereich des Ministeriums gedacht. Durch ihre Veröffentlichung geriet der Inspekteur in die Schußlinie der Publizistik und von Teilen der so genannten Öffentlichen Meinung.

Als am 28. Oktober 1969 die neue Regierung antrat, erwarteten viele vom neuen Verteidigungsminister die Versetzung des General Schnez in den Vorzeitigen Ruhestand.

Kommandeurbrief : „Gedanken zur Inneren Führung“

Parallel zur „Schnez-Studie“ war ein Kommandeurbrief des Heeresinspekteurs im Mai 1969, überschrieben: „Gedanken zur Inneren Führung“ herausgekommen, der den Leutnanten bekannt war, als sie Ende 1969 während ihres Lehrganges an der Heeresoffiziersschule II Hamburg an einem Seminar für Fragen der Inneren Führung teilnahmen. Die „Schnez-Studie“ kannten sie nach ihren eigenen Angaben damals nicht. Studie und Kommandeurbrief decken sich aber in wesentlichen Aussagen.

Leutnante: 9 Thesen zum Selbstverständnis der Offiziere heute

Zum Abschluß des Seminars, das von zivilen Dozenten geleitet wurde, diskutierten die Leutnante mit dem General a. D. Graf von Baudissin. Sie rüsteten sich für die Diskussion mit 9 Thesen zum Selbstverständnis des Offiziers heute, die sie während der Diskussion begründeten. General Baudissin erklärte später gegenüber dem „Spiegel“, zum ersten Mal sei er von Offizieren der Bundeswehr links überholt worden.

Im Zusammenhang mit der so genannten „Kritischen Bestandsaufnahme“ des Verteidigungsminister Schmidt gelangten die Thesen der Leutnante mit ihrer Begründung, offenbar entgegen der Absicht der jungen Offiziere, in die Öffentlichkeit. Sie wurden schnell verbreitet und als gezielte Gegendarstellung zur Schnez-Studie gewertet. Die Gegensätzlichkeit der Kommentare erschöpft alle Möglichkeiten. Die Verfasser der Thesen wurden bekannt als „Leutnante 70“.

These 1

Ich will ein Offizier der Bundeswehr sein, der eine Sache nicht um ihrer selbst willen tut.

Die Leutnante setzen sich mit dieser ersten These bewußt in Gegensatz zum Kommandeurbrief von Mai 1969, wo es heißt: „Die Bundeswehr hat starke industrielle Züge, ist aber ihrer inneren Struktur nach kein Industriebetrieb, sondern eine Kampf-, Schicksals- und

Notgemeinschaft. Daher bleiben ihre elementaren Grundlagen die alten Soldatentugenden Tapferkeit, Ritterlichkeit, Gerechtigkeit, Fürsorge, Kameradschaft, Entschlossenheit, Opferbereitschaft, Disziplin und Hingabe an eine Sache ihrer selbst wegen."

Gegen diese letzte Forderung wenden sich die Leutnante. Hingabe an eine Sache um ihrer selbst wegen sei noch niemals eine Soldatentugend gewesen und besonders für die Bundeswehr in ihrer eindeutigen Bindung an das Grundgesetz nicht zu begründen. Unter „Sache" verstehen sie eine Tätigkeit im Rahmen ihrer Berufsausübung und diese könne nicht wertfrei, sondern nur zielgerichtet verstanden werden. Das Ziel heißt für sie: Optimierung der Gesellschaft, gebunden an das Grundgesetz und verstanden als Friedenserhaltung und ggf. Friedenswiederherstellung.

In der Tat ist die Forderung „Hingabe an eine Sache um ihrer selbst willen" zunächst schwer verständlich. Aus Kenntnis der Bedingungen im Einsatz, der Gesetze und der gesamten Schnez-Studie bin ich überzeugt, daß die Hingabe an eine Sache um ihrer selbst willen nicht den blinden Gehorsam oder den kritiklosen Untergebenen meint, wie die Leutnante das offenbar befürchten.

Vielmehr weist die Forderung wohl darauf hin, daß eine wesentliche Voraussetzung für das Funktionieren einer Armee Befehl und Gehorsam sind und daß Untergebene nicht selten Befehle ausführen müssen, die sie zunächst nicht verstehen. Besonders im Verteidigungsfalle, im Krieg, muß sich der Vorgesetzte darauf verlassen können, daß seine Befehle nach besten Kräften ausgeführt werden, auch wenn der Untergebene einmal ihren Zweck nicht versteht.

Natürlich birgt diese Forderung Gefahren des Mißbrauchs. Soll aber jeder Befehl dem Untergebenen zunächst klar gemacht werden, verlieren Streitkräfte die Fähigkeit, schnell zu reagieren und damit die Chance des Sieges.

Entbunden ist der Untergebene von der Mitverantwortung trotzdem nicht. Bedeutet die Durchführung eines Befehls offenkundig ein Verbrechen oder Vergehen, so muß er den Gehorsam verweigern.

So gesehen ist die Forderung, eine Sache um ihrer selbst willen zu tun, wegen des höheren Prinzips also berechtigt.

These 2

Ich will ein Offizier der Bundeswehr sein, der es ablehnt, ein Verhalten zu praktizieren, das „Offizier-like" sein soll. Vielmehr will ich eine spezifisch offiziersmäßige Rollenerwartung nicht erfüllen.

Die jungen Offiziere glauben, daß unsere Gesellschaft und mit ihr die Armee heute noch eine bestimmte Vorstellung vom Offizier haben, die aus vortechnischer Zeit stammt und feudal und ständisch ist. Diese überkommene Rollenerwartung sei weder auf Friedenserhaltung noch auf Friedensgestaltung gerichtet. Sie sei verbunden mit einem pervertierten Vertrauensbegriff. Sie hänge mit der Funktion der Bundeswehr heute nicht zusammen.

So lehnen sie die ihrer Meinung nach vorherrschende, „offiziersmäßige" Rollenerwartung ab und fordern eine rein funktionale Rollenerfüllung.

Die Forderung der jungen Offiziere ist mir verständlich. Die Bundeswehr begann ihren Aufbau nicht bei Null, obwohl dies oft behauptet wird. Ihre Vorgängerin war die Deutsche Wehrmacht, Streitmacht einer gescheiterten Diktatur. Wie andere Institutionen nahm auch die Wehrmacht in der Zerreißprobe zwischen Gehorsam und Gewissen Schaden. Der 20. Juli 1944 macht dies sichtbar.

Offiziere der ehemaligen Wehrmacht bauten die Bundeswehr auf. Politiker, von denen viele auch nach 1933 wichtige Stellen im 3. Reich besetzt hatten, machten für sie die Gesetze. Eine Öffentlichkeit, der die Entsetzlichkeit des Krieges noch bewußt war, der man zudem die Schuld des Soldaten am Krieg eingeredet hatte, betrachtete mißtrauisch die neuen Streitkräfte. Und dennoch: Offiziere und Unteroffiziere, Auftreten und Verhalten der Bundeswehr wurden vielfach gemessen am Bild der Wehrmacht.

Die Bundeswehr bestand diesen Vergleich natürlich nicht. Die Bedingungen der Bundeswehr sind denen des 3. Reiches zum Teil entgegengesetzt. Die Bundeswehr kann und darf nicht die Wehrmacht sein. Aber das neue Bild vom „Staatsbürger in Uniform" fand in der Öffentlichkeit nur geringes Interesse, oft kein Verständnis. Soldaten waren eben anders und am bequemen Vorurteil wurden

Offiziere und Unteroffiziere gemessen.

Die Leutnante lehnen mit Recht ab, an unzeitgemäßen Vorstellungen gemessen zu werden und fordern als Maßstab die Funktion der Bundeswehr in diesem Staat und dieser Gesellschaft. Wenn man reaktionäres Denken und reaktionäres Verhalten der Streitkräfte mit Recht fürchtet, darf man sie nicht reaktionären Normen unterwerfen.

These 3

Ich will ein Offizier der Bundeswehr sein, der eine Tradition ablehnt, die lediglich aus epigonaler Reproduktion besteht und auf Neuschöpfung verzichtet.

Hier wird an These 2 angeknüpft. Für die Leutnante ist das, was vor uns war, Angebot, das sie weder unbedingt übernehmen, noch aus dem sie auswählen müssen. Sie wollen das Angebot prüfen und etwas Neues, Zeitgemäßes daraus machen. Übernahme allein um etwas weiter zu geben, heißt für sie, die Welt nicht weiterbringen, sondern versagen.

Nach zwei verlorenen Weltkriegen und vier sehr unterschiedlichen Staatsformen in weniger als 50 Jahren ist Tradition problematisch und Skepsis gegenüber dem Vergangenen angebracht. Die Öffentliche Verwaltung, Universitäten und Kirchen stehen vor ähnlichen Fragen. Auch für sie ist Tradition nicht nur Segen. Die Bundeswehr befindet sich in guter Gesellschaft.

Hier wird Gegenposition bezogen gegen die Einstellung: Das war immer so. Das entspricht dem Traditionsbegriff Scharnhorst': „Tradition heißt an der Spitze des Fortschritts marschieren“ und der Forderung Heinemanns, nach der die Bundeswehr sich stets in Frage stellen lassen muß. Auch der Traditionserlaß der Bundeswehr von 1969 verlangt sorgfältige Überprüfung des Vergangenen vor Übernahme. „Innere Führung“ heißt unter anderem zeitgemäße Menschenführung.

Die preußische Armee wurde von Napoleon so vernichtend geschlagen, weil sie die Tradition des friderizianischen Heeres konservierte. Die großen Anfangserfolge der deutschen Wehrmacht haben ihre Hauptursache in der damals modernen Panzertaktik, die den

Gegnern weit voraus war. Besonders Streitkräfte, deren Auftrag es ist, durch Abschreckung den Frieden zu erhalten, können sich die Konservierung von Traditionen nur um ihrer selbst nicht leisten.

So ist diese These der Leutnante grundsätzlich richtig. Die Grundsätze der „Inneren Führung" aber zeigen, daß die Bundeswehr diese Notwendigkeit vom ersten Tage erkannt hat.

These 4

Ich will ein Offizier der Bundeswehr sein, der das Verhalten (= dienstliche Anordnungen) eines Vorgesetzten in Frage stellen darf und der sein eigenes Verhalten von Untergebenen bzw. von jedermann in Frage stellen läßt, ich möchte ein Offizier sein, der nichts selbstverständlich findet.

Die Leutnante fordern auf zum Mißtrauen gegen jede Person. Da die Verhältnisse, auch die Mißstände aus der Geisteshaltung und dem Verhalten von Personen entstehen, verlangen sie kritische Einstellung auch gegen Vorgesetzte. Sie wollen fragen: Wer macht die Verhältnisse? Sie fürchten die Manipulation. Sie wollen ihre Vorgesetzten zur Stellungnahme zwingen. Bei Fehlern der Vorgesetzten verlangen sie das Recht, ihnen zu sagen, daß sie unfähig sind. Ihren eigenen Untergebenen wollen sie das gleiche Recht einräumen.

Diese Forderung erscheint revolutionär. Sie greift das Grundgefüge der Streitkräfte an, sie beseitigt die Amtsautorität und läßt nur die personale Autorität gelten. Sie muß gemessen werden am Auftrag der Bundeswehr.

Dieser heißt heute: Gemeinsam mit den Verbündeten durch Abschreckung den Krieg möglichst zu verhindern und fähig sein, ihn zu führen, wenn die Abschreckung versagt.

Die Vernichtungskraft der modernen Waffen wird immer größer. Die sogenannte Overkill-Kapazität der Supermächte ist jederzeit in der Lage, den Gegner mehrfach gegenseitig auszulöschen. Die Entspannungspolitik versucht, den Gegner von heute zum Partner von morgen zu machen. So verblaßt das einst so klare Freund/Feindverhältnis. Der Hunger in der Welt, soziale Gerechtigkeit, Umweltschutz, Bildung verlangen riesige Investitionen.

So werden die Zweifel besonders des jungen Wehrpflichtigen an der Notwendigkeit militärischer Präsenz und der Rechtfertigung des Einsatzes militärischer Gewalt von Jahr zu Jahr größer. Andererseits ist die Mehrheit unserer Bevölkerung überzeugt von der Notwendigkeit militärischer Macht als Mittel der Gleichrangigkeit und besonders zur Absicherung der nicht risikolosen Entspannungspolitik.

In diesem Spannungsfeld hat die Bundeswehr ihren Auftrag zu erfüllen. Auch wenn das Streben nach Achtung und Anerkennung der Untergebenen, nach der personalen Autorität also, heute selbstverständlich für jeden Vorgesetzten gilt, kann die Bundeswehr auf Amtsautorität nicht verzichten.

Der Bataillonskommandeur muß auch im Frieden des Gehorsams jener Untergebenen sicher sein, die ihn für unfähig halten. Der Unteroffizier, der im Verteidigungsfall eine Gruppe der Nachbarkompanie übernehmen muß, weil dort der Gruppenführer gefallen ist, kann nicht erst beweisen, daß er tüchtig ist, bevor er den ersten Befehl geben darf.

Wie die Leutnante, glaube auch ich, daß in allen Bereichen unserer Gesellschaft, also auch in der Bundeswehr, Untergebene Recht, ja Pflicht zur Kritik an Vorgesetzten haben. Wer sich in einer demokratischen Gesellschaft in ein Amt befördern läßt, muß das Selbstbewußtsein aufbringen, sich auch stets von Vorgesetzten und Untergebenen auf Eignung überprüfen zu lassen. Diese Mitbestimmung findet dort ihre Grenze, wo die Funktionsfähigkeit des Systems nicht mehr gewährleistet ist.

Die Forderungen der Leutnante führen konsequent zu einer Kompanie, die die Befehle des Kompaniechefs zunächst diskutiert. Diese Kompanie mag viel Demokratie haben, ist aber zum Kampf unfähig. Deshalb sind die Forderungen der These, so wie sie begründet wird, abzulehnen.

These 5

Ich will ein Offizier der Bundeswehr sein, der weder Personen noch Dienststellen, sondern nur dem verfassungsmäßigen Auftrag Loyalität entgegen bringt.

Die Leutnante wollen nur Sachloyalität gelten lassen. Sie halten personale Loyalität nur in Verbindung mit Sachloyalität für möglich, aber nicht für notwendig, da sie dann nur eine Nebenerscheinung sei. Personale Loyalität dort zu fordern, wo Sachloyalität nicht möglich ist, bezeichnen sie als eine Vergewaltigung der eigenen Persönlichkeit und als Gefährdung des verfassungsmäßigen Auftrages.

In der Begründung dieser These klingt die geistige Nähe zu den Vorstellungen des General Baudissin an. In einem Interview, das in der Wochenzeitung „PUBLIK“ am 6. Juni 1969 erschien, nennt Baudissin alle Versuche in der Bundeswehr fragwürdig, die sich bewußt an das Gefühl wenden, die ganz bestimmte Gefühle erregen wollen. „Ich glaube“, so Baudissin, „das ist unfair, das ist sogar totalitär.“

Dazu im Gegensatz äußert sich der Inspekteur des Heeres im Kommandeurbrief vom Mai 1969: „Stärker als staatsbürgerliche Einsicht beeinflußen die Prägungen zum Soldaten das Zugehörigkeitsgefühl zur soldatischen Gruppe so wie die Bindung an eine höhere Macht die soldatische Leistung.“

Und an anderer Stelle: „Diese Gedanken über 'Psychologie' wären unvollständig ohne den Hinweis, daß man sich nicht über den Bereich täuschen darf, der den einfachen Mann anspricht. Über den Verstand allein kommt man an ihn nicht heran; es ist notwendig, ihn über das Gefühl und über das Herz anzusprechen. Die erzieherische Einwirkung über das Gefühl bloß deshalb nicht anzuwenden, weil die Gefahr der Unredlichkeit, des Mißbrauchs und der Verführung besteht und weil wir schon ein Mal mißbraucht wurden, kann ich nicht anerkennen. Wehe, wenn wir hier Lücken lassen, welche dann von falschen Propheten gefüllt werden.“

Die sich widersprechenden Meinungen von zwei sehr hohen Offizieren der Bundeswehr kennzeichnen die unterschiedlichen Auffassungen.

Ist Führung von Menschen auf Dauer ohne Vertrauen der Untergebenen in die Vorgesetzten möglich? Ist dieses meines Erachtens notwendige Vertrauen nicht schon eine personale Loyalität? Sind Untergebene nicht oft überfordert und alleingelassen, wenn man sie ausschließlich zur Sachloyalität verpflichtet?

Die Gefahren des „Führer befiehl, wir folgen", des blinden Vertrauens, des bedingungslosen Gehorsam und der Eidleistung auf eine Person sind spätestens im Zusammenbruch von 1945 für jedermann sichtbar geworden. Und dennoch: eine Gesellschaft, der das Vertrauen als Bindeglied zwischen Menschen fehlt, ist keine menschliche. Auch die Armee kommt ohne personale Loyalität nicht aus. Diese kann der Vorgesetzte zwar nicht als Vorleistung von seinen Untergebenen fordern, er muß sie durch ein vertrauenswürdiges Gesamtverhalten erwerben.

Dann aber bedingen sich personale und Sachloyalität gegenseitig und wechseln in ihrer Bedeutung. Während in normalen Friedensverhältnissen die Sachloyalität dominieren wird, wird in Krisensituationen, z. B. im Krieg, das Maß der vorhandenen personalen Loyalität den Kampfwert der Truppe maßgeblich beeinflussen.

These 6

Ich will ein Offizier der Bundeswehr sein, der jeden Verstoß gegen ein Wehrkonzept im Rahmen der Gesamtverfassung bestraft sehen will.

In ihrer Begründung erinnern die Leutnante daran, daß die Bundeswehr in diese Demokratie, in diesen Rechtsstaat eingebettet ist und ihren Gesetzen untersteht. Derjenige, für den eine Normenkollision zwischen Armee und Rechtsstaat denkbar ist, ist, so sagen sie, für die Bundeswehr nicht tragbar, denn er sehe die Bundeswehr ganz oder wenigstens teilweise in einer Eigenrolle außerhalb des Rechtsstaates. Aus dieser Haltung befürchten sie besonders im Kriegsfall die Einstellung: „Was dem Krieg nützt, wird gemacht, auch wenn es gegen die Gesetze verstößt." Sie erinnern an Vietnam.

Eine Person in der Bundeswehr, bei der sie diese Normenkollision für möglich halten, nennen sie nicht. Da aber die Schnez-Studie

Grundgesetzänderungen anregt und mehrere Gesetzesänderungen für notwendig hält, ist der Adressat naheliegend.

Die Schnez-Studie verlangt sogar, wie anfangs zitiert, eine Reform der Gesellschaft an Haupt und Gliedern. Die Leutnante nennen das Grundgesetz die Grundfeste der Armee. Ich zitiere: „Was daraus folgt, muß daraus entspringen und muß darauf begründet sein. Alles Andere ist abzulehnen, ist falsch, widerspricht dem Rechtsstaat und ist daher zu bestrafen.“

Widerspricht die Forderung eines Staatsbürgers nach Veränderung des Grundgesetzes in dem veränderbaren Teil dem Rechtsstaat? Ist ein hoher General kein solcher Staatsbürger? Ist er von seiner Verantwortung nicht geradezu verpflichtet, auf Gesetzeslücken oder fehlende Ergänzungen aufmerksam zu machen, die die Durchführung des Auftrages in Frage stellen? Müssen Reformwille und Loyalität in die geltenden Gesetze sich ausschließen?

Die Politik stellt der Bundeswehr ihren Auftrag. Der Primat der Politik ist voll anerkannt. Die Bundeswehr muß von den Politikern fordern, was sie zur Erfüllung ihres Auftrages braucht, ggf. auch Änderung des Grundgesetzes.

These 7

Ich will ein Offizier der Bundeswehr sein, der nicht nur den Frieden erhalten, sondern auch gestalten will.

Diese These nennen die Leutnante selber eine Utopie, die nur nach einer Bewußtseinsänderung aller Teile der Gesellschaft zu verwirklichen sei.

Offenbar halten auch sie die Gesellschaft für verbesserungswürdig und sich selbst für geeignet, dazu einen Anstoß zu geben. Hier befinden sie sich selbst in einer Normenkollision, die sie in der These 6 für andere, z. B. den Inspekteur des Heeres, so scharf verurteilten.

Die Leutnante nennen die Aufgabe des Soldaten, den Krieg vorzubereiten, um ihn zu verhindern absurd. Ich sehe in dieser Aufgabe, deren Gefahren ich nicht verkenne jedoch das Ethos des Soldatenberufes. Heinemann sagte in seiner Antrittsrede von den Soldaten: „ … ihre Bewährung ist der Friede."

Die Leutnante weisen auf die ungeheure Verantwortung des Soldaten beim Einsatz der modernen Waffen hin. Es genügt ihnen nicht, wenn der Soldat nur seine Existenznotwendigkeit begründen kann. Sie fordern ihn auf, nachzudenken, wie Friede auch ohne Abschreckung (mit all ihren Gefahren) zu bewahren ist. Er soll Kriegs- und Friedensfachmann zugleich sein.

Echtes Verantwortungsbewußtsein zeigt sich nur dort, wo man sich für das Ganze verantwortlich fühlt und sich nicht versteckt hinter den Zuständigkeiten. Dennoch: primäre Aufgabe des Soldaten heute ist es, eine schlagkräftige Armee dem Politiker als Instrument seiner Politik zur Verfügung zu stellen. Dessen Aufgabe ist es, es für Entspannungspolitik und Frieden zu nutzen.

These 8

Ich will ein Offizier der Bundeswehr sein, der eine scharfe Trennung zwischen Dienst und Freizeit beansprucht, weil ich meinen Beruf als verantwortungsvollen und strapaziösen Job sehe.

Die Leutnante lehnen das totale Engagement nach dem Grundsatz: „Der Soldat ist immer im Dienst" ab. Sie wollen Soldat sein, um anderen und sich selbst zu ermöglichen - ich zitiere: „… diese für verteidigungswert erachteten Werte, die durch Normen gesetzt sind, auszukosten und zu genießen."

Es ist sicher richtig, daß man den Soldaten nicht verpflichten kann, sich für Werte wie Freiheit, Recht, Wohlstand mit aller Kraft einzusetzen, wenn man sie ihm selbst ganz oder teilweise vorenthalten will. Und trotzdem: der Soldatenberuf ist kein „Job" im landläufigen Sinn. Abschreckung setzt ständige Bereitschaft des Soldaten, besonders des militärischen Führers voraus. Das läßt sich mit Anspruch auf 8-Stunden-Tag und freies Wochenende nicht erreichen.

These 9

Ich will ein Offizier der Bundeswehr sein, der die erforderliche Disziplinierung in einem Heranführen an die Mündigkeit und der aus ihr entspringenden Selbstdisziplin sieht.

Die Leutnante verstehen mündiges Verhalten als rationales, vernünftiges, zweckmäßiges Verhalten. Sie fordern Gefolgschaft aus Einsicht. Sie sehen ihr eigenes mündiges Verhalten in ihrem Ja zur Demokratie. Hier klingt Baudissins Wort vom „mitdenkenden Gehorsam“ an. Er lehnt den Appell an das Gefühl ab und läßt allein das funktionale Prinzip gelten.

Ihre Forderung und der selbstgesetzte Auftrag sind richtig. Er ist ein großes Ziel. Die Bundeswehr ist aber nicht die Schule der Nation, zum „mündigen Bürger“ kann sie in 15 Monaten Wehrdienst nur einen Beitrag leisten.

Zusammenfassung

Meine Damen und Herren. - Leutnante 70 - Reformer oder Träumer? Wer an Zuständen öffentlich Kritik übt, muß sich auch einer sorgfältigen Überprüfung dieser Kritik stellen. Dies habe ich versucht. Kritik üben ist heute fast ein Gesellschaftsspiel geworden, besonders unter jungen Leuten. Ihnen ist fast immer lauter Beifall, meist auch solcher der Älteren sicher, meist aus gutem Willen, oft aber auch aus Unkenntnis, Bequemlichkeit oder Feigheit.

So wurden auch die 9 Thesen zum Selbstverständnis junger Offiziere heute von Teilen der Öffentlichkeit als eine außerordentliche Leistung für die Bundeswehr gelobt. Zweifellos verdient die Absicht der Verfasser, zur Klärung von Position und Aufgabe des Offiziers in unserer Gesellschaft beizutragen, Anerkennung und Nachahmung.

Die Bundeswehr kann nicht an der Spitze des Liberalisierungsprozesses marschieren. Ihr Auftrag fordert die Fähigkeit zum Kampf.

Dennoch halten die 9 Thesen einer Prüfung insgesamt nicht stand. Die Bundeswehr kann nicht an der Spitze des Liberalisierungsprozesses unserer Gesellschaft marschieren. Ihr Auftrag fordert die Fähigkeit zum Kampf. Dieser wird stattfinden in einer Ausnahmesituation. Diese besonderen Verhältnisse fordern klare Autoritätsstrukturen, die im Frieden erprobt werden müssen, damit sie im Kampf funktionieren.

Wir verstehen „Innere Führung“ als das Bemühen, Streitkräfte, Staat und Gesellschaft richtig einander zuzuordnen und Soldaten entsprechend ihrer Aufgabe und unserer Zeit zu führen. Die Grundsätze der „Inneren Führung“, seit 1952 von Graf Baudissin und anderen Offizieren entworfen, sind in der Bundeswehr für die Erziehung der Soldaten verbindlich und anerkannt.

Sie gaben der Bundeswehr die liberalste Wehrgesetzgebung der westlichen Welt. Aber in den 21 Jahren seit 1952 sind manche Hoffnungen auf die Entwicklung unserer Gesellschaft enttäuscht worden. Wenn man damals, wenige Jahre nach dem schrecklichen Zusammenbruch, hoffen durfte, daß sich die Westdeutschen mit dem gleichen nüchternen Engagement ihrem Staat und seiner Gesellschaft verschreiben würden, wie sie es beim Aufbau der Wirtschaft taten, so muß man heute feststellen, daß Gleichgültigkeit bei Vielen, Mißmut und Ablehnung bei einer aktiven Minderheit das Verhältnis Bürger - Staat bestimmen. Damals konnte man auf den mitdenkenden Gehorsam des für seinen Staat engagierten Staatsbürgers in Uniform rechnen, heute muß man prüfen, ob diese Voraussetzungen noch stimmen.

So ist es falsch, wenn beharrlich an den festgeschriebenen Grundsätzen der Inneren Führung festgehalten wird, wie es auch die Leutnante 70 tun. Ausgangspunkt aller Überlegungen zur Menschenführung und Organisation der Bundeswehr muß der Auftrag sein. Dabei gibt es keine personalen und sachlichen Tabus.

Die Innere Führung ist weiter zu entwickeln, zeitgemäß zu machen. Das Recht des Bürgers auf Schutz und die Forderung des Soldaten nach den Voraussetzungen zur Erfüllung seines Auftrages, sind nur zwei Seiten derselben Medaille.

Leutnante 70 - Reformer oder Träumer? Der kritische Versuch der jungen Offiziere verdient Aufmerksamkeit und Anerkennung. Auch die Bundeswehr braucht diesen kritischen, freien Geist. Die Leutnante stehen dabei in einer guten, langen Tradition, denn die deutsche Militärgeschichte kennt dazu viele Beispiele.

Ihre Forderungen halte ich nur zum Teil für realistisch, zum anderen Teil aber als illusionär oder sogar den Grundbedingungen einsatzfähiger Streitkräfte widersprechend.

.. Major Brehmen-Grohn, 20.10.70

Attraktivität des Offiziersberufes - einmal anderes betrachtet

Vor mir saß ein Vater: „Ich habe meinem Sohn gegenüber ein schlechtes Gewissen. Zunächst ging ich ins Amt Blank, dann nach Paris, später London, New York und wieder Bonn. Er schaffte die mittlere Reife mit Ach und Krach. Lernte dann ein Handwerk. Kann er wenigstens Reserveoffizier werden?" Ich war junger Kompaniechef, der Sohn „Z2" in meiner Einheit, der Vater ein hochgestellter General der Bundeswehr.

Wir besuchten Freunde, ein junges Ehepaar. Er 31, Hauptmann in der Generalstabsausbildung, zwei kleine Kinder, die sechste Wohnung in acht Ehejahren. Es war unser erster Besuch im neuen Quartier. „Schaut Euch nicht um: das Bad ist ein Loch, der Fußboden im Flur ist eingebrochen, das Kinderzimmer so klein, daß man sich nicht umdrehen kann. Die ganze Wohnung ist in einem furchtbaren Zustand. Aber wir werden keinen Pfennig hineinstecken. In zweieinhalb Jahren ziehen wir weiter."

Wir waren eingeladen. Die Familie meines Vorgesetzten wohnte im „Getto", wie die meisten von uns. Der Flur war schmutzig und roch unangenehm. Das Kinderzimmer hatte kein Fenster. Die Frau kam mit der Kohleheizung nicht zurecht. Das Gespräch drehte sich um die gewohnten Punkte: die fast asozialen Wohnungsverhältnisse, die Schwierigkeiten der Kinder in der neuen Klasse nach der Umschulung, die Unmöglichkeit, für die Kleinen einen Kindergartenplatz zu bekommen und die dienstlichen Verhältnisse der Männer.

Wer sich auskennt, weiß, daß die drei Beispiele für viele stehen und einen Mittelplatz beanspruchen dürfen zwischen den günstigeren Fällen und den noch krasseren.

Es ist typisch für viele Bundeswehrfamilien, daß sie die durch „Getto“ und Versetzung bedingte Isolierung zur zivilen Gesellschaft und die geringeren Berufschancen ihrer Kinder wegen schlechterer Schulbildung als andere hinnehmen, ja vielfach gar nicht mehr bewußt als schwerwiegender Nachteil des Berufs des Vaters erkennen. Die Isolierung führt zu geistigen Scheuklappen, die Schwierigkeiten der Kinder nagen an den Nerven und am Selbstvertrauen der Eltern. Die resignierende, abgestumpfte Ehefrau, deren Aktivität sich nur noch in den bei jeder Versetzung neu entstehenden Schwierigkeiten für die Familie erschöpft, gehört genauso zum Gesamtbild des Bundeswehroffiziers heute wie die Söhne, für die nach dem Abitur eher jeder andere Beruf als der des Vaters infrage kommt.

Gewiß, es gibt Frauen von Offizieren, die noch nach der siebten und achten Versetzung des Mannes ihren Beruf ausüben oder sich für Interessen und Aufgaben über die Familie hinaus einsetzen, die sie für wertvoll halten. Sie vollbringen einen Kraftakt, vor dem nur Bewunderung bleibt. Die normale Frau gibt nach der zweiten oder dritten Versetzung auf, fügt sich in das Schicksal derer, die alle zwei bis drei Jahre aus einer Umgebung entfernt werden, ohne daß sie einen vertrauten Bekanntenkreis (auch aus anderen Berufen), den passenden Arzt, vielleicht eine Aufgabe in der Gemeinschaft, einen Platz in einem Sportverein o. a. gefunden haben.

Sie widmet sich ganz der Familie, obwohl es doch für Kinder und Mann oft so wichtig wäre, wenn die Mutter und Frau durch Abwechslung etwas entspannter und durch Anregung, Bildung und Selbstbewußtsein etwas lebenstüchtiger und klüger wäre.

Häufig wirken sich die Schwierigkeiten gerade dort aus, wo der Mann wegen seiner beruflichen Tüchtigkeit besonders oft versetzt und in repräsentativen Aufgaben eingesetzt wird. Je erfolgreicher er ist, umso häufiger wird er versetzt. Die Familie bleibt dabei oft auf der Strecke. Die notwendige Unterstützung, Verständnis und Rat kann dieser Offizier von seiner Frau kaum noch erwarten.

Weit günstiger ist da oft das Gesamtbild der Offiziersfamilien, deren Vater entweder für die nächsthöhere Verwendung untauglich ist oder sich durch geschicktes Taktieren lange Jahre an einem Standort halten konnte oder sogar bewußt auf sein Fortkommen verzichtete.

Der nicht selten unternommene Schritt, daß der Vater um vorwärts zu kommen, in den neuen Standort wechselt, die Familie aber am alten zurückbleibt, der Schule, der Kinder, der schönen Wohnung oder des Berufs der Frau wegen, ist ein Eiertanz, der selten gut ausgeht.

Wir sprechen vom katastrophalen Nachwuchsmangel. Wir bejammern die verlorene Attraktivität unseres Berufes. Wir basteln alle Jahre wieder einen neuen Ausbildungsgang für den Offiziersnachwuchs in der Hoffnung, irgendwann das Ei des Columbus zu finden. Zum Berufsbild des Offiziers gehört dies alles, oft sind die geschilderten Zustände das Etikett, das für den jungen Mann vor der Berufswahl und für die Erwachsenen, die Einfluß auf ihn nehmen, eben nicht attraktiv genug ist. Viele Betroffene haben selbst ja nicht mehr den Mut, dem Sohn oder seinem Freund den eigenen Beruf zu empfehlen.

Was tun?

Die Bereitschaft zur Veränderung in Ort und Verwendung gehört wohl auch heute zum Offiziersberuf. Dies gilt besonders für denjenigen, der aufsteigen will. Die Vorstellung aber, daß eine ganze Familie, ggf. mit fast erwachsenen Kindern gefälligst ohne Murren alle zwei bis drei Jahre zu marschieren hat, wenn die Bundeswehr sich entschließt, den Vater zu versetzen, gehört doch wohl nicht mehr in diese Zeit.

Wenn ein verheirateter Hauptmann, zwei Kinder, von Norddeutschland nach Oberbayern versetzt wird (auf eine Hauptmann-Stelle), obwohl seine Frau in Hamburg studiert und zur Fortsetzung des Studiums am neuen Dienstort keinerlei Möglichkeit besteht, ist es eigentlich nur noch selbstverständlich, wenn die Familie sich nach einem Zivilberuf für den Vater umsieht. Dies vor allem, wenn dieser in einem von ihm beantragten Personalgespräch auf seine Bitte, in Norddeutschland eingesetzt zu werden, die Belehrung erfährt: „Die

Familie darf der Karriere des Offiziers niemals im Wege stehen."

Um ihre Aufgabe sind die Offiziere im sog. Personalgespräch nicht zu beneiden. Gewiß wird es kein Vergnügen sein, zu allem dienstlichen Abwägen auch noch die Bedürfnisse der gesamten Familie zu berücksichtigen. Aus dem Basteln der Ketten wird dann ein echtes Kunststück. Dennoch: dem sarkastischen, bitteren Wort vom Vater, der versetzt wird, von der Mutter, die entsetzt ist und von den Kindern, die nicht versetzt werden, ist der Kampf anzusagen.

Wir brauchen Personalgespräche, in denen die berechtigten Ansprüche der Familien ein ähnliches Gewicht haben wie die der Bundeswehr. Nächste Verwendung und neuer Standort dürfen nicht erst sechs oder sogar drei Monate vor der Versetzung bekanntgegeben werden. Das Bemühen, den Offizier mehrere Verwendungen an oder in der Nähe von einem Standort durchlaufen zu lassen, muß eindeutig sein. Auf Schulsysteme, Einschulungstermine, Kindergartenplätze, Krankheiten und Berufsausbildung der Kinder ist Rücksicht zu nehmen. Hilfs- oder pflegebedürftige Eltern von Offizieren und ihren Frauen können weder „verpflanzt" noch alleingelassen werden. Also muß man die Offiziere nicht in Norddeutschland einsetzen, wenn die alten Leute in Süddeutschland leben. Die Frau hat zunächst den gleichen Anspruch, ihren Beruf auszuüben wie der Mann. Man wird sich bemühen müssen, beiden gerecht zu werden. Für viele ist die berufliche Karriere nicht alleiniger Lebensinhalt. Gott sei Dank. Die Einsicht, daß auch die anderen Familienmitglieder eine gute Chance haben müssen sich zu entfalten, gehört zu ihren Vorstellungen von Verantwortung und Fürsorge.

Lassen sich berufliche und familiäre Forderungen nicht in Einklang bringen, so muß der Offizier die Möglichkeit haben, zunächst auf Versetzung und Beförderung zu verzichten, ohne daß er „schief" angesehen und für weitere Förderung „abgeschrieben" wird.

Wir decken den Bedarf an Offiziersnachwuchs von Jahr zu Jahr weniger. Für den tüchtigen selbstbewußten Abiturienten sind viele Offiziere vor dem Hintergrund ihrer Familien nicht nur ein unattraktives Beispiel, sondern abschreckend. Auch an diejenigen, die sich der Fürsorge der Bundeswehr anvertraut haben, ist zu denken.

Umdenken tut Not.

Gedanken zur Offizierausbildung im Heer

.. Major

Die nachstehenden Gedanken zur Offizierausbildung im Heer wurden durch einen Arbeitskreis der Schule der Technischen Truppen II in Bremen unter Leitung des Verfassers konzipiert. Die Vorstellungen der Teilnehmer des Arbeitskreises werden in Form von acht Thesen mit Begründung als Beitrag zum Problem der Ausbildung und Laufbahngestaltung der Offiziere des Heeres zur Diskussion gestellt.

These 1

Die bisherige Offizierausbildung im Heer ist reformbedüftig. Der „Einheitsoffizier" entspricht nicht den Anforderungen einer hochtechnisierten Armee in einer arbeitsteiligen Industriegesellschaft.

Begründung: Große Verwendungsbreite setzt umfangreiche Kenntnisse und Erfahrungen auf vielen Gebieten voraus. Die Zeit für die dazu notwendige Ausbildung steht nicht zur Verfügung. Zudem verkümmert erworbenes, aber zunächst nicht benötigtes Wissen schnell und steht meist nicht mehr zur Verfügung, wenn es später in einer neuen Aufgabe gebraucht wird.

Das Heer hat heute eine Vielzahl von unterschiedlichen Funktionen mit bestimmten Tätigkeitsmerkmalen zu besetzen. Eine gründliche, zielgerichtete Ausbildung auf die zu besetzenden Funktionen hin ist notwendig.

Eine allgemeine, d. h. umfassende Ausbildung kann bei der zur Verfügung stehenden Zeit nur Teilkenntnisse vermitteln. Diese führen zu Unsicherheit, mangelnder Autorität im Verantwortungsbereich, geringem Erfolg und damit auch zu beruflicher Unzufriedenheit.

So ist der „Einheitsoffizier" heute nicht wirksam genug. Die mangelnde Attraktivität des Offizierberufes hat hier einen Grund.

These 2

Der Spezialist kann ebenso wenig wie der Generalist Leitbild für die Offizierausbildung im Heer sein.

Begründung: Die Ausbildung des Offiziers muß in erster Linie von seinen Aufgaben in einem möglichen Krieg bestimmt sein. Ungestörte Friedensverhältnisse können nicht allein Grundlage von Überlegungen zur Offizierausbildung sein. Dies wäre verhängnisvoll für Schlagkraft, die Abschreckungswirkung und damit für die Erfüllung des Auftrages des Heeres.

Der Krieg erfordert militärische Führer, die auch unter großen Belastungen fähig und willens sind, durchzuhalten und Aufgaben aus anderen Verantwortungsbereichen wenigstens vorübergehend zu übernehmen, wenn dies notwendig wird.

Andererseits ist aber das Heer im Frieden in die Industriegesellschaft eingebettet, deren Gesetze u. a. Leistungsprinzip, Arbeitsteilung, Rationalisierung und Wettbewerb sind. Wenn es bestehen will, muß sich das Heer dieser Arbeitswelt anpassen, soweit das mit seinem Auftrag vereinbar ist.

Bei der Anpassung müssen gewohnte Autoritäts-, Personal- und Organisationsstrukturen bewußt in Frage gestellt werden.

So muß es zwar Offiziere geben, die nach Begabung und Ausbildung mehr Führungsaufgaben und andere, die mehr Fachaufgaben übernehmen; beide müssen aber, entsprechend ihrer Verwendungsstufe, nicht nur den einen Bereich (z. B. Führungsaufgaben) beherrschen, sondern auch den anderen (z. B. Fachaufgaben) kennen und überblicken können. Nur dann können Koordination und Kooperation wirksam werden.

Der Spezialist, d. h. der Nur-Fachmann, kann diesen Forderungen nicht gerecht werden.

These 3

Der Offizier des Heeres muß durch Willen und Können bereit sein zum Kampf, notfalls Mann gegen Mann. Er benötigt dazu eine Ausbildung, die weit über die für seine spezielle Funktion notwendige hinausgeht.

Jeder Offizier muß daher zunächst zum Zugführer seiner Waffengattung ausgebildet werden.

Begründung: Entsprechend der Strategie der „Stufenweisen Abschreckung“ muß die Bundeswehr sowohl den atomaren als auch den konventionellen Krieg führen können.

Während im atomaren Krieg der Fachmann im Waffensystem durch sein spezielles Können die Vernichtungswaffen aus sicheren Abschußbasen in den Feind bringt und so entscheidend zu Sieg oder Niederlage beiträgt, kommt im konventionellen Krieg, ganz besonders im subversiven Kampf, dem einzelnen Soldaten als Kämpfer, häufig Mann gegen Mann, eine ausschlaggebende Rolle zu.

Wie der atomare, so kennt auch der konventionelle Krieg heute keinen Ort im Kriegsgebiet, der vor feindlichen Truppen (Kampftruppen, Luftlandeeinheiten, Sabotagetrupps, Spione) sicher ist. Eigene Kampftruppen stehen nicht überall zur Verfügung.

So muß jeder militärische Führer fähig sein, kleine Kampfaufträge, besonders zur Aufklärung und Sicherung, mit seinen Soldaten selbständig zu lösen.

Sind die Nichtkampftruppen unfähig zur Gefechtsaufklärung, Gefechtssicherung und Verteidigung, weil sie ausschließlich für ihre speziellen Aufgaben ausgebildet sind, binden sie entweder zuviel Kampftruppen für ihre Sicherung oder fallen bald aus, weil sie schutzlos sind. Aufklären, sichern und verteidigen können sie nur, wenn auch sie für den Kampf ausgebildet sind.

These 4

Die Offizierausbildung muß eindeutig Antwort geben auf die ethischen und moralischen Kernfragen des Einsatzes militärischer Macht. Sie muß fähig machen, die Aufgaben der Bundeswehr heute und die Position des Berufs in der Gesellschaft zu erklären und glaubwürdig zu vertreten.

Begründung: Je größer die Vernichtungskraft der Waffen wird und je mehr die Gefahr besteht, daß schon aus einem kleinen Konflikt ein Dritter Weltkrieg entsteht, um so schwerer wird es für den einzelnen, den Sinn des Einsatzes von Waffen zu verstehen.

Aktive Entspannungspolitik baut zudem das klare Freund-Feindverhältnis ab und versucht, den drohenden Gegner von heute zum friedlichen Partner von morgen zu machen.

Die gesellschaftspolitischen Aufgaben, wie Bildung, Umweltschutz, soziale Gerechtigkeit und die Weltprobleme Hunger und Bevölkerungsexplosion in den schwachentwickelten Regionen verlangen zudem so zwingend den Einsatz aller Kräfte der reicheren Nationen, daß vielen Bürgern die riesigen Rüstungsaufgaben als Irrsinn oder als verbrecherisches Treiben der sogenannten Kapitalisten zur Vermehrung des eigenen Reichtums erscheinen.

Um so wichtiger aber ist es, besonders dem Offizier die Notwendigkeit militärischer Präsenz und die Berechtigung ihres Einsatzes gegen einen Angreifer klar zu machen.

Der Spezialist wird im Frieden die Ausbildung an den Waffensystemen und ihre Funktion zufriedenstellend gewährleisten. Den Mut zu ihrem Einsatz im Kriege aber wird nur der haben, der vorher die Folgen bedacht und trotzdem von der Notwendigkeit des Einsatzes überzeugt ist.

Dazu gehören auch die Bindung an Staats- und Gesellschaftsordnung, die Kenntnis des Gegners und das Vertrauen in die politische und militärische Führung.

These 5

Nach der Zugführerausbildung sollen die Offiziere nach Interesse, Eignung, Leistung und Bedarf für bestimmte Verwendungsreihen ausgewählt und in diesen gründlich und fortlaufend ausgebildet und eingesetzt werden.

Begründung: Die Vielzahl der Funktionen im Heer und die Unterschiedlichkeit ihrer jeweiligen Tätigkeitsmerkmale verlangen den für seine besondere Aufgabe gründlich ausgebildeten Offizier.

Um die gründliche Fachausbildung zu gewährleisten und andererseits jedem die Aufstiegsmöglichkeiten offen zu halten, sind Verwendungsreihen einzurichten, die in der Breite durch die Fachrichtung zu begrenzen, in der Höhe durch den Grad der Anforderungen stufenweise aufzugliedern sind.

Jeder Offizier soll Anspruch auf zeitgerechte Prüfung seiner Eignung für die nächste Stufe seiner Verwendungsreihe haben und bei Qualifikation auf Ausbildung und Beförderung nach der Leistungsfolge, soweit freie Stellen vorhanden sind.

Die Prüfungen sind, wo immer möglich, denen im vergleichbaren zivilen Bereich anzugleichen und wechselseitig anzuerkennen.

Jede neue Verwendung ist durch einen Lehrgang gründlich vorzubereiten.

Rechtzeitige und gründliche Verwendungsberatung während der Ausbildung zum Zugführer ist notwendig.

These 6

Auch in den Verwendungsreihen muß durch Anforderung, Ausbildung und Prüfung bewußt bleiben, daß der „Nur-Fachmann" als Offizier des Heeres ungeeignet ist.

Begründung: Die während der Ausbildung zum Zugführer erworbene Fähigkeit zum Führen, Ausbilden und Erziehen verkümmert, wenn sie nicht weiter geschult wird. Die fachliche Ausbildung für die jeweilige Stufe in der Verwendungsreihe soll zwar Schwerpunkt sein, auf Weiterbildung im Führen, Ausbilden und Erziehen kann jedoch nicht verzichtet werden.

These 7

Fachkräfte für komplizierte Ausbildungsgebiete können von einer allgemeinen Ausbildung zum militärischen Führer ausgenommen werden.

Begründung: Bestimmte, oft technische Spezialgebiete erfordern langjährige Ausbildung. Für eine zusätzliche allgemeine, militärische Ausbildung fehlt meist die Bereitschaft, oft ist sie nicht zumutbar, in vielen dieser besonderen Fälle auch nicht unbedingt nötig.

Um den Bedarf an solchen Spezialisten im Heer zu decken, kann hier auf grundsätzliche Forderung nach einer allgemeinen militärischen Ausbildung verzichtet werden.

These 8

Austauschbarkeit der Führungs- und Fachkräfte aller Ebenen zwischen ziviler Arbeitswelt und Bundeswehr ist anzustreben. Dabei muß klar bleiben, daß der Soldatenberuf einige besondere, nur ihm eigentümliche Aufgaben stellt.

Begründung: Erst wenn viele austauschbare Funktionen geschaffen und bewußt gemacht sind, kann ein dauernder Austausch von Kräften zwischen ziviler Arbeitswelt und Bundeswehr in Gang kommen. Dieser könnte helfen, die Bundeswehr noch besser in die Gesellschaft zu integrieren, den Ausbildungsstand zu fördern und den Beruf des Offiziers attraktiver zu machen.

Andererseits muß klar bleiben, daß auch der Dienst auf Zeit in den Streitkräften kein „Job" sein kann. Zustimmung zur Aufgabe der Bundeswehr ist erforderlich.

Reservisten der Bundeswehr erscheinen für diesen Austausch besonders geeignet.

.. Oberstleutnant

Der Soldat in dieser Zeit

Grundlagen, Richtung und Schwerpunkte von Erziehung, Bildung und Ausbildung in den Streitkräften

Vortrag gehalten am 10.02.1972 im Rahmen der „Blumentaler Gespräche“ im Jugendfreizeitheim „Sattelhof“ in Bremen-Blumental

Die Zeit, in der es dem Bürger süß und ehrenvoll war, für das Vaterland zu sterben, ist Vergangenheit. Die Erinnerung daran, daß einmal der Offizier zum ersten Stand im Staate gehörte, weil er den Rock des Königs trug, ja, daß scherzhaft vielleicht, aber dennoch gesagt werden konnte „Der Mensch fängt erst beim Leutnant an“, weckt heute bei einigen wehmütige Erinnerung, bei den meisten Spott.

Ganz unwirklich erscheinen diese Erinnerungen vor der Zahl von bisher mehr als 120.000 Anträgen auf Anerkennung als Kriegsdienstverweigerer. Es ist schwerer geworden, Soldat in Deutschland zu sein.

Um die Situation richtig beurteilen zu können, müssen wir zurückgehen zum Anfang, nach 1955, besser noch nach 1949. Fünf Jahre nach der bedingungslosen Kapitulation des Großdeutschen Reiches sahen die westlichen Siegermächte, daß die Sowjetunion Stalins von imperialistischem Großmachtdenken besessen war, zusätzlich von einer aggressiven Ideologie, deren Ziel der Weltkommunismus war. Damals bemächtigte sich Stalin gewaltsam der mitteleuropäischen Staaten jenseits des Eisernen Vorhangs, schürte u. a. den Bürgerkrieg in Griechenland in der Absicht, auch dieses Land in seinen Machtbereich zu zwingen und sicherte sich im Inneren die Macht durch Säuberungswellen, deren ermordete Opfer nur noch in Zehntausenden geschätzt wurden.

In Deutschland war die Sowjetische Besatzungszone von fast allen Gemeinsamkeiten mit den Besatzungszonen der drei westlichen Alliierten abgetrennt. Die Gruppe Ulbricht, in den Kriegsjahren in Moskau darauf vorbereitet, war nicht zimperlich, als sie daran ging, den ersten deutschen Arbeiter- und Bauernstaat zu errichten. Hilde

Benjamin, um nur einen Namen zu nennen, machte die Justiz zum mörderischen Instrument der Machthaber. Noch heute werden an der Zonengrenze Menschen erschossen, die als einzigen Weg, der DDR zu entkommen, die Flucht über Minenfelder wagen.

Wenn man über Soldaten in der Bundesrepublik Deutschland heute sprechen will, muß man diese Fakten kennen, denn der Bürger will zu aller erst eine Antwort auf die Frage: Wozu brauchen wir eine Bundeswehr, warum muß ich dienen? Überzeugt ihn die Antwort nicht, wird er den Wehrdienst verweigern oder nur mit halbem Herzen dabei sein.

Natürlich ist die Bundeswehr überfordert, wenn sie diese Antwort allein geben muß. Staatsbewußtsein, Bindung an die verfassungsmäßige Grundordnung der Bundesrepublik, Einsicht in die Verteidigungswürdigkeit dieses Staates bilden alle Erziehungsträger heran oder sie versäumen es. Die Bundeswehr ist da nur ein Glied in der Kette.

Wie groß die Versäumnisse in dieser Erziehungsaufgabe sind, zeigt u. a. die Zahl von 27.000 Anträgen auf Anerkennung als Kriegsdienstverweigerer, die 1971 gestellt wurden. Werten kann man diese Zahl erst richtig, wenn man bedenkt, daß sie nicht aus den 100 % eines Jahrgangs, sondern aus jenen 60 % stammt, die davon einberufen wurden. Dabei ist die weibliche Hälfte eines Jahrgangs, dessen Verhältnis zu diesem Staat ja nicht weniger wichtig ist, gar nicht erfaßt.

Insgesamt haben wir es mit einer alarmierenden Distanzierung zu unserem Staat zu tun. Es wäre falsch, die Kriegsdienstverweigerer als ein Problem anzusehen, das nur die Bundeswehr angeht. Sie zeigen vielmehr deutlicher als anderes politische Gleichgültigkeit, Staatsverdrossenheit oder sogar militante Negation der Bundesrepublik, durch viele ihrer jungen Bürger.

Damit Sie mich nicht falsch verstehen: Stalin lebt nicht mehr, die Verhältnisse in der Sowjetunion und anderer Staaten des Warschauer Paktes haben sich, nicht zuletzt durch die Politik der Bundesrepublik, entwickelt. Dennoch war Prag 1968 möglich.

Es ist richtig, daß die USA in Vietnam einen entsetzlichen Krieg führten, aber es ist auch richtig, daß sie uns nach 1949 ermöglicht haben, die Bundesrepublik Deutschland auf einen sozialen Rechtsstaat hin zu entwickeln, der auf einer der liberalsten Verfassungen der Welt gründet.

Es ist weiter richtig, daß Verfassungsanspruch und Verfassungswirklichkeit in der Bundesrepublik nicht selten weit auseinanderklaffen. Nur bedarf es zur Verbesserung der Verhältnisse der engagierten und konstruktiven Mitarbeit der Bürger. Die Freiheit, dies zu tun hat jeder, aber die Bereitschaft fehlt vielen.

Es ist auch richtig, daß die DDR auf einigen Gebieten erstaunliche Erfolge errungen hat. Ich denke an das Gesundheitswesen, die Chancengleichheit der Frau, auch an Teile des Bildungswesens. Aber genau so richtig ist es, daß aus der versprochenen Diktatur des Proletariats immer noch nur eine Diktatur der Partei geworden ist und daß man nur nach jener Facon selig werden kann, die die Partei und dort allein die diktatorische Führungsspitze vorschreibt.

Wenn ich mich der Frage nach der Bindung an unseren Staat so intensiv zuwende, dann deshalb, weil Erziehung, Bildung und Ausbildung in den Streitkräften nur dann erfolgreich geleistet werden können, wenn ein Verhältnis, eine Bindung an unseren Staat vorhanden ist.

Die Spannung zwischen Freiheitsanspruch des Einzelnen und Gemeinschaftsanspruch des Staates ist solange gewollt und fruchtbar, als das Verhältnis ausgewogen bleibt. Wird der Staat die Kuh, die man allein melkt, um seine egoistischen Interessen zu befriedigen, wird das System ähnlich in Frage gestellt, als wenn der Freiheitsraum des Einzelnen durch den Anspruch eines totalitären Staates beschnitten wird, nur umgekehrt.

Es geht um die für manchen wohl bittere Erkenntnis, daß Freiheit und Ordnung nicht aufeinander verzichten können und daß, wer z. B. das individuelle Recht auf Kriegsdienstverweigerung zu einem kollektiven Recht umfunktioniert, es mißbraucht und damit die Verfassungsordnung angreift.

Natürlich kann hier nicht unerwähnt bleiben, daß die staatlichen Organe selbst erheblich zur Staatsverdrossenheit und politischen Gleichgültigkeit beigetragen haben, indem sie aus der Wehrgerechtigkeit eine Wehrungerechtigkeit und damit aus der Wehrpflicht eine

Wehrflucht machten.

In Artikel 87 a des Grundgesetzes ist die Aufstellung von Streitkräften festgelegt und der Einsatz im Spannungsfall und im Inneren Notstand grundsätzlich geregelt:

(1) Der Bund stellt Streitkräfte zur Verteidigung auf. …

(2) Außer zur Verteidigung dürfen die Streitkräfte nur eingesetzt werden, soweit dieses Grundgesetz es ausdrücklich zuläßt. …

Die Parteien des Bundestages sind einmütig von der Notwendigkeit der Streitkräfte überzeugt. Die Bundesregierung hält sie zur Absicherung ihrer mutigen, aber nicht risikolosen Entspannungspolitik für nötiger denn je.

Der ehemalige Bundeskanzler Brandt schreibt im Vorwort zum Verteidigungsweißbuch 1971/72:

> *„Die Sicherheit unseres Landes wie die unserer Nachbarn hängt vom Gleichgewicht der militärischen Kräfte ab. Dazu trägt die Bundesrepublik Deutschland mit der Bundeswehr im Atlantischen Bündnis bei. Auch die Bundeswehr sichert so unserem Staat politische Handlungsfreiheit."*

Die NATO setzt sich seit Jahren als zweiten Auftrag nach Sicherheit Entspannung in Europa. Die Ernsthaftigkeit des Bemühens wird deutlich z. B. im Atomteststoppabkommen, im Nichtverbreitungsvertrag, in den SALT-Gesprächen, in der Sicherheitskonferenz. Die Ziele der Bundesregierung heißen Sicherheit, Entspannung, Abrüstung. Dabei ist die Reihenfolge von Bedeutung.

Stellt man die Frage nach der Bedrohung, so kann sie auf absehbare Zeit nur aus dem Warschauer Pakt kommen.

NATO und Warschauer Pakt verfügen in etwa über ausgewogene Kräfte. In Europa aber besteht konventionell eine große Überlegenheit des Warschauer-Paktes, weit größer als sein Sicherheitsbedürfnis dies rechtfertigt.

Andererseits ist richtig, daß die sowjetischen Divisionen in den Satellitenstaaten nicht selten die Funktion einer Besatzungsmacht ausüben, was ihren militärischen Wert herabsetzt.

Der Auftrag der Bundeswehr wird im Weißbuch so formuliert:

> „Der Auftrag der Bundeswehr im Frieden, im Spannungsfall und im Verteidigungsfall ist eindeutig defensiv. So will es das Grundgesetz. Im Artikel 87 a weist es den Streitkräften „Verteidigung“ als einzige Bestimmung zu. In Artikel 26 läßt es die Vorbereitung eines Angriffskrieges unter Strafe stellen. So wollen es auch alle politischen Kräfte, die diesen Staat tragen. Zu ihrem Sprecher machte sich Bundespräsident Heinemann, als er in seiner Antrittsrede am 1. Juli 1969 vor dem deutschen Bundestag sagte: „Wir wissen, daß sie keine politischen Lösungen zu erzwingen vermöchte. Ihr Auftrag ist, zu verhindern, daß uns Gewaltlösungen von fremder Seite aufgezwungen werden. Darum setzen wir unsere Verteidigungsanstrengungen fort. Darum gilt unsere Achtung all denen, die sich dieser Aufgabe unterziehen.“
>
> Die Bundeswehr muß - gemeinsam mit den Truppen unserer Bündnispartner - im Frieden durch ihre Existenz und ihre ständige Einsatzbereitschaft einen möglichen Gegner von der Androhung oder Anwendung militärischer Gewalt abhalten. In der Krise und im Spannungsfall stellt sie eine Rückversicherung dar, von der aus die politische Führung handeln und verhandeln kann, ohne befürchten zu müssen, daß ihr ein fremder Wille aufgezwungen wird. Kommt es trotz Abschreckung und Krisenmanagement zum Verteidigungsfall, soll sie die Unversehrtheit des eigenen Hoheitsgebietes bei maximaler Schadensbegrenzung wahren oder wieder herstellen, mindestens einen Angriff so verzögern, daß Zeit zur Mobilmachung und zur Fassung politischer Entschlüsse bleibt.
>
> Auch im Zeitalter der Abschreckung ist die Möglichkeit nicht auszuschließen, daß der Soldat kämpfen muß.

Das Patt der Atommächte stellt das Gleichgewicht des Schreckens her, in dem der konventionelle Krieg mit Wahrscheinlichkeit im atomaren Schlagaustausch endet. Wer zuerst schießt, stirbt als Zweiter. Der Krieg ist nicht mehr die Fortsetzung der Politik mit anderen Mitteln, sondern die Katastrophe.

Abrüstung wäre zwingend, wenn sie gemeinsam möglich wäre.

Die Sowjetunion ist dazu bisher offenbar nicht bereit. Nach der kommunistischen Lehre sind nach wie vor Kriege gerecht, die dem Fortschritt des Sozialismus dienen. Trotzdem erkundet die Bundesrepublik hartnäckig die Möglichkeiten für Entspannung und Abrüstung.

Die Schwierigkeit, dem Bürger - ob in Uniform oder Zivil - klarzumachen, daß Streitkräfte erst dann kriegsverhindernd sind, wenn sie militärisch einsatzbereit, also kriegstüchtig sind, ist nicht gering. Der Soldat muß sich mit aller Kraft für einen Fall vorbereiten, von dem er weiß, daß er die Katastrophe bedeutet, wenn er eintritt.

Der Bundespräsident sagt dazu in seiner Antrittsrede: „Nicht der Krieg, sondern der Friede ist der Ernstfall.“ Hier liegt wohl die Lösung für die scheinbare Paradoxie des soldatischen Auftrages. Aber auch hier bleibt die Beweiskette schwierig, auch wenn alle Parteien des Bundestages Existenz und Auftrag der Bundeswehr zustimmen.

Zunächst aber helfen gegen Kanonen und Raketen weder eine leistungsfähige Wirtschaft, noch Bildung, noch Kultur allein, nicht einmal eine ausgeprägte staatsbürgerliche Gesinnung. Das erlebte die CSSR. Gegen Kanonen helfen zunächst nur Kanonen. Das ist bitter und wäre ein Teufelskreis, wenn nicht die Regierungen glaubwürdig klar machten, daß es ihnen mit der Reihenfolge Sicherheit, Entspannung, Abrüstung ernst ist.

Das Patt der Atommächte, die Möglichkeit, sich gegenseitig auszulöschen, ist Schrecken und Hoffnung zugleich. Sie macht den Krieg unwahrscheinlich und zwingt, auch wegen ihrer enormen Kosten, zu Entspannung und Abrüstung. Weil jeder dem anderen mißtraut, kann diese Abrüstung nur gleichzeitig erfolgen.

Unter der atomaren Schwelle kommt der Bundeswehr eine ganz besondere, friedenserhaltende Bedeutung zu. Für den konventionell so starken Warschauer Pakt mußte es verführerisch sein, in ein Territorium zu stoßen, das konventionell so unterlegen war, wie Westeuropa in den fünfziger Jahren. Die USA hatten zwar erklärt, sofort mit Atomwaffen einzugreifen, wenn auch nur eine sowjetische Division z. B. Hannover besetzen würde. Hätten sie es tatsächlich getan, in sicherer Erwartung den Atomkrieg auszulösen?

Heute stellt die Bundesrepublik mit 470.000 Soldaten die stärkste konventionelle Kraft der NATO in Europa und trägt so entscheidend zum Gleichgewicht der Blöcke bei. Sie schafft dadurch Entspannung und eine Voraussetzung für partnerschaftliche Abrüstungsgespräche ohne Erpressungsmöglichkeit.

Dennoch bleibt die Frage, ob Leben in Frieden, Freiheit und Recht das verbleibende Risiko eines Atomkrieges rechtfertigen, ob das Gleichgewicht des Schreckens einen Krieg zuverlässig ausschließt, ob nicht „Lieber Rot als tot" die bessere Lebensphilosophie wäre.

Von diesen einigermaßen komplizierten Zusammenhängen ist auch der Wehrpflichtige oft überfordert. Er will nicht glauben, daß Politik so egoistisch und unmenschlich sein soll. Er glaubt gerne denen, die sagen, nur die Interessen einer kleinen Gruppe in unserer Gesellschaft, die das Kapital und die Macht haben, sei an diesen Verhältnissen schuld. So wächst die Haltung: „Macht kaputt, was euch kaputt macht!" und meint damit auch die Bundeswehr, als „das machtvollste Bollwerk der Restauration".

Daß es aber so einfach nicht ist, daß die handfesten Interessen der Staaten und Staatengruppen gegeneinander, wie auch die auseinander strebenden Kräfte einer pluralistischen Gesellschaft selbst nur durch tägliche mühselige und kluge Arbeit auszugleichen sind, diese Überzeugungsarbeit muß auch die Bundeswehr bei der Erziehung ihrer Wehrpflichtigen leisten. Sie kann aber nur Erfolg haben, wenn Elternhaus, Schule und Medien das Gleiche tun.

Das Soldatengesetz fordert vom Wehrpflichtigen zu Beginn seiner Dienstzeit ein Feierliches Gelöbnis:

> „Ich gelobe, der Bundesrepublik Deutschland treu zu dienen und das Recht und die Freiheit des deutschen Volkes tapfer zu verteidigen."

Das Soldatengesetz legt im Katalog der Pflichten und Rechte unter anderem fest:

> Der Soldat hat die gleichen staatsbürgerlichen Rechte wie jeder andere Staatsbürger. Seine Rechte werden im Rahmen der Erfordernisse des militärischen Dienstes durch seine gesetzlich begründeten Pflichten beschränkt.

> Der Soldat hat die Pflicht, der Bundesrepublik Deutschland treu zu dienen und das Recht und die Freiheit des deutschen Volkes tapfer zu verteidigen.
>
> Der Soldat muß die freiheitlich demokratische Grundordnung im Sinne des Grundgesetzes anerkennen und durch sein gesamtes Verhalten für ihre Erhaltung eintreten.
>
> Der Vorgesetzte soll in seiner Haltung und Pflichterfüllung ein Beispiel geben. Er hat die Pflicht zur Dienstaufsicht und ist für die Disziplin seiner Untergebenen verantwortlich. Er hat für seine Untergebenen zu sorgen. Er darf Befehle nur zu dienstlichen Zwecken und nur unter Beachtung der Regeln des Völkerrechtes, der Gesetze und der Dienstvorschriften erteilen. Er trägt für seine Befehle die Verantwortung. …
>
> Der Soldat muß seinen Vorgesetzten gehorchen. … Ein Befehl darf nicht befolgt werden, wenn dadurch ein Verbrechen oder Vergehen begangen würde. …
>
> Der Zusammenhalt der Bundeswehr beruht wesentlich auf Kameradschaft. Sie verpflichtet alle Soldaten, die Würde, die Ehre und die Rechte der Kameraden zu achten und ihnen in Not und Gefahr beizustehen. …

Die Militärgesetzgebung der Bundesrepublik wird als die liberalste der Welt bezeichnet. Zum ersten Mal in der deutschen Militärgeschichte legt sie neben den Pflichten auch die Rechte des Soldaten im Gesetz fest. Neben der Wehrdisziplinarordnung und dem Wehrstrafrecht stehen gleichberechtigt die Wehrbeschwerdeordnung, das Gesetz über den Wehrbeauftragten und über den Vertrauensmann. Zum ersten Mal unterstehen deutsche Streitkräfte der direkten Kontrolle des Parlamentes.

Die Innere Führung schuf den Staatsbürger in Uniform. Ziel ist, die Soldaten möglichst konfliktfrei einzugliedern in die pluralistische Gesellschaft. Sie sollen einer Berufsgruppe angehören, die nicht besser, aber auch nicht schlechter ist, als jede andere, aber gekennzeichnet wird durch eine berufsspezifische Aufgabenstellung.

Große Schwierigkeiten bei der Umsetzung dieses Konzeptes ergaben sich aus der totalen Niederlage 1945, dem Abbruch der Tradition nach einem, von der politischen Führung selbst verschuldeten

Weltkrieg und der Verstrickung der Wehrmacht in die Verbrechen des 3. Reiches auf der einen Seite und der Notwendigkeit, schon 10 Jahre später auf Beschluß der neuen politischen Führung und des Parlamentes in sehr kurzer Zeit Streitkräfte aufzustellen mit einer völlig anderen inneren Ordnung und in einem gänzlich anderen Staat, als das Deutschland bis 1945.

Wenn die Bundeswehr diese Zerreißprobe heute einigermaßen überstanden hat, spricht das für die Richtigkeit des Konzeptes der Inneren Führung und auch für die Qualität der Unteroffiziere und Offiziere, die unter diesen schwierigen Bedingungen jährlich mehr als 120.000 Wehrpflichtige ausbilden.

Maßgeblich für Erziehung, Bildung und Ausbildung des Soldaten ist der Auftrag. Die Bundeswehr soll fähig sein, durch Kampfkraft abzuschrecken und, wird die Bundesrepublik angegriffen, auch bereit sein zu kämpfen.

Auf der Suche nach dem besten Weg, diesen Auftrag zu erfüllen, gab es in der Bundeswehr sehr unterschiedliche Vorstellungen. Während die Einen den Soldatenberuf als einen Beruf „sui generis“ und den Soldaten zu allererst als Kämpfer sahen und ihn dahin erziehen wollten, sahen Andere den Beruf als einen unter vielen und wollten den Erziehungsschwerpunkt auf den unpathetischen, kritischen Staatsbürger in Uniform legen, der sich sowohl der Notwendigkeit, wie aber auch der Kontrollbedürftigkeit der Streitkräfte bewußt war.

Der aufmerksame Betrachter weiß, daß sich die unpathetische Schule durchgesetzt hat. Am 18. Mai 1971 hatte Professor Theodor Ellwein, Vorsitzender der Bildungskommission beim Bundesminister der Verteidigung, ein umfassendes Gutachten zur Neuordnung der Ausbildung und Bildung in der Bundeswehr vorgelegt. Der Verteidigungsminister schrieb im Vorwort:

> *„An der Spitze des Fortschritts zu marschieren erschien dem großen Heeresreformer Scharnhorst als Ausdruck guter Tradition. Solcher Tradition gerecht zu werden, ist das Bemühen verantwortungsbewußter militärischer Führer.*
>
> *Nötig ist eine enge und vertrauensvolle Zusammenarbeit mit den zivilen Partnern im Bereich der staatlichen Verwaltung, der*

öffentlichen Einrichtungen, der Wirtschaft und der Publizistik, nötig ist der gemeinsame Wille der Soldaten, diese Neuordnung als ihre eigene Angelegenheit zu begreifen.

Sie haben weitgehend schon heute erkannt, daß eine bessere Ausbildung nicht nur die Beherrschung der Waffen vervollkommnen, sondern auch das innere Gefüge der Truppe festigen und dadurch ihren moralischen, politischen und militärischen Wert erhöhen wird. ...“

Die Kommission ging von der Überzeugung aus, daß, je mehr die Tätigkeit des Soldaten mit seinen eigenen Interessen im Einklang steht, desto motivierter tut er seinen Dienst.

Die Richtung der Kommissionsarbeit wird besonders deutlich in dieser Passage:

> „Ähnlich wie Bildung und Ausbildung sind auch Erziehung, Bildung und Ausbildung nur gemeinsam zu sehen. Erziehung zielt heute - der Demokratie zugeordnet - stärker auf Selbstdisziplin, Bereitschaft zur verantwortlichen Wahrnehmung der jeweiligen Aufgaben und Fähigkeit zur Zusammenarbeit, die gerade in den Streitkräften auch der stärksten Belastung gewachsen sein müssen. Das eigentliche Medium der Erziehung ist der Umgang miteinander. ...“

Die Diskussion hält Einzug in die Streitkräfte. Aber auf Befehl und Gehorsam ist nicht zu verzichten. Neben Kameradschaft ist der Begriff der Partnerschaft getreten. Der Freiheitsraum des einzelnen Soldaten wird sich noch mehr erweitern, denn nur der wird für Recht und Freiheit notfalls alles einsetzen, der Recht und Freiheit als Verfassungswirklichkeit auch im militärischen Alltag erlebt.

An die Stelle des herkömmlichen Führungsstils tritt immer mehr der kooperative Führungsstil, der sich in den Streitkräften zwar oft mit dem personalen mischen wird. Die formale Disziplin wird mehr und mehr abgelöst von der funktionalen, die die moderne Technik erzwingt.

So wird das Verhältnis Vorgesetzter - Untergebener immer mehr geprägt von der Zusammenarbeit im Team und von jenem Kriterium, das Wirtschaft und Gesellschaft an die Spitze gestellt haben: Leistung.

Nach der Bildungskommission legte die Personalstrukturkommission ihr Gutachten für die neue Personalstruktur der Bundeswehr vor. Wichtigster Vorschlag ist hier die Trennung von Dienstgrad und Bezahlung. Der Hauptgefreite, der eine wichtige Maschine fährt, kann z. B. mehr verdienen als der Unteroffizier, der in der Schreibstube arbeitet. Der Oberfeldwebel, der einen Starfighter fliegt, verdient nach den Vorstellungen der Personalstrukturkommission nicht weniger, als der Oberleutnant in gleicher Verwendung.

Ich fasse zusammen und komme zum Schluß:

1. Entscheidend bei allen Überlegungen zu Erziehung, Bildung und Ausbildung ist der Auftrag.

2. Der Bezugspunkt unserer Werteordnung ist die sich innerhalb der sozialen Gemeinschaft frei entfaltende Persönlichkeit und ihre Würde. Also muß die Bundeswehr alles daran setzen, die individuelle Freiheit des Soldaten nur dort einzugrenzen, wo ihr Auftrag das unbedingt erfordert.

3. Die Soldaten müssen aber wissen, daß Abschreckung militärische Präsenz erfordert und dafür grundsätzlich der Zugriff der Streitkräfte auf den einzelnen Soldaten durchgehend notwendig ist.

4. Die Bundeswehr muß sich den Bedingungen dieser pluralistischen Industriegesellschaft stellen. Diese heißen Wettbewerb und Leistung.

5. Nirgends wird die Spannung zwischen Einzelinteressen und Gemeinschaftsinteressen so deutlich wie beim Wehrdienst. Wir werden mehr als bisher lernen müssen, daß der individuelle Freiheitsraum nur dann auf Dauer größtmöglich sein wird, wenn der einzelne Bürger seine Pflichten gegenüber der Gemeinschaft auch annimmt.

6. Für die Bundeswehr ist Integration in die Gesellschaft unverzichtbar. Ihr Verfassungsauftrag läßt sich nur erfüllen, wenn die Bevölkerung ihn bejaht. Eine Abseitsstellung, ja Ausgrenzung gefährdet die Kontrolle der Bundeswehr und macht sie für Radikalisierung anfällig.

7. Die Bundeswehr ist rein defensiv in einem defensiven Bündnis. Sie sichert gemeinsam mit den Verbündeten die weitreichende Entspannungspolitik der Bundesregierung ab. Sie stellt im Rahmen des Gesamtbündnisses eine wesentliche Voraussetzung für gleichberechtigte Abrüstungsverhandlungen. So leistet die Bundeswehr Friedensdienst.

Auf dem Weg III

1975	Ende des Vietnamkriegs
1979	NATO-Doppelbeschluß
1980	Einmarsch sowjetischer Truppen in Afghanistan
1980	1. Golfkrieg (Iran-Irak)

1975/81 - Plön in Schleswig-Holstein, **Kommandeur Pionierbataillon 6 u. Divisionspionierführer.** Es wurden gute Jahre in einer spannenden Aufgabe: Das Bataillon und zwei unterstellte Kompanien, eine Amphibische Pionierkompanie und eine Spezialsperrkompanie, fast **1.200 Soldaten**, über 30 Offiziere, über 200 Unteroffiziere, eine einzigartige Kaserne allein für das verstärkte Bataillon, die Fünf-Seen-Kaserne. Über 300 Radfahrzeuge und selbstfahrende Maschinen, das alte Schlauchbootbrückengerät zunächst, aber bald die neue, schnelle Faltschwimmbrücke. Amphibien für 150 Meter Brücke, das schnellste Brückengerät der Bundeswehr: 100 Meter Brücke für alle Lasten in ca. 60 Minuten. Motorboote und Sturmboote, Kräne, Planierraupen, Bohrgeräte für das Verlegen von atomaren Sprengmitteln. Das alles am Rande einer Kleinstadt, die uns Pionieren wohl gesonnen war.

Wir verspürten kaum Einschränkungen. Sorgfältige Planung und Organisation, korrekter Umgang mit den finanziellen Mitteln, Vorhaben im Rahmen des Auftrages, gute Noten in den zahlreichen Kontrollen und ein sorgfältiger Umgang mit unseren Soldaten, ganz besonders den Wehrpflichtigen, mit Respekt und Achtsamkeit. Dann kam es nur noch auf Kreativität an und den Willen, das Notwendige und das Ungewöhnliche umzusetzen.

6 Jahre zwischen Kaserne, Übungsplätzen und Übungen im offenen Gelände, nachts auf der Elbe mit panzerbeladenen Fähren, nur die Backbord- und Steuerbordlichter, Top und Heck. Sperrübungen, unterstützt von einem Dutzend Hubschraubern zum Transport von Soldaten und Minen, Planübungen auf Divisionsebene, einem optimalen „Tag der offenen Tür" mit 13.000 Gästen, jährlich 3 Wo-

chen auf dem Wasserübungsplatz an der Donau bei Ingolstadt: Fähren- und Kriegsbrückenbau, Ausbildung unserer Sturmboot- und Motorbootfahrer, nächtliche Brückenschläge in Reihe, der Kampf um die schnellste Fähre. Eine abschließende Bataillonsübung über 3 Tage und Nächte. Das ganze Programm, 6 Jahre. Das Bataillon lebte von einer Übung zur nächsten Materialprüfung, von einem Brückenschlag zu Meisterschaften in Fußball und Handball, von der täglichen Ausbildung zur Durchführung großer internationaler Militärwettkämpfe der NATO, von öffentlichen Gelöbnissen zu Bataillonsfesten.

Nicht alles gelang. Da verschwand ein großer neuer LKW und die Feldwebel fanden ihn in einem unserer Seen versenkt. Da zerfuhren wir in Ingolstadt bei einer nächtlichen Übung ein frisch gestaltetes und gerade angesätes Gelände, viel Ärger. Da kam überraschend der General zur Dienstaufsicht auf den Schießplatz in Münsingen und flog verärgert ab, weil die Zelte eher Chaos als Ordnung boten. Da bekamen wir auf der Schlei die Fähren nicht in eine stabile Position und der Panzerzug, den wir übersetzen sollten, fuhr verärgert zur nächsten Straßenbrücke. Da kippte in einer Lehrübung der Panzer beim Überwinden eines tiefen Trichters von der Panzerschnellbrücke. Da nannte ich bei der Siegerehrung nach dem Wettkampf „Schnellste Fähre" die falsche Kompanie als Sieger. Das Bataillon hatte in atemloser Spannung auf mein Wort gewartet. Die Begeisterung explodierte, aber es war die falsche Kompanie.

Aber da gab es 100 Erfolge, viele neue Wege und mitunter ein richtiges Glücksgefühl: Wenn ich bei strömenden Regen um 4 im Morgengrauen auf einer Fähre stand und in die Gesichter von Wehrpflichtigen schaute, die als Fahrer der schweren Motorboote die ganze Nacht mit ihrer Fähre Panzer über die Elbe transportiert hatten und mich jetzt selbstbewußt anstrahlten. Wenn die Eltern in Scharen zum Gelöbnis ihrer Söhne kamen, mit Freundinnen, Opas und Omas. Wenn der Hauptfeldwebel nach tagelangen Versuchen die Methode erstmalig ausgeknobelt hatte, wie bei Angriff über ein Gewässer 3 überlappt verlegte Panzerschnellbrücken auch vom jenseitigen Ufer wieder aufgenommen werden können.

Da tobte das Zelt beim Kameradschaftsabend Offiziere/ Hauptfeldwebel, als nach überstandener Grippewelle des Bataillons, bei der der großartige Stabsarzt Dr. Higi 5 Tage nicht ins Bett gekommen war, Manni in einem seiner umwerfenden Sketche mir in den Mund legte: „Der Doktor bin ich!“ Ich hatte dem Stabsarzt verboten, Hilfe von der Division heranzuholen. Er hatte es dann allein geschafft. Gott sei Dank.

Da fuhren wir am Betreuungstag von Ingolstadt mit 450 Pionieren in 9 Bussen nach München ins Olympiastadion zum Fußballländerspiel Deutschland - Spanien. Strahlender Sonnenschein. Deutschland gewann 4 : 2.

Täglich etwas Neues: **Schneekatastrophe in Schleswig-Holstein.** Wochenlang konnten vielerorts nur Räumpanzer der Bundeswehr die Straßen für die Notversorgung der Zivilbevölkerung freimachen. Das Bataillon hatte Kommandos zum Freisprengen von Eisenbahnzügen bei Puttgarden eingesetzt. Die Züge waren in angewehten Eisplatten geradezu eingefroren. Der Hauptteil des Bataillons lag in der Kaserne in Bereitschaft und wartete mit wachsender Ungeduld auf seinen Einsatz.

Die städtischen Arbeiter hatten beim Freihalten der Straßen von Plön seit Tagen längst ihre Leistungsgrenzen überschritten. Die Division hatte den Einsatz von Soldaten zur Unterstützung der Gemeinde- und Stadtverwaltungen aber noch nicht freigegeben. Ich befahl meinem Stab, die Übernahme der Räumarbeiten für zunächst zweimal 24 Stunden mit der Stadtverwaltung zu organisieren. Am Nachmittag vor dem ersten Nachteinsatz bat ich meinen Vorgesetzten um die Genehmigung. Der General verbot den Einsatz. Aus seiner Sicht formal berechtigt, für die Stadt eine große Enttäuschung, für mich eine Niederlage, für die Soldaten unbegreiflich.

Der junge Soldat war vor einigen Jahren mit seiner Familie aus einem osteuropäischen Land in die Bundesrepublik eingewandert. Nun stand er im Kommandeurzimmer vor mir: kräftige Gestalt, ernst, scharfe Gesichtszüge. Er flehte mich an: „Entlassen Sie mich bitte nicht! Ich will Unteroffizier werden, die Bundeswehr ist meine große Chance, ich wollte immer Soldat werden.“

Am Vorabend war dem Chef der 2. Kompanie gemeldet worden, der Gefreite terrorisiere die Mannschaften. Zur detaillierten Aussage war niemand bereit, die Soldaten hatten Angst.

In Absprache mit dem Kompaniechef bat ich die Vertrauensmänner der Mannschaften zu mir. Sie wollten nur aussagen, wenn der Gefreite noch am selben Tag die Kompanie verlassen würde. Ich sagte das zu, wenn die Vorwürfe schwerwiegend genug seien. Die Vertrauensmänner berichteten: Seit einigen Wochen bestimme der Gefreite, wer für ihn die Stube reinigte, seine Schuhe putzte, seine Bereitschaftsdienste übernahm und die Nacht- und Wochenenddienste. Auch die Brötchen und Getränke vom Kantinenwagen bei Außendiensten lasse er sich bringen und bezahlen. Wer sich widersetzte, würde mit körperlicher Gewalt bedroht. In einem Fall sei sein Wurfmesser neben dem Kopf eines Kameraden in einem Baum eingeschlagen.

Die Vernehmungen an diesem Vormittag bestätigten das Geschilderte. Die Zusammenarbeit mit dem Divisionsstab verlief dann schnell und präzise. Der Gefreite wurde am selben Tag ausgekleidet, ich erteilte sofort Kasernenverbot, der Soldat wurde fristlos entlassen. Die Division gab den Fall an den Staatsanwalt ab.

Ein Besucher hatte sich angemeldet. Er sei der Vorsitzende der ehemaligen **Kaiserlichen Kadetten Vorkorps Plön.** Sehr viel wußte ich damit nicht anzufangen. Da ich ein Anliegen erwartete, informierte ich mich zunächst. Auf dem Plöner Schloß waren vor 1918 Kadetten erzogen, die Söhne des letzten Kaisers unter ihnen. Es gab immer noch das Prinzenhaus an der Reitbahn und auf der Prinzeninsel den Kadettenfriedhof.

Herr Ludwig war ein hagerer Achtzigjähriger mit aufrechtem Gang und selbstbewußtem Auftritt. Hamburger Unternehmer aus der Waitzstraße. Er sei der Vorsitzende der ehemaligen Plöner Kadetten. Sie stürben absehbar aus. Er bat, das Bataillon möge die Patenschaft über das Kadettenzimmer im Kreismuseum übernehmen.

Ich schlug ihm vor, sich und sein Anliegen meinen Offizieren und Unteroffizieren selbst vorzustellen, dann würde ich sehen, ob eine Kompanie die Patenschaft freiwillig übernähme.

Ich hatte keine sehr große Erwartung, war auch an dieser Historie nicht besonders interessiert, holte aber vorsichtshalber die Zustimmung der Division ein.

Im großen Mannschaftsspeisesaal waren über 200 Offiziere und Unteroffiziere versammelt. Der alte Herr musterte sie eine kurze

Weile ruhig. Dann berichtete er vom Leben und Lernen der Kadetten im Schloß. Knapp, konzentriert, das Wesentliche, militärisch. Schließlich: „Um 22 Uhr war Ruhe im Schlafsaal. Licht aus!“ Kurze Verblüffung, dann hatte er sie. Fast hätten die Männer beim Schlußapplaus auf den Stühlen gestanden.

Die Amphibische Pionierkompanie übernahm die Patenschaft. Als Patengeschenk schufen ihre Kunstschmiede ein neues, fünf Meter breites Eingangstor zum Kadettenfriedhof. Die Kompanie richtete den Friedhof wieder her. Tränen bei der Übergabe.

Anschließend eine festliche Kaffeetafel im ehemaligen Speisesaal der Kadetten im Schloß. Bewegende Erinnerungen an Kaiser und Feldmarschall. Tränen, ergreifend.

Eine große Bataillonsübung. Die 5 Kompanien, dazu die Amphibische, ein Panzerbrückenzug und zeitweise 6 UH1D, leichte Transporthubschrauber. Eine Woche, 7 Tage, durchgehend Tag und Nacht. Übungsschwerpunkt: Übergang über Gewässer mit allen Mitteln.

Wir starteten aus Verfügungsräumen nahe der dänischen Grenze. Die schmalen Gewässer überwanden wir mit Behelfsmitteln, mit Faschinen, die wir in gedeckten Räumen bauten, einfliegen ließen und mit Stahlstraße/Sechseckplatten abdeckten, mit befestigten Furten und mit Kurzbrücken aus dem Schlauchbootbrückengerät, die wir abseits der Einsatzstellen in Deckung bauten und von den Hubschraubern herantransportieren und punktgenau einsetzen ließen.

Für die etwas breiteren Gewässer setzten wir die Medium-Girder-Bridge ein, einen zuverlässigen Baukasten aus den frühen Jahren der Bundeswehr. Schließlich fuhren 9 Fähren aus Schlauchbootbrückengerät ihre bis zu 50 Tonnen schweren Lasten an drei Fährstellen bei Krümmel über die Elbe. Neuland und Höhepunkt der Übung war dann der Einsatz der Amphibischen Pionierkompanie auf der Elbe zwischen Blankenese und Cranz mit beladenen Fähren. Unvergessen wird den Fährenführern, Unteroffizieren, Feldwebeln und jungen Leutnanten die kniffelige Aus- und Einfahrt in den Blankeneser Hafen sein und die Fahrten bei Nacht zwischen den ein- und auslaufenden Hochseeschiffen. Da waren unsere Fähren, sparsam kenntlich an Steuerbord, Backbord, Top und Heck, trotz geladenem Panzer, wie Nußschalen. Große Tage für das Bataillon.

Da war auch das große Fest auf dem Kleinen Ukleisee, auf einer Plattform aus Brückenpontons, alle Soldaten vom Pionier bis zum Kommandeur, viele mit ihren Freundinnen, ihren Frauen. Da war der offizielle Herbstball mit geladenen Gästen. Da waren die besonderen Gäste beim wöchentlichen gemeinsamen Mittagessen der Offiziere: der Major und die Majorin der Heilsarmee, der Pfarrer von Bosau, dessen ausgefallene Ideen landesweit bekannt waren, der angeblich den Silberschatz Gustav-Adolfs auf dem Friedhof ausgrub und Fernsehteams verführt hatte, das zu glauben und zu filmen. Da war der Künstler, der zum ersten Mal eine Kaserne betrat.

Feste gehören zum Leben, auch eines Bataillons. Der Ball der Pioniere war ein Höhepunkt im Kalender der Plöner Gesellschaft, bei Bataillonsfesten an der Donau konnte schon mal die Stimmung explodieren. Aber ich erinnere mich an keinen Betrunkenen.

Die **Mannschaftskantine** war in einem schlechten Zustand: verwohnt, verschnitzt, verqualmt. Ich hatte mehrere Jahre auf dem Dienstweg beantragt, sie zu renovieren. Der große Mannschaftsspeisesaal war im vergangenen Jahr mit großem finanziellen Aufwand von Grund auf neu gemacht worden. Jetzt waren wohl andere dran.

Die Unteroffiziere hatten ein ordentliches Heim, die Offiziere, zwar in einem Provisorium, ebenfalls. Ich besprach mich mit den Kompaniechefs und den Vertrauensmännern. Die Kantine wurde am Abend gerne genutzt.

Eine Lösung aus eigener Kraft war eigentlich nicht vorgesehen. Die Soldaten waren nicht als Handwerker bei uns, sondern zur militärischen Ausbildung. Ohne Zustimmung und Material von der Standortverwaltung war an eine Aktion sowieso nicht zu denken, denn die Standortverwaltung war für die Gebäude zuständig.

Ihr Leiter, Oberamtsrat Kröger, war in seinen letzten Dienstjahren. Bei meiner Einweisung als Bataillonskommandeur war er mir als korrekt, aber schwierig beschrieben worden. Ich fuhr zu ihm, trug ihm mein Anliegen vor und meinen Vorschlag, die Kantine selbst zu renovieren. Wir hatten in den bisherigen gemeinsamen Jahren bald ein gutes Arbeitsverhältnis miteinander gefunden, ja, mir schien, daß er mit fast väterlichem Wohlwollen auf den jungen Kommandeur dort in der Fünf-Seen-Kaserne schaute.

Seine Zustimmung konnte ich eigentlich nicht erwarten, mein Antrag war vielmehr eine Zumutung an den korrekten Beamten: Entfernung der alten Kantineneinrichtung, komplett neuer Ausbau, also Holzverkleidung der Wände, Zwischenelemente, Tische, Stühle, Beleuchtung, Vorhänge.

Der Oberamtsrat Kröger hatte einige präzise Fragen. Dann stimmt er zu! In der bald folgenden Urlaubszeit des Bataillons bauten 12 Schreiner und Zimmerleute der Kompanien unter Leitung eines unserer Offiziere mit Ingenieurstudium die Kantine neu aus. Die Standortverwaltung stellte das Material.

Das Ergebnis war schön, solide und wunderbar. Wir feierten Einweihung mit den Handwerkern, den 21 Vertrauensmännern der Kompanien und natürlich Herrn Kröger. Wir besahen das Werk und fanden es gut. Bis zur Auflösung der Kaserne 1996 hing eine kleine Tafel in der Kantine:

> Zum Wohl der Mannschaften,
> aus dem Willen von Kommandeur
> und Leiter der Standortverwaltung
> mit der Bitte um pflegliche Behandlung.
> ..   Kröger

Ein Informationstag für 25 Lehrer im Bataillon. Die meisten Kriegsdienstverweigerer, die Stimmung bundeswehrkritisch. Zeit des Kalten Krieges. In Polen standen sowjetische Divisionen. Seit Wochen Unruhen in der Bevölkerung gegen die „Besatzung". Der polnische Präsident hatte das Kriegsrecht verhängt. Ich fragte unsere Gäste: „Wenn sowjetisches Militär wie befürchtet in dieser Nacht die polnischen Proteste niederschlägt, dürfen sich die Polen dann mit ihren eigenen Soldaten zur Wehr setzen?" Ratlosigkeit, betretenes Schweigen.

NEC 1980 - „Northern European Infanterie Competition". Wir hatten 5 NATO-Nationen zu Gast: Dänemark, Großbritannien, Kanada, Niederlande und Norwegen. Infanteriewettbewerb Nordeuropa. 9 Mannschaften je 10 Soldaten. Schwerpunkte: Geschicklichkeit, Kenntnisse, Ausdauer und Schießen. Der Wettbewerb lief eine Woche zwischen Plön und dem Schießplatz Putlos an der Ostsee. Unser Bataillon war mit der Ausrichtung beauftragt. Der Höhepunkt war der Geländemarsch über zahlreiche Hindernisse nach Putlos zum Schießen.

Illustre Gäste: der Oberkommandierende der NATO-Nordeuropa, ein norwegischer General, die Heeresinspekteure der teilnehmenden Nationen und unsere direkten Vorgesetzten.

Der Start des Geländemarsches war ein kleiner See in Ostholstein. Er war mit Schlauchbooten zu überwinden. Zwei Tage vor dem Wettkampf hatte der hier für die Vorbereitung und Durchführung zuständige Kompaniechef den Schilfgürtel beiderseits des Starts großflächig auf Wasserhöhe abschneiden lassen, um gleiche Bedingungen für alle Mannschaften zu schaffen.

Abends rief mich wütend der Eigentümer des Sees an. Er hatte am Tag nach dem Wettkampf Jagdgäste aus Österreich auf Enten. Nach unserem Einsatz gab es auf dem See keine Enten mehr, auch keine Deckung für zurückkehrende Tiere. Der Gutsbesitzer sperrte sofort See und angrenzenden Wald für die Bundeswehr.

Das Gespräch am nächsten Morgen auf dem Gutshof war unangenehm. Die Strecken waren auf den Meter vermessen, alle Karten gezeichnet, alle Aufträge geschrieben. Der Spielraum für Änderungen war gleich Null. Der Gutsherr genehmigte schließlich die Nutzung, „um eine Blamage der deutschen Gastgeber zu verhindern". Er hatte auch ein Anliegen und wir hatten einen Bauingenieur.

Schwerpunkt des Jahres aber waren immer die großen Übungen, die erfolgreichen Materialprüfungen, die Zufriedenheit unserer Soldaten. Zum Inbetriebhalten und zur Einsatzbereitschaft des verstärkten Bataillons griffen 1.000 Räder ineinander:

Fahrschulen für die Fahrer der ca. 200 Radfahrzeuge, für 25 Amphibien, für Planierraupen, Kräne, Frontlader, Bohrgeräte, 20 schwere Motorbote, Sturmboote, die Instandsetzung mit 2 Dutzend Kfz-Mechanikern, die Versorgung mit Verpflegungsmitteln, 10.000 Versorgungsartikeln, Ersatzteilen aller Art, Mobiliar, Aufnahme und Abschub von Kfz und Maschinen, die Verpflegung der 1.200 Soldaten und zivilen Mitarbeitern aus der Großküche, die Grundausbildung der 160 Rekruten in der Ausbildungskompanie in jedem Quartal, die Pionierausbildung in der 2. und 3. Kompanie, u. a. Minenkampf, Sprengausbildung, Fahren auf dem Wasser, die Ausbildung des Unteroffiziersnachwuchses im geschlossenen Ausbildungszug, der Betrieb im Sanitätsbereich mit Stabsärzten und Sanitätern, die Arbeit der Truppenverwaltung besonders um die Finanzen, die Zusammenarbeit mit der Standortverwaltung, Kleiderkammer und Liegenschaften und die übergeordnete Organisation des Gesamtbetriebes einschließlich der Personalführung durch den Bataillonsstab unter dem S3-Stabsoffizier und Stellvertretendem Kommandeur, Major Manfred Groeneveld.

Über 50 % der Soldaten waren Wehrpflichtige. Kurze Einarbeitung, kurze Stehzeiten, schneller Wechsel. Routine, Alltag 365-mal im Jahr. Es gab Tage, an denen dieser Organismus zufrieden brummte, meist aber passierte irgendwas und, ehrlich gesagt, ohne Probleme, die zu lösen waren, hätten wir auch nicht sein wollen.

Wir hatten keinen tödlichen Unfall im Dienst. Welch ein Glück. Gemessen an 1.200 Soldaten, den täglichen Ausbildungsabläufen und dem Umgang mit schwerem Gerät in 100 Übungen unter militärischen Bedingungen bei Tag und bei Nacht, 6 Jahre lang, war das nicht selbstverständlich. Wenige schwere Unfälle, eine schwere Kopfverletzung: Beim Aufziehen eines großen LKW-Reifens hatte sich ein eiserner Sprengring mit Wucht gelöst.

Kameradschaft und Bindung an Kompanie und Vorgesetzten werden nicht allein durch Befehl und Gehorsam stark. Klare Strukturen, klare Ziele, klare Verantwortlichkeiten machen dem Soldaten den Dienst leicht. Information rechtzeitig, sachlich, auf allen Ebenen. Erziehung zum offenen Wort und zur konstruktiven Kritik. Gerechtigkeit, Respekt und Fürsorge gerade für die Schwächsten in der Kette, die jungen Soldaten. Anspannung und Entspannung, Feste, Lob, Anerkennung und Auszeichnung, wann immer Gelegenheit und Anlaß.

Zahlreiche Vorträge, Diskussionsveranstaltungen, Ansprachen und Veröffentlichungen meist zu neuen Wegen in Ausbildung und Führung, besonders in der „Truppenpraxis“, der Zeitschrift für den

Offizier.

Eine große Zeit, aber **unsere Familien sahen uns selten.**

Erika war 24, als wir heirateten. Spielmannszug, Cello, Abitur, Theater, Konzerte, Zeitgeschichte, Politik. Ausbildung zur Werbetexterin, bester Abschluß in der Stadt München, bester Abschluß in Bayern. Auf dem Weg nach USA zur Weiterbildung. - Sie stammte aus alt eingesessener Bauunternehmerfamilie bei Glückstadt, Mutter Pastorentochter mit 3 Brüdern, von denen 2 im Krieg gefallen waren. Ich noch katholisch.

Erika heiratete den Mann ihrer Wahl, einen Oberleutnant der Pioniertruppe und beendete ihre berufliche Laufbahn.

5 Wohnungswechsel in den ersten 9 Ehejahren zwischen Oberbayern und Schleswig-Holstein. Wir waren nicht die Einzigen, aber jeder hatte es für sich zu bewältigen. 2 Kinder, ein schwerbehindertes. Das Geld war knapp. Wohnungssuche: nicht ins Getto! Keine Arroganz, Schutz vor Isolierung und Einseitigkeit. Nach jeder Versetzung neue Gardinen, Vorhänge, Tapeten, neue Kindergärten, neue Schulen, neues Schulsystem im neuen Bundesland, neue Einkaufsmöglichkeiten, neue Ärzte, neue Freunde für die Kinder, neue Bekannte für uns, aber oft die Bemerkung: „An Zugvögel soll man sein Herz nicht hängen."

Dazu ein Ehemann und Vater, der mit Leidenschaft seinen Beruf lebte. Eine 48- oder gar 40-Stunden-Woche kannten wir nicht. Wir Offiziere und Unteroffiziere waren „immer im Dienst", 3 bis 4 Monate im Jahr auf Übungen, Lehrgängen und abends meist spät zu Haus, wenn überhaupt. Die gemeinsamen Theater- und Konzertabonnements haben wir bald abbestellt: „Ich will nicht bei jedem Konzert, bei jedem Theater bis zur letzten Minute warten, ob Du kommst oder nicht." Dann verkaufte Erika die Karte an der Abendkasse. Das Geld war knapp.

Für unsere Frauen also ein Kampf ums Überleben. Eltern und Großeltern waren meist weit. Wollten sie nicht untergehen in Kinder und Küche, mußten sie diszipliniert sein und zäh, organisieren können und Substanz haben, von der sie zehren konnten. Also auch zivile Bekannte, Freunde gewinnen, pflegen, Zeitung lesen, Radio hören, dranbleiben an Politik und Gesellschaft, Musik und Theater.

Abstand und eine eigene, kritische Meinung bewahren, auch zur Bundeswehr. Und die Courage, sie zu vertreten. Den Gesprächsfaden mit dem Ehemann nicht verlieren und ihm seinen Platz in der Familie frei halten.

Meist hatte Erika den Kopf über Wasser, aber nicht immer gelang es.

In Rosenheim besuchten wir die Wahlkampfveranstaltung des SPD-Kanzlerkandidaten Willy Brandt. Das tat man damals als Offizier nicht. In Vorderhindelang freundeten wir uns mit dem benachbarten Kleinbauern an, in Bremen gingen wir in kirchliche Arbeitskreise zum Thema „Frieden“ und „Pazifismus“ und fanden Freunde fürs Leben. In Nahe mobilisierten wir unsere Anliegerstraße gegen die Ausbaupläne der Gemeindevertretung und einige Gleichgesinnte für Akzeptanz und Baurecht der Ahmadiyya-Muslime, unserer Nachbarn. Ich engagierte mich in der evangelischen Kirche. Erika war oft Triebfeder, Ideengeberin und pflegte die sozialen Beziehungen, Grundlage unserer Erfolge.

Das sonntägliche Frühstück dehnte sich meist über Stunden. Oft waren die Freunde unserer heranwachsenden Kinder dabei. Die brisantesten Themen lieferte mein Beruf: Kriegsdienstverweigerung und Pazifismus, Atomwaffen, Atomkraft, “Soldaten sind Mörder“, das Bild der Bundeswehr in Öffentlichkeit und Medien, Feierliche Gelöbnisse in der Öffentlichkeit und was aktuell anstand.

Mutter und jugendliche Tochter und Sohn mit vielen kritischen Fragen an den Soldaten, gegen seine oft eingefahrenen Meinungen. Manchmal bin ich verärgert vom Tisch aufgestanden, meist dann, wenn meine Antworten mich selbst nicht mehr überzeugten. Ich habe viel dabei gelernt.

Es war verboten, politische Symbole und Texte in der Kaserne offen zu zeigen. Auch als ich ab 1975 Bataillonskommandeur in Plön war, war bei manchen öffentlichen oder gesellschaftlichen Veranstaltungen Erika dabei. Auf ihrer Citroen „Ente“ klebte ein großer Aufkleber: „**Atomkraft - nein danke**!“ Das entsprach ihrer tiefen Überzeugung. Ich war damals noch ganz anderer Meinung. Vor dem Kasernentor überdeckte sie den Aufkleber notdürftig. Lesen konnte man das Postulat trotzdem. Ärger und erfolglose Auseinandersetzungen. Sie wäre zu Hause geblieben, hätte ich mich unbedingt durchsetzen wollen. Aber ich liebte sie, auch in ihrem Eigensinn. Zudem: meistens lag sie richtig.

Je selbständiger die Kinder wurden, je mehr nahm sich Erika Freiräume für ein Stück eigenes Leben: zweiwöchige Reisen mit der Freundin, Theater, Konzerte, Kirchenchor und einige intensive Jahre an der Volkshochschule als Dozentin.

Wir alle, die ganze Familie, haben von einer selbstbewussten, kreativen und erfolgreichen Ehefrau und Mutter außerordentlich viel Gutes gehabt. Unsere Ehe hat sie jung gehalten.

Und als „Kommandeuse"? Erika liebte es nie, als das „weiße Pferd" vorzutraben. Nur, wenn es unbedingt nötig war, kam sie in die Kaserne. Beim Feierlichen Gelöbnis am Plöner Schloss saß sie mit unseren Kindern nicht bei den VIPs, sondern unerkannt unter den Bürgern der Stadt und hörte ihre Kommentare: „Son grotes Bataillon un son lütten Kommandeur!"

Am Tisch mit dem Landrat? Kein Problem. Beide liebten die Hausmusik und die alten Meister. Mit dem Bürgermeister und seiner Frau waren wir bald herzlich befreundet. Graf Baudissin mochte Erika von der ersten Begegnung. Beide freuten sich offensichtlich bei jedem Wiedersehen. In der Evangelischen Akademie war sie bekannt für ihre kritischen Anfragen an Kirche und Theologen. Den Kreis der Offiziersfrauen, nicht unwichtig in Anbetracht der regelmäßigen Entwurzlungen unserer Familien durch Versetzung, leitete lange die patente Frau des Personaloffiziers und nicht die „Kommandeuse". Und das war gut so. In den Speiseplan für den obligaten Herbstball mischte sie sich ein, nicht immer zum Vergnügen des Küchenmeisters. Waren Damen ausnahmsweise bei den Kommandeurstagungen dabei, organisierte sie das Damenprogramm anders als sonst, nach ihren Ideen, zum Vergnügen der Gäste. Ansonsten hatte die Frau des Kommandeurs in der Kaserne keine Funktion und hielt sich raus.

Im vergangenen Jahr feierten wir unsere Goldene Hochzeit. Erika hat meine Dienstzeit gut überstanden und ihre Lebendigkeit bewahrt.

.. Kdr Pionierbataillon 6 Plön, im Mai 1980

Ansprache zum Feierlichen Gelöbnis

Im Namen der Plöner Pioniere begrüße ich herzlich die Bürger unserer Garnisonstadt und der umliegende Gemeinden, unter ihnen den Bürgervorsteher unserer Stadt, Herrn Volkers, den Landwirtschaftsminister unseres Landes, Herrn Flessner, den Landrat, Herrn Dr. von Bismarck, den Bürgermeister, Jes Uwe Hansen. Ich begrüße den Standortältesten, Herrn Kapitän Kaiser.

Ich danke dem Bürgermeister für seine herzlichen Worte. **Wir Soldaten fühlen uns wohl in dieser Stadt.**

Ich begrüße die „Ehemaligen Königlichen Preußischen Kadetten Vorkorps Plön", die seit gestern ihre Kadettentage 1980 begehen und mit denen uns seit der Patenschaftsübernahme vor 2 Jahren eine herzliche Freundschaft verbindet.

Unser besonderer Gruß gilt den Angehörigen unserer Soldaten. Sie sind aus Schleswig-Holstein, dem Ruhrgebiet und weiter her unserer Einladung gefolgt. Wir haben Ihnen heute Nachmittag Arbeitsplätze und Unterkünfte unserer Soldaten gezeigt, zu vielen Fragen Rede und Antwort gestanden. Sie haben die Vorgesetzten Ihrer Söhne, Ihrer Brüder, Ihrer Enkel, Ihrer Freunde kennen gelernt und sind in dieser wichtigen Stunde mitten unter uns. Bei 131 Plöner Rekruten kamen 193 Angehörige. Darüber haben wir uns von Herzen gefreut.

Nun zu Ihnen, meine Rekruten.

Sie tun Dienst beim Flugabwehrregiment 6 in Lütjenburg, beim Panzeraufklärungsbataillon 6 in Eutin und im Pionierbataillon 6 hier in Plön. Sie sind seit 5 Wochen Soldat.

Sie kamen aus der Obhut Ihrer Familien, aus Ihren Betrieben, Schulen und Universitäten, von Ihren Freunden und Freundinnen. Viele kamen gegen ihren Willen, fast allen ist der Abschied schwer gefallen.

Sie kamen zu uns in unsere Kasernen: die Unterkünfte spartanisch einfach, der Dienst ungewohnt und oft hart, der Umgang mit den Vorgesetzten geprägt von Befehl und Gehorsam.

Sie werden zu Soldaten ausgebildet und erzogen. Sie müssen lernen, militärische Aufträge nach besten Kräften, unverzüglich und gewissenhaft auszuführen, mit Wenigem auszukommen, hart gegen sich selbst zu sein und Kameradschaft zu üben.

Sie werden ausgebildet an unseren Waffen, lernen Minen verlegen und Brücken sprengen. Morgen fahren Sie Lastwagen und Panzer, bedienen elektronisch gesteuerte Kanonen und Radaranlagen, Planierraupen, Bohrgeräte und amphibische Fahrzeuge.

Sie sind kaum 20 Jahre alt und dennoch werden Ihnen Millionenwerte anvertraut.

Die Besten von Ihnen werden in 15 Monaten Unteroffiziere sein. Einige werden sich weiter verpflichten, Feldwebel und Offiziere werden und uns helfen, diesen Streitkräften den guten Ruf zu erhalten über den sie heute verfügen.

So ist der Wehrdienst auch eine Zeit der Bewährung vor sich selbst und eine Zeit der Chancen. Sie und Ihre Eltern werden nach 15 Monaten feststellen, daß Sie erwachsener geworden sind. Sie werden selbständiger, zielstrebiger und selbstbewusster sein. Sie werden in Ihrer militärischen Ausbildung viel gelernt und intensive Lebenserfahrungen gesammelt haben. Und irgendwann wird Ihnen auch bewusst werden, daß Sie Ihren Mitmenschen, dem Staat in dem wir leben, unserem Vaterland einen wichtigen Dienst erwiesen haben.

Sie werden in wenigen Minuten geloben, der Bundesrepublik Deutschland treu zu dienen und das Recht und die Freiheit des deutschen Volkes tapfer zu verteidigen.

Ihr Gelöbnis ist das feierliche Bekenntnis zu diesem unseren Staat und die Verpflichtung, ihn notfalls mit der Waffe zu verteidigen. Die Bundesrepublik Deutschland ist in ihrer Verfassung und hier besonders in den Grundrechten eindeutig definiert. Sie ist kein vollkommener Staat, sie hat manche Mängel. Aber sie ist besser als die meisten anderen. Wohlstand und soziale Sicherheit für alle sind in ihr mehr verwirklicht als in fast allen Staaten dieser Erde.

Und sie ist unsere Heimat, hier sind wir zu Hause. Was das bedeutet, weiß spätestens der, der in der Fremde leben muß.

Sie werden geloben, der Bundesrepublik Deutschland treu zu dienen. Treue und Dienen sind zwei Begriffe, die in unserer Gesellschaft, die oft von Mühen um den eigenen Vorteil geprägt ist, scheinbar nicht passen. Aber ohne dienenden Gemeinsinn ist unser Staat, diese Bundesrepublik, nicht lebensfähig. Gäbe es ihn nicht auch bei uns, in viel größerem Umfang als wir es oft wahr haben wollen, wäre die Bundesrepublik schon lange zu Grunde gegangen.

Wie treu auch heute Staatsbürger dienen, dafür sind besonders Sie, unsere jungen Wehrpflichtigen und Ihre vielen hunderttausend Vorgänger beredtes Zeugnis. Die allermeisten von Ihnen tun bei sehr geringer Bezahlung zuverlässig und pflichtbewusst, oft unter harten Anforderungen und persönlichen Belastungen mit ganzem Einsatz ihren Dienst und geben manchem älteren Bürger ein beschämendes Beispiel.

Sie werden geloben, Recht und Freiheit zu verteidigen:

- das Recht eines Jeden auf freie Entfaltung seiner Persönlichkeit,
- die Gleichheit Aller vor dem Gesetz,
- das Recht auf freie Meinung,
- die Unantastbarkeit der Würde des Menschen.

Diese Rechte sind uns nicht auf Ewig geschenkt. Unsere Eltern haben sie nach der mörderischen Gewaltherrschaft Adolf Hitlers und derjenigen, die ihm dabei geholfen haben und nach einem grauenvollen Krieg auf den Trümmern unseres Landes zum Gesetz gemacht. Diese Rechte sind nur eine Chance, täglich gefährdet. Kämpfen Sie um diese Rechte! Tun Sie es mit den vielfältigen Mitteln, die unser demokratischer Staat dazu bereithält. Informieren Sie sich, bilden Sie sich eine fundierte Meinung, stellen Sie ihre Kräfte den Parteien und Organisationen zur Verfügung, die im Rahmen unserer Verfassung arbeiten.

Nur dort haben Radikalismus und Terror eine Chance, wo die Mehrheit der Andersdenkenden durch Gleichgültigkeit und Feigheit sie ungestraft sich ausbreiten lassen. Das sollten wir Deutschen in diesem Jahrhundert nicht ein zweites Mal geschehen lassen.

Diese Demokratie lebt von unserem Engagement und sie verdirbt, wenn Mitläufer, Opportunisten, Dumme zur Mehrheit werden.

Seien Sie stolz darauf, in diesem Staat leben und ihm als Soldat dienen zu dürfen, denn er gehört zu den wenigen in der Welt, in denen bei aller Unvollkommenheit Recht und Freiheit am ehesten gesichert sind.

Sie werden geloben, Recht und Freiheit des deutschen Volkes zu verteidigen. Damit meint unser Grundgesetz die Menschen in der Bundesrepublik und in der DDR. Ein Krieg mit dem Ziel der Wiederherstellung von Recht und Freiheit in der DDR aber wäre verfassungswidrig und außerhalb jeglicher Vernunft.

Hineinwirken in die DDR können wir nur, indem wir deutlich machen, wie ernst es uns ist mit den verfassten Rechten und Freiheiten unseres Staates, indem wir Toleranz üben gegeneinander und Menschlichkeit und auch im Alltag beweisen, das Freiheit für uns nicht aufhört, wo die Meinung des Anderen anfängt, sondern Freiheit für uns zunächst die Freiheit des Anderen ist.

Seien wir dabei nicht kleinmütig, sondern selbstbewusst. Diese Republik lebt vom Pluralismus der Meinungen und sie verträgt den Pluralismus. Sie ist viel stärker, als viele von uns glauben und die Menschen in der DDR schauen sehnsüchtig auf unsere Möglichkeiten und unser Beispiel.

Sie werden geloben, tapfer zu verteidigen. Wer tapfer kämpft, geht voran, weil Freiheit und Recht ihm mehr bedeuten, als persönlicher Vorteil, Sicherheit und auch das Leben.

Die Bewährung, ob jemand tapfer ist, zeigt sich nicht erst im Krieg. Tapfer kann man in jedem Alltag sein. Wenn Kameraden auf der Stube von anderen schikaniert werden, man das Unrecht sieht, aber aus Feigheit nicht Partei ergreift. Wenn Kameraden zum Alkohol verleitet, oft gezwungen werden und sich nicht trauen, sich der Mehrheit zu widersetzen und niemand ihnen hilft. Wenn man in religiösen oder politischen Fragen anderer Meinung ist, aber mit den Wölfen heult, um nicht aufzufallen.

Traut Euch und fallt auf! Ihr leistet Euren Dienst nicht, um Duckmäuser und Feiglinge zu sein, sondern um mitzuhelfen, daß die Menschen in unserem Land frei sind und selbstbewusst im weiten Rahmen unserer Gesetze an der Entwicklung unseres Staates mitwirken können.

Wir glauben, daß auch heute Recht und Freiheit der Bürger von außen bedroht sind. Noch immer stehen sich zwei unterschiedliche, ja unversöhnliche Gesellschaftssysteme gegenüber: die westlichen Demokratien im Bündnis der NATO, die auf Recht und Freiheit des Individuums verpflichtet sind und die kommunistischen Diktaturen, die immer noch mit Druck und Zwang ihre Menschen regieren, die nicht wagen, ihre Bürger frei wählen zu lassen, weil sie wissen, das die Menschen ihnen in hellen Scharen davonliefen, wenn sie nicht hinter einem elektrisch geladenen Zaun mit Selbstschussanlagen eingesperrt wären.

Wir Deutschen stehen als geteiltes Land auf der Nahtstelle zwischen diesen Systemen. Mit Sorge sehen wir die Entwicklungen in der Welt und spüren, wie dünn der Boden ist, auf dem die Völker sich bewegen.

Unsere Chance einen Krieg zu verhindern und den Frieden in Freiheit zu erhalten, ist auch in Zukunft nur dann groß, wenn auch wir stark sind. Unsere Stärke aber ist zu allererst unser Wille, diesen demokratischen Rechtsstaat zu verteidigen.

Zu keiner Zeit konnten deutsche Soldaten so sicher sein, nur dem Frieden zu dienen, wie wir es heute können.

Seit 22 Jahren hat die Bundeswehr als stärkste konventionelle Militärmacht der NATO in Europa maßgeblichen Anteil an der Erhaltung des stets bedrohten Friedens in diesem Teil der Welt.

Wir Offiziere und Unteroffiziere haben in den langen Jahren im täglichen Dienst und in vielen Übungen, oft unter härtesten Bedingungen den beispielhaften Einsatz, die Kameradschaft, die Zähigkeit und das Können unserer jungen Soldaten erlebt. Ich habe keinen Zweifel, daß auch Sie, die Rekruten, die heute ihr Gelöbnis ablegen, gute Soldaten werden.

Dazu wünsche ich Ihnen alles Glück!

Petition des Kommandeurs Pionierbataillon 6 an Ihre Tollität

anläßlich der Übergabe des Rathauses der Stadt Plön an die Prinzessin Waltraud I. der Plöner Karnevalsgesellschaft Blau-Weiß am 13.01.79 im Schwentine Haus

Eure Lieblichkeit!

Untertänigst danke ich für die Gnade bei Eurer heutigen Audienz anwesend sein zu dürfen. Zu Euren Füßen liegt die gesamte Garnison. 2.500 Soldaten warten auf Eure Befehle. Wir sind glücklich und stolz, den heutigen Tag miterleben zu dürfen. Die widerwärtige Demokratie hat nicht nur die Sitten verderbt, sondern, noch schlimmer, uns Officiers, hohe Majestät, unser Ansehen und unsere privilegierte Stellung genommen.

Sie hat uns mit dem einfachen Bürger gleichgemacht. Lieblichkeit! Schauen Sie mich an in meinem grauen Kleid, wie kann man da noch von der Truppe Respekt erwarten und Disziplin durchsetzen.

Beim Studium der Historie las ich im Jahrbuch für Heimatkunde im Kreis Plön/Holstein im 8. Jahrgang 1978 voller Wehmut:

„Während 1772 die Uniform aus einem roten Rock mit himmelblauen Abzeichen, gelben Schoßumschlägen und Unterkleidern, dreieckigem Hut mit weißer Hutborte bestand, wurde 1801 der rote Rock mit schwarzem Kragen, Aufschlägen und Rabatten, gelben Vorstößen und Schoßumschlägen sowie weißen Knöpfen eingeführt; Fuß- und Beinbekleidung waren die lange gelbe Lederhose, dunkelblaue Überknöpfhosen und ungarische Stiefel.“

Eure liebliche Tollität! Im Namen der Garnison bitte ich Sie daher untertänigst:

Geben Sie uns Bügelhelm und Epauletten zurück, unseren roten Rock, unsere gelben Lederhosen und unsere ungarischen Stiefel. Geben Sie uns unsere Pferde zurück und lassen Sie uns die Stadt an einem Tag der Woche freimachen für unsere Parade zu Ehren Eurer Lieblichkeit.

Verbieten Sie meinen jungen Officiers vor 30 zu heiraten und verordnen Sie, daß sie nur wohlhabende Damen von Stand zur Frau nehmen dürfen.

Geben Sie uns unsere Degen zurück, damit wir dem hochmütigen Bürger mehr Respekt vor seiner Obrigkeit beibringen können.

Befehlen Sie uns, Stadtvertretung und Kreistag zu räumen, damit die Leute dem Müßiggang ferngehalten und nützlicher Beschäftigung zugeführt werden.

Wir bitten untertänigst, schaffen Sie den ganzen verderblichen Plunder der Demokratie ab, machen Sie Ihre Officiers wieder zum 1. Stand im Staat und führen Sie die guten alten Zeiten wieder ein!

Wir wollen Sie dafür auf Händen tragen und für Eure Händel fechten, als wären es die unseren.

Es lebe Ihre Lieblichkeit!

.. Oberstleutnant
Kdr PiBtl 6

Plön, Juni 1979

Bundeswehr und Alkohol

Nach dem letzten Jahresbericht des Wehrbeauftragten des Deutschen Bundestages ist die Bundeswehr mit dem Alkohol ins Gerede gekommen. Wer dazu den „Spiegel"-Artikel gelesen hat, kann um die Einsatzbereitschaft der Streitkräfte nur noch fürchten und seine Söhne mit größter Sorge zum „Bund" ziehen sehen.

Wir Offiziere und Unteroffiziere, die wir für das, was in unserer Kaserne geschieht verantwortlich sind, prüfen betroffen, ob die Darstellungen richtig sind. Wäre das der Fall, hätten wir unser Gehalt nicht verdient und sollten uns einen anderen Beruf suchen.

Als Bataillonskommandeur weise ich das, was zum Thema „Bundeswehr und Alkohol" zur Zeit vielfältig verbreitet wird, für unseren Bereich zurück. Die Darstellungen haben mit der Wahrheit wenig zu tun. Alkohol im Dienst ist in der Fünf-Seen-Kaserne kein Thema, weil er so gut wie nicht vorkommt. Alkohol nach Dienst ist bei uns kein größeres Problem als in der übrigen Gesellschaft.

Dabei wundere ich mich, daß nicht mehr getrunken wird. Der Wehrpflichtige kommt aus einer Wohlstands- und Freizeitgesellschaft mit hohem Anspruch an Freiheit und Genuß. Er tritt ein in eine soldatische Gemeinschaft mit geringem Komfort, wenig Freizeit und dem Anspruch auf Gehorsam und Disziplin. Das größte Problem: Der junge Soldat weiß oft nicht, warum der dienen muß, weil Elternhaus, Schule, Fernsehen und andere ihm die überzeugende Antwort auf diese Frage schuldig geblieben sind.

Der Griff zur Flasche bietet sich in dieser Situation geradezu an. Er wird von Millionen Erwachsenen täglich beispielhaft vorgeführt und ist schon längst die Gewohnheit einer unübersehbaren Zahl von Jungendlichen unter dem Wehrpflichtalter.

Aber so sehr uns auch Einzelfälle Sorgen machen, so verhältnismäßig wenig wird in dem von mir überschaubaren Bereich (weit über 1.000 Soldaten) nach Dienst Alkohol getrunken. Die allermeisten jungen Soldaten tun ihren Dienst nach besten Kräften, fleißig und diszipliniert und verwenden ihr bißchen Wehrsold für die ganz kleinen persönlichen Bedürfnisse. Für die meisten blieb bisher nach Bezahlung der Heimreisen am Wochenende sowieso nichts mehr übrig, ganz sicher nicht für Mengen Alkohol.

Natürlich bleibt die sinnvolle Freizeitgestaltung ein Problem der Streitkräfte. Sie ist, wie der Alkohol, ein allgemeines Problem unserer Gesellschaft und von diesem nicht zu trennen.

Unteroffiziere und Offiziere sind bei 50 bis 60 Dienststunden in der Woche, dabei durchschnittlich 2 Abende Nachtausbildung oder andere Dienste und zusätzlich mind. 2 bis 3 Monate Übungen und Lehrgänge im Jahr (oft wesentlich mehr), d. h. Abwesenheit von der Familie, für die Gestaltung der Freizeit ihrer Soldaten nicht mehr heranzuziehen.

Ich meine, die Bundeswehr muß sehr ernsthaft prüfen, ob neben der Ausbildungsorganisation nicht auch eine Freitzeitorganisation mit Sozialarbeitern, Jugendpflegern, Sportlehrern u. a. aufgebaut werden muß. Dazu gehört auch ein Soldatenheim. Das alles kostet viel Geld, ist aber - so glaube ich - notwendig.

Der Wehrdienst ist eine harte Herausforderung für den jungen

Mann. Der Alkohol wäre das naheliegende „Fluchtmittel“ bei den unvermeidlichen Schwierigkeiten. Wenn er weit weniger benutzt wird, als oft vermutet wird, spricht das nicht zuletzt für unsere jungen Soldaten, die weit besser sind als oft ihr Ruf. Abschreckende Einzelfälle sollten uns dafür den Blick nicht verstellen.

Begrüßungsworte an die Delegierten der Landestagung Schleswig-Holstein des Verbandes Deutscher Soldaten/ Kyffhäuserbund am 20. Oktober 1979 in der Fünf-Seen-Kaserne Plön

Herr Innenminister Dr. Barschel,
Herr Kreispräsident Röhl,
Herr General a. D. Müller,
Herr Kühn,
verehrter Prinz zu Schleswig-Holstein,
meine verehrten Damen,
meine Herren!

Als Hausherr sage ich Ihnen ein sehr herzliches Willkommen. Ich habe die Grüße des Divisionskommandeurs, Herrn Generalmajor Manthey, zu überbringen. Die 6. Panzergrenadierdivision hat dieser Veranstaltung gern ihre Unterstützung zugesagt.

Es ist mir und meinen Soldaten eine besondere Freude, diese Tagung ehemaliger deutscher Soldaten hier in der Fünf-Seen-Kaserne betreuen zu dürfen.

Wir stehen in Ihrer Nachfolge und wir sind stolz darauf. Die Geschichte des deutschen Soldaten ist erfüllt von ruhmreichen Taten und großen Siegen. Um Männer wie Scharnhorst und Gneisenau, Moltke, Manstein, Rommel und Guderian hat uns die Welt beneidet. Große Soldaten wie der Generaloberst Ludwig Beck haben das Gesicht des Widerstandes gegen Hitler geprägt.

Die Geschichte des deutschen Soldaten kennt jedoch auch die Katastrophen zweier Weltkriege in diesem Jahrhundert mit ihren grauenvollen Begleiterscheinungen besonders in der Zeit von 1933 bis 1945.

Wir aber sind die Söhne dieses Vaterlandes und wollen uns aus der Geschichte unseres Landes nicht davonstehlen, sondern uns mutig zu ihr bekennen, das Gute als leuchtendes Beispiel unserer Jugend nahebringen und das Böse besonders uns Älteren, die wir für das Zukünftige verantwortlich sind, eine ständige Mahnung sein lassen.

Ihre Generation, meine Damen und Herren, hat aus den Trümmern 1945 ein neues, blühendes Deutschland gebaut. Ein Deutschland, das allein dem Frieden verpflichtet ist und in dem Recht, Freiheit und die Würde des Menschen einen herausragenden Platz haben.

Wir Soldaten der Bundeswehr sind stolz darauf, auf die Verteidigung dieser Menschenrechte unseren Eid zu leisten. Sie, meine Damen und Herren, haben den nachfolgenden Generationen eine neue Chance geschaffen. Es ist nun an uns, sie zu nutzen.

Mein Bataillon steht vor einer intensiven Übungsphase, die am Montag beginnt. Wir verlegen auf den Übungsplatz, nehmen gleichzeitig hier in der Kaserne über 200 Reservisten auf und führen sie den Kompanien zu. Ab Freitag nehmen wir dann an der Divisionsgefechtsübung auf dem Übungsplatz BERGENHOHNE teil. Unsere AmphPiKp 601 marschiert am Dienstag für 3 Wochen auf den Wasserübungsplatz INGOLSTADT an die Donau und die amerikanischen Kfz, die Sie in der Kaserne sehen, gehören unseren amerikanischen Kameraden, die für zwei Wochen aus HANAU nach Plön gekommen sind, um mit unserer PiSpezSperrKp 600 gemeinsam den Einsatz atomarer Sprengmittel zu üben.

Damit ist das Bataillon mit seinen 5 Kompanien und seinen zwei selbständigen, im Frieden dem BtlKdr aber unterstellten Kp'n und insgesamt ca. 1.100 Pionieren vorgestellt.

Wir belegen diese Kaserne, die als die schönste des Heeres gilt, allein und unterstehen dem Kdo der 6. PzGrenDiv in Neumünster.

Verantwortlich für unseren Teil der Organisation heute ist mir der Oberleutnant Gerhard.

Fühlen Sie sich wohl bei uns, den Plöner Pionieren und seien Sie uns noch einmal sehr herzlich willkommen!

..

Plön, 18.11.79

Ansprache am Volkstrauertag 1979 bei der öffentlichen Veranstaltung der Stadt Plön

Wir trauern heute um unsere Mitmenschen, die uns Krieg und Gewalt genommen.

Wir trauern um jene,

- die auf den Schlachtfeldern gefallen sind,
- die in den Konzentrationslagern ermordet wurden,
- die in den Lazaretten starben,
- die in den Städten umkamen,
- die Flucht und Vertreibung nicht überlebten,
- die als Kriegsgefangene in fremder Erde ihr Grab fanden.

Wir trauern über die Menschenverachtung und den Zynismus, mit denen Menschen, die Gewalt haben, anderen, die sie erdulden müssen, so barbarisches Leid antun.

Wir trauern über die Menschen, die damals und heute mit Verstand und Herz begabt sind und dennoch aus Bequemlichkeit und Feigheit sich eher in die Katastrophe führen lassen, als ihre Dinge in die eigenen Hände zu nehmen.

Wir trauern über Neid und Mißgunst, Eitelkeit und Arroganz in den Herzen der Menschen, die die Wurzeln der Kriege sind.

Auch 35 Jahre nach dem letzten Weltkrieg

- sehnen sich Mütter nach den gefallenen Söhnen und Töchtern,
- Frauen nach den verlorenen Männern,
- Kinder nach den nicht heimgekehrten Vätern.

Wer konnte sie, wer kann sie trösten?

Heute am Volkstrauertag kommen Sie, die Überlebenden und wir, die Nachfolgenden an den Mahnmälern jener grauenvollen Jahre unserer deutschen Geschichte zusammen, um uns zu besinnen, um Rechenschaft abzulegen

- vor uns selbst und unseren Kindern, deren Welt wir bauen,
- vor den Toten aus sinnlosen Kriegen, denen wir auf die Grabsteine geschrieben haben:

„Wir werden Euch nicht vergessen!“
„Euer Tod darf nicht vergebens sein!“

um wieder einmal uns zu fragen, wie haben wir mit den Pfunden gewuchert, die uns die Gnade eines Neubeginns geliehen hat?

Auf den Gräbern der Millionen haben Sie, die Älteren ein neues Deutschland gebaut. Sie haben Recht und Freiheit zu den Bedingungen dieses Staates gemacht.

Sie haben die Teilung unseres Vaterlandes nicht verhindern können, aber Sie haben auch denen die Hoffnung erhalten, die im anderen Deutschland leben müssen.

Sie haben uns Jüngeren eine Chance gegeben. Laßt sie uns nutzen! Laßt uns unsere Kinder lehren, um Menschenwürde, Freiheit und Recht zu kämpfen.

Seien wir selbst nicht kleinmütig in unseren Betrieben, Behörden und Kasernen. Wer vom freiheitlichen Rechtsstaat spricht, muß ihn auch im Alltag wollen und gewähren. Wer seine Verteidigung verlangt, muß auch bereit sein, ihn selbst zu verteidigen.

Haben wir den Mut, anderes zu tun als die anderen, anders zu denken als die Masse und anders zu sprechen als man es von uns hören möchte.

Seien wir nicht bequem, sondern ehrlich. Kämpfen wir um die Rechte und Freiheiten der Anderen, der Minderheiten, der Schwachen, als wenn es unsere eigenen wären, damit Anspruch und Wirklichkeit, Wort und Tat gleich werden.

Dienen wir unserem Land, denn es braucht jeden. Bekennen wir uns zu diesem Staat, stolz zu seinen Stärken, er hat viele, und tapfer zu seinen Schwächen. Er verdient es, nie zuvor hatten wir Deutschen einen besseren.

Nur so wird uns eine freie, selbstbewußte und kämpferische Generation nachfolgen, die die verhängnisvolle Verführung unseres Wohlstandes abschüttelt, die die faszinierende Herausforderung unserer Welt erkennt und annimmt, sie prägt und gestaltet zu einer besseren Welt, als die es war, in der die leben und sterben mußten, um die wir heute trauern.

Truppenpraxis 5/81 **BUNDESWEHR**

Eröffnung von Beurteilungen Vorschläge zur Verbesserung der allgemeinen Praxis

Oberstleutnant ..

Gemäß ZDv 20/6 „Personelle Auswahlmittel für Soldaten und Bundeswehr" sind Beurteilungen die bedeutsamste Grundlage für die Auswahl, die Verwendung und die Beförderung der Soldaten. Sie beeinflußen maßgeblich den Werdegang des Soldaten.
Der Verwendungs- und Beförderungsstau hat die Bedeutung der Beurteilung besonders bei Offizieren weiter verschärft, d. h. die Verantwortung des Beurteilenden weiter vergrößert. Die Problematik ist allgemein bekannt. Die folgenden Überlegungen sind der Eröffnung der Beurteilung gewidmet.

Die ZDv 20/6 sagt in der Nr. 150: „Dem Beurteilten ist eine Beurteilung in allen Punkten zu eröffnen. Die Eröffnungspflicht bei Beurteilungen ist erfüllt, wenn der Beurteilte den endgültigen, vollständigen und unterschriebenen Wortlaut der Beurteilung zum Lesen erhält."

Aus dieser Festlegung hat sich das wohl auch so gewollte allgemeine Verfahren entwickelt, daß dem zu beurteilenden Offizier seine fertiggestellte Beurteilung vom Vorgesetzten vorgelegt wird, er diese kurz durchlesen kann, selten danach ein auf die Beurteilung bezogenes Gespräch geführt wird, er seine Beurteilung unterschreibt und in der Regel nicht wieder zu Gesicht bekommt.

Diese Praxis erscheint insgesamt fragwürdig.

Die Beurteilungseröffnung ist für den Zeit- und Berufssoldaten ein Vorgang von äußerster Wichtigkeit, heute oft von berufsentscheidender Bedeutung. Sie wird meist mit Spannung erwartet und erlebt und verlangt vom Vorgesetzten neben Objektivität und Sorgfalt beim Entwurf der Beurteilung, Zeit und Einfühlungsvermögen. Erstmalige Konfrontation mit der dann komplett fertiggestellten, vom Vorgesetzten unterschriebenen und dann unabänderlichen Beurteilung am Eröffnungstage, kurzes Durchlesen und Unterschreiben, werden der Bedeutung der Beurteilung nicht gerecht. Schon kurze Zeit nach der Eröffnung wird der Beurteilte sich genau nur noch an die zusammenfaßende Beurteilung erinnern, keineswegs aber an die Einzelheiten der gebundenen und der ungebundenen Beschreibung. Damit wird die Fixierung auf Ziffer und Buchstabe der zusammenfaßenden Beurteilung verstärkt, der Beurteilte kann seine Beurteilung nicht durcharbeiten, sich über das Positive freuen, das Nachteilige prüfen. Nachträgliche Mißverständnisse aus falscher Erinnerung, die Frage: Was stand da eigentlich? sind unvermeidlich.

Stattdessen wäre folgendes Verfahren zweckmäßig:

1) Der zu beurteilende Offizier wird nach seinen Verwendungswünschen gefragt. Der Vorgesetzte prüft, wie weit sich diese Wünsche mit seinen Vorstellungen decken. Je mehr dies bei sachgerechter Prüfung der Fall ist, um so eher ist zu erwarten, daß bei entsprechender späterer Verwendung der Beurteilte mit Freude und Erfolg seine Arbeit tut. Dieser erste Schritt ist so erforderlich, damit die Eignung für eine bestimmte Verwendung in der Beurteilung auch entsprechend herausgearbeitet werden kann.

2) Die Beurteilung wird im Entwurf vollständig erstellt und dann mit dem beurteilten Offizier gründlich besprochen. Dieses Gespräch wird eine halbe bis eine ganze Stunde dauern. Es zwingt den Vorgesetzten zu klaren Aussagen, weshalb er zu den einzelnen Wertungen und ergänzenden Kennzeichnungen gekommen ist und legt damit die Richtung der Arbeit für die nächsten 2 Jahre sorgfältig fest. Es gibt dem zu beurteilenden Offizier Gelegenheit, abweichende oder ergänzende Vorstellungen auszusprechen. Nach dem Gespräch prüft der Vorgesetzte, ob Korrekturen des Beurteilungsentwurfes erforderlich sind.

Dieses Verfahren ist natürlich für den Beurteilenden besonders anspruchsvoll und zwingt ihn zu sorgfältigster Arbeit. Diese entspricht der Bedeutung der Beurteilung. Ein unangemessener Einfluß des zu beurteilenden Offiziers kann nur bei schwachen Vorgesetzten eintreten, aber diese werden auch beim bisherigen Verfahren eine Gefälligkeitsbeurteilung schreiben.

3) Die Beurteilung wird endgültig erstellt, abschließend eröffnet und unterschrieben. Der Beurteilte erhält grundsätzlich einen Durchschlag seiner Beurteilung zu seiner persönlichen Verfügung.

Der Vorgesetzte, der die Beurteilung mit Sorgfalt und Objektivität erstellt hat, der seiner Sache also sicher ist, wird dieses Verfahren nur als fair und seinen erzieherischen Zielen dienlich betrachten. Der Untergebene kann jederzeit seine Beurteilung durcharbeiten, ohne nach Antrag Einsicht in seine Personalakte zu nehmen, wozu die wenigsten sich entschließen.

In der ZDv 20/6 ist die Nr. 160 frei. Sie könnte lauten:

„Beurteilungen sind vor der abschließenden Erstellung im Entwurf im einzelnen mit dem zu Beurteilenden zu besprechen. Bei der abschließenden Eröffnung ist dem Beurteilten ein Durchschlag seiner Beurteilung auszuhändigen."

Wehrwissenschaftliche Rundschau April 1980

.. Oberstleutnant

Herausforderung Wehrdienst Der Mensch im Mittelpunkt?

Im Mittelpunkt aller Anstrengungen der Truppe steht der junge Soldat, der Wehrpflichtige. Ohne ihn kann keine Panzerkompanie ins Gefecht fahren, keine Artilleriebatterie schießen und mein Pionierbataillon keine Brücke schlagen. Aus unseren Wehrpflichtigen gewinnen wir die Zeitsoldaten für anspruchsvolle Mannschaftsfunktionen, für unseren Unteroffizier- und für unseren Offiziersnachwuchs. Der Geist der jungen Soldaten ist der Spiegel des Geistes des Unteroffizier- und Offizierskorps. Ihr Können zeigt unsere Qualität als Ausbilder und Erzieher, ihre Stimmung gibt Auskunft von unserer Überzeugungskraft und pädagogischen Qualitäten. Wenn wir sie nicht für uns und unsere Sache, die militärische Verteidigung unseres Landes, gewinnen, haben wir im Grunde unsere Sache verloren.

Stehen unsere jungen Soldaten wirklich im Zentrum unserer Anstrengungen? Ist das Wort vom „Menschen im Mittelpunkt" Bundeswehrrealität oder nur Alibi? Werfen uns manche jungen Soldaten zu Unrecht Leerlauf und mangelhafte Qualität der Ausbildung in der Truppe und fehlende Überzeugungskraft vor?

Ich glaube, daß in der Bundeswehr oft nicht der Mensch, sondern die Organisation im Mittelpunkt steht und daß die Klagen der jungen Soldaten über Gammeldienst und seelenlose Abläufe in der Großorganisation Bundeswehr oft ins Schwarze treffen, auch wenn wir sie seit Jahren ignorieren.

Das abgelaufene Jahrzehnt hat nicht nur bei den Streitkräften im Zeichen des Managements, der Rationalisierung und der Spezialisierung gestanden. Offenbar hat aber das Heer - hier tue ich Dienst und kann mir am ehesten ein Urteil erlauben - die allgemeinen Tendenzen unserer Industriegesellschaft zur Perfektion getrieben. Gesamtausbildungsplan, Ausbildungs- und Verwendungskatalog, Zentralisierung der Personalführung und schließlich Heeresstruktur 4 sind nur wenige Stichwörter, um mich verständlich zu machen.

Im einzelnen sind all diese Maßnahmen und Organisationsmittel bewundernswert schlüssig und in ihrer Summe perfekt ineinandergreifende Ergebnisse intellektuellen Bemühens. Sie halten nur, so meine ich, dem Truppenalltag nicht stand.

Die Gesamtausbildungsplan-Stunden werden abgehakt, aber nicht erfüllt. Die Überausbildung der Unteroffiziere in der Fortbildungsstufe A stößt auf wachsenden Widerstand der Betroffenen und belastet die Truppe unvertretbar. Täglich fehlen zwischen 10 und 20 % der Soldaten in den Zügen und Besatzungen. Eine Ausbildung nach dem Baukastensystem läßt sich da einfach nicht durchführen, sondern wird oft zur Farce. Quartalsmäßiger Auffüllungsrhythmus bringt zudem einen ständigen personellen Wechsel in die Teileinheiten und läßt sie nicht zusammenwachsen. Die Heeresstruktur 4 entzieht den Einheiten die dringend benötigten älteren Unteroffiziere und Feldwebel und zwingt den Kompaniechef, seine ganze Kraft für die Motivation und Unterstützung der verbleibenden Unteroffiziere und Offiziere einzusetzen, statt ihn freizumachen für Dienstaufsicht und Ausbildung. Eine Überfülle von Vorschriften, Reglementierungen, Vorgaben, wie was zu machen ist, gewöhnt das Denken ab.

So ist unsere Einbuße an Kreativität, Improvisationsvermögen, Initiative und Dynamik meines Erachtens gerade dort am größten, wo ein Heer sie am nötigsten braucht: bei der Ausbildung, Erziehung und Führung der jungen Soldaten in der Truppe.

Viele Erwartungen und Ziele werden hier enttäuscht, die meisten lösbaren Probleme unserer Soldaten sind hier zu finden.

Die jungen Soldaten sind besser als ihr Ruf. Wo Vorgesetzte ausreichend informieren, sinnvoll fordern und ein persönliches Beispiel geben, wo die Ausbildung interessant und abwechslungsreich gestaltet wird, wo Höhepunkte und Gemeinschaftserlebnisse nicht fehlen und wo die Gemeinschaft sich entwickeln kann, da sind auch die Untergebenen fleißig und zuverlässig, da herrschen Disziplin und Einsatzbereitschaft, da fühlen sich die Wehrpflichtigen wohl und hängen an ihren Einheiten. Die hervorragenden Leistungen gerade unserer jungen Soldaten in gut angelegten und geleiteten Übungen und andererseits ihre Enttäuschung und nachlassende Bereitschaft bei schlechter Ausbildung und Führung beweisen das täglich. Wer Truppe führt, weiß das.

Die Wehrpflichtigen treten ihren Dienst mit einem Sack voll oft negativer Vorurteile an, einem Gemisch aus verklärten Kriegserinnerungen der Großväter und übertriebenen Erzählungen der Reservisten. Die meisten hatten keine sachliche Information über den Wehrdienst, die allerwenigsten können begründen, weshalb sie dienen müssen. Über „alle müssen zum Bund“ oder „jedes Land hat Soldaten“ oder „damit wir uns verteidigen können“ gehen die Argumente zunächst selten hinaus. Die scheinbare Gleichgültigkeit sollte jedoch nicht über das Interesse an überzeugenden Argumenten der Vorgesetzten für die Notwendigkeit der Landesverteidigung hinwegtäuschen. Ich glaube, wir haben auf diesem entscheidenden Gebiet der geistigen Auseinandersetzung zur Frage „Warum und wofür?“ allzu sehr resigniert, weil uns die fachliche Ausbildung, die Organisation, das Papier und der Mangel an Ausbildern voll beschäftigen. Wer erlebt, wie bei qualifiziertem staatsbürgerlichen Unterricht, partnerschaftlich in kleinen Gruppen durchgeführt, unsere Soldaten, die im Frontalunterricht desinteressiert vor sich hindämmern, aufwachen, sich engagieren, plötzlich eine eigene Meinung haben, der wird nicht mehr dem Staatsbürger nachjammern, den wir angeblich nicht haben, sondern sich selbst fragen, was er in der Vergangenheit versäumt hat.

Natürlich sind wir Offiziere und Unteroffiziere mit dem Auftrag der politischen Bildung überfordert, weil der Soldat außerhalb der Bundeswehr allzuselten staatsbürgerliches Engagement erlebt. Wir sind selber auch viel zu wenig mit politischen Fragen beschäftigt und können daher oft kritisch fragende junge Menschen nicht überzeugen. Die Rot-Weiß-Malerei mit den bösen Kommunisten und den guten Demokraten reicht schon lange nicht mehr. Die USA haben in Vietnam einen furchtbaren Krieg geführt, sozialistische Regierungen lenken demokratische Staaten in Westeuropa, die sog. Euro-Kommunisten kann man nicht so einfach in die Moskauer Ecke stellen. Wir treiben gewinnbringend Handel auch mit mörderischen Diktaturen.

Dies mag alles begründbar sein und notwendig, aber die Formeln des Kalten Krieges greifen nicht mehr, trotz Afghanistan. Wir müssen uns im Gespräch mit unseren jungen Soldaten viel Mühe geben und die großartige Substanz unserer freiheitlichen Verfassung und ihre weitgehende Verwirklichung in Staat und Gesellschaft darstellen, im Unterschied zu der miesen Kleinlichkeit, Verlogenheit, menschlichen Unwürdigkeit und tödlichen Brutalität der linken und rechten Diktaturen. Wer überzeugen will, muß auch freimütig und selbstbewußt Mängel im eigenen Bereich beklagen, noch nicht erreichte Ziele beim Namen nennen. Oft sind die Fragen der Jungen allzu berechtigt und die Antworten der Alten allzu opportunistisch. Oft sind wir hier, so meine ich, zu wenig Gesprächspartner und zu viel Vorgesetzter.

Die jungen Männer, die heute in unsere Kasernen kommen, sind fern der politischen Unruhe der 60er Jahre. Sie scheinen oft erschreckend angepaßt, brav und ohne Widerspruch, nur den greifbaren Vorteil und das eigene Fortkommen im Auge. Aber sie sind das Produkt unserer Erwachsenenwelt und es ist an uns, ihnen Richtung und Ziel anzubieten. Ihre Aufgeschlossenheit, ihre Bereitschaft zum Engagement kennt der, der sich selbst engagiert. Sie hängen viel mehr an diesem Staat, als es nach außen den Eindruck macht und ich bin überzeugt, sie werden ihn verteidigen, wenn es sein muß.

Die Frage „Warum und wofür?“ ist untrennbar mit der Einstellung unserer Soldaten zur Ausbildung verbunden. Wer den Sinn des Wehrdienstes nicht versteht, wird die Notwendigkeit der militärischen Ausbildung auch im Alltag der Kaserne nicht anerkennen, die Belastungen des Wehrdienstes besonders empfinden und die Vorteile nicht nutzen. Der häufige und für mich immer wieder schmerzliche Vorwurf des Gammeldienstes hat hier seine Ursachen. Wenn es in den Medien, der Schule und der Politik, also in unserer Gesellschaft ein unbefangenes, positives Verhältnis zum Wehrdienst gäbe, hätten unsere jungen Soldaten es leichter. Aber so allgemein die Überzeugung ist, daß militärische Verteidigungsfähigkeit unverzichtbar für unsere staatliche Sicherheit ist, so schick ist es offenbar, sich vom Dienst in der Armee zu distanzieren, die Truppenpraxis zu kritisieren und anderen den Dienst zu überlassen. Das gehobene Bürgertum tut sich hier besonders hervor. Nicht von ungefähr verweigern so viele Abiturienten den Wehrdienst oder finden feinere Wege, sich davor zu drücken.

Für den Gruppenführer, den Zugführer und den Kompaniechef ist dieses staatsbürgerliche Bildungsdefizit nicht einzuholen. So selbstverständlich die Truppenvorgesetzten zum täglichen staatsbürgerlichen Beispiel herausgefordert sind, so unverzichtbar ist die positive Hinführung des Wehrpflichtigen auf den Wehrdienst durch die zivilen Gruppen unserer Gesellschaft.

Die jungen Soldaten bemängeln oft die Qualität unserer Ausbildung und Erziehung. Die meisten sind aus ihren Zivilberufen effektive Abläufe gewöhnt und kommen mit Leerlauf nicht zurecht. Sie hoffen zudem auf Gemeinschaftserlebnisse und Vorgesetzte, die sich um sie kümmern. Sie finden allzu oft routinemäßige Ausbildungsabläufe, viel Theorie statt Praxis und Vorgesetzte, die in durchschnittlich 56 Wochendienststunden mit Mühe ihre Aufgaben erledigen und bei Dienstschluß dann die Kaserne verlassen, für das kleine Gespräch auf der Stube oder in der Ausbildungspause aber kaum Zeit finden.

Meines Erachtens - ich sagte es schon zu Anfang - sind diese Urteile oft berechtigt und treffen uns an empfindlichster Stelle. Dennoch sind Chance und Reiz des Truppendienstes auch heute unverändert groß. Kaum ein Berufsstand hat solche Möglichkeiten, seine Überzeugungen, Ideale und Ziele der Jugend nahezubringen wie wir Offiziere und Unteroffiziere. Niemand anders hat solche Befugnisse und materiellen Mittel.

Unser Auftrag ist überzeugend, in unserem Diensteid haben wir uns auf ihn verpflichtet: Verteidigung der Bundesrepublik Deutschland, die sich in den Grundrechten ihrer Verfassung eindeutig definiert. Nie zuvor konnten deutsche Soldaten so sicher sein, den Menschenrechten und allein dem Frieden zu dienen wie wir heute. Aber die Wehrpflichtigen wollen nicht allein über den Verstand gewonnen werden: Vorgesetzte müssen persönlich überzeugen, Kameradschaft muß herzlich und echt sein, Dienst muß fordern und Spaß machen. Dann ist der Wehrdienst über die Erfüllung der Wehrpflicht hinaus Bindung der Jugend an unseren Staat, auf die wir so angewiesen sind und persönlicher Gewinn für den einzelnen.

Elternbrief

Einladung zum Truppenbesuch bei Rekruten

Oberstleutnant Gustav Lünenborg	Der Verfasser, Kommandeur eines Pionierbataillons, beschreibt den erfolgreichen Versuch, die Eltern von Rekruten anläßlich des Feierlichen Gelöbnisses zu einem Truppenbesuch zu veranlassen.

Junge Soldaten sind junge Erwachsene. Sie sind oft selbstbewußt und selbständig und somit auf den Beistand ihrer Eltern in der Kaserne nicht angewiesen. Sie legen auch großen Wert darauf, ihre Dinge selbst zu regeln. Das ist gut so, der Wehrdienst ist ein wichtiges Training der Selbständigkeit.

Dennoch sind die meisten unserer Wehrpflichtigen fest in ihren Familien verwurzelt. In deren Nachbarschaft leben auch meist ihre Freunde und Freundinnen. Dorthin fahren sie an jedem freien Wochenende. Neben den Stubenkameraden bleiben die Angehörigen und Freunde zu Hause die wichtigsten Gesprächspartner, deren Meinungen und Rat besondere Bedeutung haben.

Eigentlich ist es naheliegend, daß diese Angehörigen wenigstens einmal in den 15 Monaten Wehrdienst, möglichst in den ersten sechs Monaten, die Kaserne, die Kompanie und die Vorgesetzten kennenlernen. Dies geschieht aber in den seltensten Fällen. Auch wir Plöner Pioniere haben unseren Rekruten in jedem Quartal zum Feierlichen Gelöbnis gesagt: „Eure Angehörigen sind herzlich eingeladen!“ Zwischen 5 und 15 kamen jedesmal. Bei 140 - 180 Rekruten eine deprimierende Resonanz. So hatten sich auch im IV. Quartal 1979 bis zum 30. November 13 Angehörige auf die mündliche Einladung über unsere Rekruten hin angesagt. Damit wollten wir uns diesmal nicht zufriedengeben und schrieben einen Elternbrief:

Pionierbataillon 6 2320 Plön, 30.11.79
Kdr/Chef 4. Kp Fünf-Seen-Kaserne

Liebe Eltern und Rekruten!

Am kommenden Freitag, den 7. Dezember 1979, legt Ihr Sohn sein Feierliches Gelöbnis ab. Er wird versprechen, der Bundesrepublik Deutschland treu zu dienen und das Recht und die Freiheit des Deutschen Volkes tapfer zu verteidigen.

Wahrscheinlich ist es das erste, vielleicht auch das letzte Mal, daß er sich öffentlich zum Dienst an der Gemeinschaft, in der er lebt, verpflichtet.

Wir glauben, daß dies ein besonders

wichtiger Tag ist, und wir laden Sie nach der mündlichen Einladung vor einer Woche (über Ihren Sohn) jetzt noch einmal schriftlich dazu ein.

Für Ihren Sohn ist der Wehrdienst eine wichtige Zeit. Er tut inzwischen fast 2 Monate bei uns Dienst und hat sicherlich viel zu Hause erzählt. Das Leben in der Kaserne und der militärische Dienst sind ungewohnt, einfach und oft hart. Das kann nicht anders sein und bietet dem Wehrpflichtigen viele Chancen. Er lernt mit wenig auszukommen, seine Freizeit selbst zu gestalten (was für viele schwer ist), sich in die Gemeinschaft einer Stube oder Gruppe einzufügen, ohne dabei seine Eigenständigkeit aufzugeben. Wir bieten eine Vielzahl von Ausbildungsgängen an und der, der aus seinem Wehrdienst etwas machen will, hat viele Möglichkeiten.

Dabei müssen wir und Sie ihm helfen! Sie können das nur, wenn Sie unsere Kaserne und besonders die Vorgesetzten Ihres Sohnes persönlich kennen.

Deswegen bieten wir Ihnen folgendes Programm an:

Freitag, 7. Dezember 1979

bis 11.00 Uhr
Eintreffen in der Fünf-Seen-Kaserne

11.00 - 11.30 Uhr
Begrüßung durch Bataillonskommandeur und Kompaniechef

11.30 - 12.15 Uhr
Gemeinsames Mittagessen mit den Rekruten und ihren Vorgesetzten

12.30 - 14.00 Uhr
Gespräch mit Offizieren und Unteroffizieren, Zuschauen bei den Vorbereitungen zum Feierlichen Gelöbnis

14.00 - 15.00 Uhr
Feierliches Gelöbnis mit Ansprache des Bataillonskommandeurs und anschließendem Vorbeimarsch

Danach nehmen Sie Ihren Sohn mit ins Wochenende.

Wir würden uns freuen, wenn Sie Verwandte, Freunde und Bekannte mitbringen.

Plön ist zudem eine wunderschöne Stadt, die anzuschauen sich lohnt.

Wenn sie nicht an dem gesamten Programm teilnehmen können (was schade wäre), freuen wir uns auch, wenn Sie nur zum Feierlichen Gelöbnis kommen.

Wenn Sie uns am Wochenende nicht endgültig zusagen können, rufen Sie den Kompaniefeldwebel bitte bis Donnerstag, den 6.12., unter folgender Nr. an: 0 45 22/6 71. Die Vermittlung wird Sie weiterverbinden.

Mit freundlichen Grüßen

gez. (Albrecht)	gez. (Lünenborg)
Hptm und KpChef	Oberstleutnant und BtlKdr

Daran hängten wir einen Antwortzettel:

An den
Chef der 4./PiBtl 6

An der Informationsveranstaltung und dem Feierlichen Gelöbnis am 07.12.79 von 11.00 - 15.00 Uhr nehmen wir mit ... Personen teil.

....
(Ort/Datum) (Unterschrift)

Die Rekruten nahmen am Freitag, dem 30. November, die Einladung mit nach Hause und gaben die ausgefüllten Antwortzettel am 3. Dezember beim Kompaniefeldwebel ab.

135 Angehörige (bei 142 Rekruten) sagten zu und kamen am 7. Dezember zu uns in die Kaserne. Unter ihnen reisten nicht wenige aus dem Ruhrgebiet an. Großeltern und Freundinnen waren zahlreich dabei. Die ersten standen um 8.00 Uhr vor dem Kasernentor.

Beim gemeinsamen Mittagessen saßen Rekruten, Angehörige und Ausbilder an einem Tisch. Ein ungewohntes, buntes Bild im Mannschaftsspeisesaal und eine fröhliche Stimmung. Beim anschließenden Gespräch wurde 1 ½ Stunden heiß diskutiert. Die Eltern hatten viele Fragen. Wir haben manches gelernt. Das Feierliche Gelöbnis bot Gelegenheit, den Rekruten und ihren Angehörigen noch einmal den Sinn des Wehrdienstes zu erklären.

Wir alle trennten uns aufgeschlossen und mit dem Tag zufrieden. Wir hatten einen erfolgreichen Schritt zur Integration unserer jungen Soldaten in unser Bataillon getan und wieder einmal erfahren, daß man viel mehr bewegen kann, als man im Alltagstrott gemeinhin glaubt.

Vertrauensmänner

Erweiterung der Mitwirkung

Der Vertrauensmann ist in der Bundeswehr heute selbstverständlich. Niemand zweifelt seine Notwendigkeit ernsthaft an. Der § 35 des Soldatengesetzes nennt Aufgaben und Befugnisse. Was jeweils daraus gemacht wird, liegt an der Persönlichkeit des gewählten Vertrauensmannes, am Disziplinarvorgesetzten und an der Zusammenarbeit beider.

Dabei kommt dem Disziplinarvorgesetzten besondere Bedeutung zu. Er muß seine Vorgesetztenposition zurücknehmen und den Vertrauensmann zu selbstbewußtem, partnerschaftlichem Verhalten ermutigen. Er muß den Vertrauensmann rechtzeitig mitwirken lassen und Erfolge ermöglichen und so Freude an der Aufgabe und Ansehen bei den Kameraden stärken. Der Vertrauensmann andererseits benötigt geistige und besonders charakterliche Qualitäten. Nur unter diesen, einander bedingenden Voraussetzungen, kann der Vertrauensmann Bindeglied zwischen seinen Kameraden und dem Disziplinarvorgesetzten sein.

Ich habe als Kompaniechef und Bataillonskommandeur zu viele Vertrauensmänner erlebt, die keinen Kontakt zu ihrer Kompanie hatten, nur zu den (Pflicht-)Anhörungen bei Disziplinarangelegenheiten vom Kompaniechef herangezogen wurden und von sich aus nie aktiv wurden.

Nun sind Gleichgültigkeit am Geschehen in der Kompanie, Flucht aus der Kaserne so bald wie möglich, fehlende Initiative der Mannschaften, Unfähigkeit, die Freizeit sinnvoll zu verbringen, allgemeine Probleme der Truppe. Sie sind jedoch nicht von geringer Bedeutung, weil die Freude am Dienst davon wesentlich mitbestimmt wird und damit die Motivation, etwas zu leisten. Auch der Ruf der Streitkräfte in der Öffentlichkeit ist hier betroffen.

So gilt es, neben möglichst guter Ausbildung, den Soldaten innerlich an seine Einheit zu binden, Zugehörigkeitsgefühl zu entwickeln und, soweit möglich, ihm Heimatgefühl zu geben. Dies gelingt nur, wenn auch die Mannschaften sich am Geschehen in der Kompanie beteiligen, mitwirken, aktiv werden. Der Vertrauensmann kann hier ein Schlüssel sein.

So versuchen wir in enger Zusammenarbeit Kommandeur - KpChefs seit ca. 1 ½ Jahren im Bataillon die Stellung besonders des Vertrauensmannes der Mannschaften zu stärken und seine Aktivitäten und Initiativen in der Kompanie und auf Bataillonsebene zu mehren. In der Mehrzahl unserer 7 Kompanien (Bataillon + 2 unterstellte Kompanien) ist die Zusammenarbeit KpChef - Vertrauensmann besonders eng. Die Vertrauensmänner vertreten aktiv die Belange der Mannschaften und stehen den KpChefs in schwierigen Situationen selbstbewußt zur Seite. Auf Bataillonsebene haben die Vertrauensmänner der Mannschaften durch ihre Ideen und selbständigen Aktivitäten außerdienstliches Gemeinschaftsleben und Berufsförderung wesentlich verstärkt.

Was haben wir getan?

Der Vertrauensmann vertritt seine Kompanie in allen wichtigen Gremien, wie Küchenausschuß und Heimbewirtschaftungsausschuß. Er wird bei wesentlichen Ereignissen der Kompanie und des Bataillons grundsätzlich hinzugezogen. Zum Beispiel: zum Besuch eines Bundestagsabgeordneten, zur Diskussion mit Stadtvertretern, zum Gespräch mit Pressevertretern, zur Aussprache am Tag der Lehrer, zum Empfang der Stadt. Besonders bei kritischen Gästen erledigen sich viele Fragen von selbst, wenn das Bataillon selbstbewußt seine Vertrauensmänner hinzuzieht, natürlich bei voller Meinungsfreiheit. Was kann wirkungsvoller sein, als wenn der Gefreite in einem solchen Gespräch eine ganz andere Meinung vertreten kann als sein Bataillonskommandeur oder KpChef oder aber an anderer Stelle ihn mit seinen Argumenten unterstützt. Da stürzen Klischeebilder vom Militär ein.

Zu einer festen Einrichtung ist das gemeinsame Mittagessen Bataillonskommandeur - Vertrauensmänner einmal im Monat im Mannschaftsspeisesaal geworden. Das Treffen findet zur normalen Essenszeit statt, mitten im Speisesaal, gedeckter Tisch, um uns 300 Soldaten beim Mittagessen.

Ich war mir der Wirkung dieses Arrangements für die Vertrauensmänner zunächst nicht sicher. Nach dem dritten Mal fragte ich sie. Alle wollen Ort und Umstände unbedingt beibehalten. Ihr sichtbar unmittelbarer Kontakt zum Kommandeur ist ihnen wichtig. Die Stunde wird zum intensiven Gedankenaustausch genutzt. Der Kommandeur weiß ganz aktuell, wo den Mannschaften der Schuh drückt und kann oft schnell helfen. Das Treffen stärkt das Ansehen der Vertrauensmänner bei ihren Kameraden, ihr unmittelbarer Kontakt mit dem Bataillonskommandeur wird allen sichtbar. Der Entschluß zu diesem zwanglosen Treffen entstand aus dem geringen Erfolg der im § 35 Abs. 6 Soldatengesetz befohlenen Besprechung einmal im Quartal. Da heißt es:

> „Bataillonskommandeure und Disziplinarvorgesetzte in entsprechenden Dienststellungen führen mindestens 1 x im Quartal mit den Disziplinarvorgesetzten und Vertrauensmännern ihres Bereiches eine Besprechung über Angelegenheiten von gemeinsamem Interesse aus dem Aufgabenbereich des Vertrauensmannes durch."

Unser Mißerfolg lag wohl an der großen Zahl, der so unterschiedlichen Zusammensetzung und den so abweichenden Interessenschwerpunkten der Teilnehmer (KpChefs, Vertrauensmänner der Unteroffiziere, Vertrauensmänner der Mannschaften). Ein persönlicher, durchgehender Kontakt Vertrauensmänner - Bataillonskommandeure kam nicht zustande. Praktische Auswirkungen der Besprechungen waren selten. Wir wollten aber aus der Zusammenarbeit mit den Vertrauensmännern einen Motor machen und so suchten wir flankierende Maßnahmen zur gemäß § 35 Abs. 6 SG festgelegten Besprechung im großen Kreis.

So kam es vor einem Jahr zum monatlichen gemeinsamen Mittagessen, was übrigens mit den Vertrauensmännern der Unteroffiziere in gleicher Weise durchgeführt wird. Die KpChefs nehmen nicht teil. So ist der Kreis klein, man kennt sich und kommt schnell zur Sache. Die Vertrauensmänner erwiesen sich auch hier als ernsthafte Gesprächspartner, sachlich, höflich bei aller Ungezwungenheit. Die „schmutzige Wäsche" der Kompanien wird hier nicht gewaschen. Notfalls bedarf es eines Wortes des Kommandeurs. Selten genug.

Nach Rückblick auf die Punkte der letzten Treffen informiert der Kommandeur zunächst über Angelegenheiten des Bataillons. Zum Beispiel: Stand der Umbauarbeiten Mannschaftsheim, Baumaßnahmen am Sportplatz, Einsatz der Mittel für Bauunterhaltung, besondere Ausbildungsvorhaben wie Bataillonsübungen, Öffentlichkeitsarbeit des Bataillons wie Feierliches Gelöbnis in der Stadt, Bataillonsfest mit Angehörigen, Einrichtung der neuen Bücherei mit Leseraum, Einladung der Rekruteneltern zur Informationsveranstaltung ins Bataillon. Die Punkte werden meist diskutiert, die Meinungen der Vertrauensmänner sind oft anregend, hilfreich und fließen in die Durchführung ein.

Im zweiten Schritt informieren die Vertrauensmänner über ihre selbständigen Aktivitäten: Gründung eines Filmclubs, Verwaltung von Bücherei und Leseraum, Fluß des Informationsmaterials über Veranstaltungen in der Stadt, Sportarbeitsgemeinschaft Vertrauensmänner, Zusammenarbeit mit dem Berufsförderungsdienst und den Jugendpflegern der Stadt. Gedanken werden ausgetauscht, Aufträge verteilt. Dann gibt es meist noch allgemeine Anliegen: zu wenig Telefonzellen, Verbesserung des Busfahrplanes, Reinigung der Bestecke nach dem Essen usw.

Die Stunde ist kurz, meist sehr nützlich. Resignation kennen wir auch: „Du kannst machen was Du willst, es interessiert ja doch keinen!“ Aber das vergeht.

Die Vertrauensmänner treffen sich mindestens 1 x im Monat im Lesezimmer der Bücherei, die sie selbst verwalten. Hier sprechen sie sich aus, stimmen ihre Aktivitäten ab, bereiten die Veranstaltungen vor.

Die Vertrauensmänner besprechen sich ca. 1 x im Monat mit den Mannschaften ihrer Kompanien. Dazu stellt der KpChef 30 bis 60 Minuten zur Verfügung. Vorgesetzte sind nicht anwesend. Der Vertrauensmann gibt seine Informationen weiter, diskutiert die Pläne der Vertrauensmänner mit seinen Kameraden und holt Meinungen ein, zu dem was läuft bzw. was gewünscht wird und er gewinnt Mitarbeiter.

Die im Pionierbataillon 6 gefundene Zusammenarbeit mit den Vertrauensmännern ist nur bei voller Zustimmung der Disziplinarvorgesetzten möglich. Die KpChefs müssen vom Bataillonskommandeur über die wesentlichen Besprechungspunkte aus dem gemeinsamen Mittagessen bei der jeweils nächsten Chefbesprechung informiert werden. Sie müssen sicher sein, daß spezielle Kompanieangelegenheiten nicht besprochen, die Stimmung der Kompanie nicht abgehört wird. Gelingt dies nicht unzweifelhaft, scheitert gemeinsame Arbeit. Die Chefs müssen in den Kompanien erleben, daß ihre Vertrauensmänner durch mehr Information, mehr Möglichkeit der Mitwirkung, mehr sichtbare Erfolge für alle, selbstsicherer, aktiver und verantwortungsvoller ihre Arbeit tun.

Wir hatten uns das Ziel gesetzt, unsere Mannschaften zu mehr Aktivität in eigener Sache herauszufordern und sie erleben zu lassen, was sie selber erreichen können. Wir haben dazu bei den gewählten Sprechern der Mannschaften, den Vertrauensmännern, angesetzt. Insgesamt sind unsere Vertrauensleute in der Zeit dieses Experiments sehr sichtbar gewachsen. Ihr Wort gilt bei den Kameraden mehr als früher. Sie können das dienstlich Notwendige besser beurteilen und setzen sich für das Machbare aktiv ein. Sie sehen ihre Erfolge und haben Freude an ihrer Aufgabe. Die meisten sind heute echtes Bindeglied zwischen ihren Kameraden und den Disziplinarvorgesetzten.

.. OTL/BtlKdr für „Truppenpraxis" 1980

Überlegungen zum Thema „Hochschulausbildung der Offiziere und Auswirkungen auf die Truppe"

Nach der sogenannten Bestandsaufnahme des damaligen Bundesverteidigungsministers Schmidt wurden die Bundeswehrhochschulen in München und Hamburg gegründet und das Studium für alle Offiziere, die 12 und mehr Jahre dienen, Bestandteil ihrer Ausbildung.

Von 30 Offizieren des PiBtl 6 mit AmphPiKp 601 und PiSpezSperrKp 600 haben inzwischen 15 ihr Studium abgeschlossen, davon 4 an den Bundeswehrhochschulen als Diplompädagogen, Diplomingenieur oder Diplominformatiker, 11 als graduierte Ingenieure. 6 brachen ihr Studium ab, 9 Offiziere, die Dienstälteren und die

Offiziere des militärfachlichen Dienstes, sind ohne Studium.

Für die Truppe macht sich bzw. wirkt sich die weit überwiegend theoretische Ausbildung der jungen Offiziere kurzfristig negativ aus. Nach einer Gesamtausbildungszeit von ca. 5 ½ Jahren (einschl. Studium) tritt der inzwischen zum Oberleutnant beförderte Offizier als ZgFhr erstmals seinen Dienst in seiner Kp an. Er hat bis dahin je 1 Quartal Grundausbildung und Vollausbildung in der Truppe verbracht, 9 Monate den Offizierslehrgang an der PiSchule durchlaufen, ca. 3 ½ Jahre Studium (ohne nennenswerten Kontakt zur Truppe) und je 4 ½ Monate den Offizierslehrgang A 1 an der Offiziersschule des Heeres und den Offizierslehrgang B an der PiSchule besucht. In diesen letzten 9 Monaten wurde er mit Schwerpunkt auf die Tätigkeit als KpChef hin ausgebildet.

In seiner ersten Truppenverwendung soll er ca. 2 Jahre als ZgFhr arbeiten. Im fehlt jede Erfahrung als GrpFhr, er ist nach dem sehr langen Ausbildungsgang der Truppe entfremdet und er muß nach dem anspruchsvollen Studium, das er als Dipl.-Päd., Dipl.-Ing. o. ä. abgeschlossen hat und seiner Ausbildung zum KpChef in den letzten Monaten für ca. 2 Jahre zunächst als ZgFhr arbeiten.

Wenn auch zu allen Zeiten die jungen Offz Anlaufschwierigkeiten in der Truppe hatten, so ist unter den dargestellten Umständen die Einarbeitung heute für den jungen Offz, wie auch für die betroffene Kp eine besondere Herausforderung. Sie läßt sich nur dann zufriedenstellend bestehen, wenn ein praxiserfahrener, tüchtiger Fw als stv ZgFhr zur Verfügung steht und der KpChef sich intensiv seines OLt annimmt.

Hier jedoch gibt es Schwierigkeiten. Obwohl im Btl z. Z. alle Uffz-Stellen besetzt sind, stehen durchgehend ca. 1/3 der Unteroffiziere nicht zur Verfügung. Ähnlich wie die Offz durch ihr Studium werden die Unteroffiziere durch eine Vielzahl von Lehrgängen mit zivilberuflich verwertbaren Abschlüssen ausgebildet und dabei u. a. auch auf ihren späteren Zivilberuf vorbereitet. Ein Soldat, der sich z. B. für 8 Jahre Gesamtdienstzeit verpflichtet und dabei Fw wird, steht nach einem Jahr Ausbildung zum Uffz und bei Abzug von einem Jahr dienstzeitbeendendem Unterricht im Rahmen des Berufsförderungsdienstes insgesamt 6 Jahre als Uffz zur Verfügung. Von diesen 6 Jahren geht er mind. 2 Jahre auf weitere Lehrgänge, wie Uffz-Aufbaulehrgang und Lehrgänge der Fortbildungsstufe A und andere. Die KpChefs sind u. a. mit administrativen Aufgaben so sehr belastet, daß sie sich um die Weiterbildung und Betreuung ihrer jungen Offiziere oft nicht in dem wünschenswerten Umfang kümmern können.

So ist es nicht verwunderlich, daß KpChefs oft über die praxisferne Ausbildung ihrer Oberleutnante und diese wiederum über die geringe Unterstützung bei der Einarbeitung in ihre neue Aufgabe klagen. Eine Alternative zum Studium der längerdienenden Offiziere gibt es jedoch m. E. nicht. Auch ein berufsorientiertes Studium mit Schwerpunkt bei den Militär- und Organisationswissenschaften erscheint mir nicht situationsgerecht. Solange die Bündnisverpflichtungen bis ca. 500.000 Soldaten für die Bundeswehr festgeschrieben sind und ca. 50 % der Offiziere der Bundeswehr nach 12 - 15 Jahren die Streitkräfte verlassen müssen, d. h. einen Zivilberuf ergreifen, ist der Bedarf an Offz ohne das Angebot eines Hochschulstudiums mit zivilverwertbaren Abschlüssen m. E. nicht zu decken.

Es gibt keinen Beruf, in dem die Mehrheit der Berufstätigen nach 12 - 15 Jahren, also im Alter von 32 - 35 Jahren grundsätzlich auszuscheiden hat und eine ganz andersartige Tätigkeit aufnehmen muß, als die sie bis dahin ausgeübt hat. Insofern verlangt die Ausbildung als Offz auch ungewöhnliche Maßnahmen. Und zweifellos ungewöhnlich ist es, daß in einer 5 ½-jährigen Berufsausbildung der Schwerpunkt, das Studium, nur mittelbar auf den Beruf des Offz ausgerichtet ist, vielmehr in erster Linie auf den zweiten Beruf danach.

So sind die Nachteile der heutigen Ausbildung zum Offizier offenkundig:

Geringe Berufsbezogenheit trotz langer Ausbildungszeit (5 ½ Jahre) praxisferne Ausbildung für eine Tätigkeit, die zumindest mittelfristig sehr praxisnah in der Truppe zu leisten ist, starke Belastung der Truppe, die den so ausgebildeten Offz in seiner sicherlich mindestens einjährigen Einarbeitungsphase besonders unterstützen muß.

Die Vorteile dieser Ausbildung sind jedoch gleich offenkundig: Seit Einführung des Hochschulstudiums können wir unter Bewerbern aussuchen, d. h. das Angebot ist größer als die Nachfrage der Streitkräfte. In den 15 Jahren bis zur Gründung der Bundeswehrhochschulen ist dies nie trotz vielfältiger Bemühungen und verschiedenartiger Versuche geschafft worden. Als die Bundeswehrhochschulen beschlossen wurden, war der Mangel an Offz-Nachwuchs so groß, daß die Einsatzbereitschaft der Streitkräfte auf längere Sicht bedroht war. Die oft gehörte Erwartung, daß mit der ab 73 sich verschlechternden wirtschaftlichen Lage in der Bundesrepublik das Interesse am Offz-Beruf auch ohne Bundeswehrhochschulen gewachsen wäre, ist m. E. reine Spekulation. In Anbetracht einer bei der bundesrepublikanischen Bevölkerung als kaum vorhanden empfundenen Bedrohung von außen (Feindbild) und eines daher, trotz aller Lippenbekenntnisse, nur geringen Interesses an der Bundeswehr, war das Hochschulstudium für alle länger dienenden Offiziere m. E. die einzige Möglichkeit, den Offiziersberuf so attraktiv zu machen, daß der Nachwuchs gesichert wurde. Die gesellschafts- und sicherheitspolitischen Bedingungen haben sich heute gegenüber dem Anfang der 70er Jahre (Gründung der Bundeswehrhochschulen) nicht nennenswert verändert.

Neben diesem Hauptargument bringt das Studium natürlich eine Reihe weiterer wesentlicher Vorteile:

Mensch und Technik sind die Pole im Berufsfeld des Offiziers. Eine Ausbildung zum Dipl.-Päd., Dipl.-Ing. oder ähnlichen Fachrichtung wird wesentliche Hilfen geben und langfristig, ganz besonders in den Stabsoffiziersverwendungen, die Qualität der Berufsleistung wesentlich erhöhen. Offiziere, die nach 15 Monaten ihre militärische Eignungsprüfung (OffzPrüfung) bestanden und ein akademisches Vollstudium nach 3 ½ Jahren abgeschlossen haben, sind sorgfältig geprüft und ausgewählt. Die Qualität des Offz-Korps wird dadurch weiter gehoben. Militär und zivile Umwelt stehen immer in einem natürlichen Konkurrenzverhältnis. Im Frieden, besonders in einer demokratischen Staatsordnung, sind die Normen des zivilen Teils der Gesellschaft maßgebend auch als Kriterien für Leistung in den Streitkräften. So bringt das abgeschlossene Hochschulstudium in Verbindung mit einer militärischen Ausbildung ein neues Selbstbewußtsein für die Offiziere und wird die Integrationsfähigkeit der Bundeswehr in die Gesellschaft wesentlich verbessert.

Sicherlich wird man durch Umstellen der Abläufe oder Vermehrung der Praktika die Praxisnähe des Ausbildungsgangs zum Offizier geringfügig verbessern können. Zum grundsätzlichen Ausbildungsgang gibt es m. E. heute keine Alternative. In allen vergleichbaren Berufen muß nach der Ausbildung mit einem Defizit an Berufspraxis gelebt werden. Für die Bundeswehr kommt es darauf an, ihre jungen studierten Offiziere in deren erster Truppenverwendung als ZgFhr, die nicht kürzer als 2 Jahre sein darf, an die Bedingungen der Truppe heranzuführen und sich in ihnen erproben und bewähren zu lassen. Dies erfordert in der stark angespannten Personallage (alle Stellen besetzt aber ca. 1/3 Uffz in der Truppe nicht verfügbar, s. o.) außerordentliche Anstrengungen und wird dennoch nicht immer zu erreichen sein. Die neue Generation der Offz wird dann in den Chef- und Stabsoffiziersverwendungen gute Arbeit leisten, das Niveau der Streitkräfte heben und sie zeitgemäß weiterentwickeln.

Verabschiedung des Hauptfeldwebels Fritz Peter am 30.09.1980

Ansprache vor den Offizieren und Unteroffizieren und den zivilen Gästen

Wir haben heute den HFw Fritz Peter aus dem Btl zu verabschieden, dem er vom ersten Tage an mit all seiner Kraft gedient hat. Ihr hervorragender Ruf, Herr Hauptfeldwebel, wurde von allen, die unter Ihnen Dienst taten oder als Kameraden und Vorgesetzte mit Ihnen zusammenarbeiteten, weit über die Grenzen der 6. PzGrenDiv hinausgetragen.

Sie sind seit langen Jahren der Repräsentant der Unteroffiziere des Bataillons. Ihre Gradlinigkeit und Bescheidenheit, Ihr berufliches Können, Ihr Einsatz für die übernommene Aufgabe und Ihre Liebe zum anvertrauten Menschen sind beispielhaft.

Sie sind ein Soldat, der mit Verstand und Herz überzeugt ist, seinem Vaterland einen notwendigen und wichtigen Dienst zu tun.

So möchte ich diese außergewöhnliche Verabschiedung zunächst als unseren Dank an Sie, Hauptfeldwebel Peter, sehen. Zugleich aber möchte ich Sie verstanden wissen, als Dank und Auszeichnung an die Hauptfeldwebel des Btl, die mit Ihnen im Auf und Ab der Jahre einen so wesentlichen Anteil an der Einsatzbereitschaft, der Leistungsfähigkeit und dem soldatischen Geist des Bataillons und der beiden unterstellten Kompanien gehabt haben.

In diesem Sinne begrüße ich sehr herzlich die Familie Peter, ganz besonders Sie, verehrte Frau Peter, den Bürgervorsteher, Herrn Volkers, den Bürgermeister unserer Stadt, Herrn Hansen und den Magistrat. Ich begrüße die militärischen Gäste, die Ihnen, Hauptfeldwebel Peter zu Ehre, heute unter uns sind.

Sie sind am 20.09.1927 in KUBLANK im Kreis Neubrandenburg geboren. Von Haus sind Sie Landwirt. Sie taten 1 Jahr Dienst im Reichsarbeitsdienst und 1 Monat in der Wehrmacht des Deutschen Reiches als Pionier. Sie waren kurz in amerikanischer und englischer Kriegsgefangenschaft.

Am 03.09.1956 traten Sie in die 4. Kp des PzPiBtl 3 in Schleswig als Soldat ein. 1957 Uffz, 1958 StUffz, 1960 Fw, 1962 OFw und 1965 wurden Sie HFw. Bald nach Eintritt in das PzPiBtl 3 wurden Sie GrpFhr in den U-Lehrgängen. Schon damals eine besondere Auszeichnung. 1959/60 führten Sie Fw-Lehrgänge als ZgFhr in Ihrem Btl, 1961/62 waren Sie ZgFhr in der 2. Kp, vom 07.06.62 bis zum 14.06.67 KpFw in der Ausbildungskompanie 12/6 und vom 15.06.67 bis zum 31.03.73 KpFw in der 2. Kp des PiBtl 6. Für die Leistungen, die Sie in diesen fast 11 Jahren als KpFw vollbracht haben, verlieh Ihnen der Bundespräsident 1973 das Bundesverdienstkreuz am Bande. Bis 1977 arbeiteten Sie als ZgFhr in der 2. und 3. Kp, 1977/78 als Leiter der Ausbildung in der Ausbildungskompanie unseres Btl und kehrten schließlich zurück in die 2. Kp, wo Sie als ZgFhr bis heute Dienst tun.

In diesen Jahren besuchten Sie eine Vielzahl von Lehrgängen. Aus den förmlichen Anerkennungen möchte ich nur die beiden aus dem Jahre 1975 erwähnen: OTL von Sommerfeld zeichnete Sie für Ihre hervorragende Prüfung vor der Industrie- und Handelskammer Aachen im Fach Betriebliche Führungslehre aus und im September 1975 konnte ich Ihnen, nachdem Sie am 14. und 15.10. in Eschweiler bei der Ausscheidung „Soldatensportwettkampf 1975" in der Altersklasse V den ersten Platz belegten und damit Heeresmeister 1975 wurden, die besondere Anerkennung des Btl sagen. Dies war der Höhepunkt einer Vielzahl von militärisch-sportlichen Bestleistungen.

Ich habe die Freude, auf den heutigen Tag genau 5 Jahre mit Ihnen zusammenzuarbeiten. Ich habe Sie erlebt als ZgFhr, Ausbildungsleiter in der Rekrutenkompanie, als Vertreter des erkrankten KpFw 2. Kp lange Monate und als Führer der Uffz-Vorlehrgänge. Wir haben am Rande des Dienstes und bei kameradschaftlichen Veranstaltungen zahlreiche Gespräche geführt. Ihre Meinung war mir immer wichtig und Ihr Rat hilfreich.

Sie haben sich nie aufgedrängt, ich mußte Sie meist suchen. Sie waren in der Nähe, sahen alles, wirkten ein, wo es notwendig war, aber sie liebten es nicht im Rampenlicht zu stehen. Bescheidenheit ist eine Ihrer Tugenden.

Das heißt nicht, daß Sie im zweiten Glied verschwanden. Führen muß man von vorn und Sie haben in den 24 Jahren Bundeswehrdienstzeit intensiv geführt: als GrpFhr, ZgFhr, KpFw und als zentrale Persönlichkeit im Uffz-Korps der Plöner Pioniere.

Sie wußten, daß der militärische Vorgesetzte immer Ausbilder und Erzieher und Führer ist. Und daß der Ausbildungserfolg nur dann besonders groß ist, wenn es uns gelingt, den Menschen für uns zu gewinnen.

So haben Sie Ihren Dienst getan, nach einfachen, klaren Grundsätzen, die viele von uns mit dem Verstand als richtig erkennen, aber nur wenige so konsequent in die praktische Arbeit umsetzen können, wie Sie:

Sie waren immer überzeugt, einen wichtigen, anspruchsvollen Beruf zu haben. Dumme Kritik an unserer Arbeit hat Ihnen nie etwas anhaben können.

Sie wußten immer, daß Sie es mit jungen Menschen zu tun hatten, die ein Recht auf Irrtum und einen Anspruch auf Güte, Vertrauen und Hilfe haben, die von ihren Vorgesetzten aber in gleicher Weise einen fordernden, harten Dienst und konsequente militärische Ausbildung erwarten. Sie haben es dabei nie an menschlicher Wärme, Humor und Fröhlichkeit mangeln lassen.

Sie wußten um die Bedeutung des persönlichen Vorbildes.

Wenige haben wie Sie, Hauptfeldwebel Peter, so beispielhaft gezeigt, wie sehr es auf den ankommt, der vor der Front steht. Unsere meisten Disziplinprobleme sind Führungsprobleme. Sie hatten keine Disziplinprobleme.

So sage ich Ihnen als Ihr Kommandeur und Kamerad, im Namen aller, die hier angetreten sind, Dank für die Jahre, die wir mit Ihnen zusammen in dieser Kaserne, an unseren Soldaten, für die Sicherheit unseres Vaterlandes arbeiten durften. Sie haben uns das Beispiel eines untadeligen Soldaten gegeben.

Eröffnungsworte zum „Tag der Lehrer" am 09.12.80

30 Lehrer aus Plön und Umland Gäste des Btl

Meine sehr verehrten Damen und Herren!

Wir messen der Begegnung Bundeswehr und Schule eine große Bedeutung zu. So selbstverständlich für die Menschen in unserem Staat die Schule ist, so problematisch ist für viele, auch für viele Pädagogen, die Bundeswehr offenbar bis heute. Natürlich hat das Gründe: so offenkundig Zweck und Nutzen der schulischen Ausbildung für junge Menschen sind, so eindeutig ist in der militärischen Landesverteidigung ethischer, moralischer und politischer Konfliktstoff reichlich angelegt. Niemand, der heute junge Menschen erzieht, kann sich der Auseinandersetzung mit diesen Konflikten entziehen. Sie sind zu prüfen und individuell zu entscheiden. Niemand von uns kommt umhin, diese, seine persönliche Entscheidung zur militärischen Landesverteidigung auch argumentativ gegenüber den ihm anvertrauten jungen Menschen zu vertreten.

Für den Wehrpflichtigen und das ist ja die gesamte männliche Bevölkerung, gibt es bis zu seinem 20. Lebensjahr neben Beruf und Partnerschaft wenige so grundsätzliche Entscheidungen, wie die Frage nach dem Wehrdienst. Wie soll er zurechtkommen, wenn die Älteren ratlos sind bzw. nach oberflächlicher Betrachtung das Problem ausklammern, weil sie Angst haben in die Tiefe zu schauen?

Für das Gespräch, das wir heute miteinander führen wollen, kann es, so meine ich, keine Tabus geben. Die Bundeswehr ist die staatliche bewaffnete Großorganisation, deren Aufgabe es ist, im Verteidigungsfall ihre Waffen gegen Menschen anderer Staaten einzusetzen. Daraus ergeben sich grundsätzliche Fragen. Vielfältige Probleme werden von der Gesellschaft, also von außen in diese militärische Organisation hineingetragen. Natürlich haben wir auch eine Reihe hausgemachter Probleme. Darüber wird zu sprechen sein.

Als Anregung für das Gespräch möchte ich die eigene Position in 10 Thesen deutlich machen.

1. Warschauer Pakt und NATO stehen sich als die Organisationen zweier unterschiedlicher, ja unvereinbarer Gesellschaftssysteme gegenüber.
2. Zur Durchsetzung ihrer politischen Ziele sind die Machthaber der Warschauer Paktstaaten bereit, auch ihre hochgerüsteten Armeen einzusetzen.
3. Die große Mehrheit der Bevölkerung der Bundesrepublik Deutschland hält die Existenz der Bundeswehr für notwendig.
4. Die Bundeswehr hat den ausschließlichen Auftrag zur Verteidigung unseres Staates gegen jede militärische Erpressung oder gegen jeden militärischen Angriff von außen.
5. Als Gegner ist auf absehbare Zeit nur der Warschauer Pakt denkbar.
6. Die Bundeswehr anerkennt uneingeschränkt den Primat der Politik. Ihre Wehrgesetzgebung ist beispielhaft freiheitlich, der Schutz der Rechte des Untergebenen ist eindeutig und umfaßend.
7. Militärische Landesverteidigung schließt auch die Möglichkeit des Krieges ein. Ohne diese Konsequenz gibt es keine Abschreckung. Dieses Risiko muß bewußt sein und getragen werden.
8. Wehrbereitschaft hängt wesentlich vom Geist der Streitkräfte, von der Qualität der Führung, Ausbildung und Erziehung in der Bundeswehr ab. Wir Offiziere und Unteroffiziere haben hier eine große Verpflichtung und Chance.
9. Die Qualität der Bundeswehr wird wesentlich vom konsequenten JA der Bevölkerung zu ihren Soldaten bestimmt.

   Die Armee ist zu teuer, der Einfluß der militärischen Vorgesetzten auf ihre Soldaten zu groß, die bewaffnete Macht der Großorganisation Bundeswehr zu konzentriert, um ein halbes JA zuzulassen. Streitkräfte in unserem Staat bedürfen, wie alle staatlichen Institutionen, der durchgehenden Kontrolle, aber auch der konsequenten, auch geistigen Unterstützung.

10. Die Bundeswehr hat seit 1955 wesentlichen Anteil am Frieden in Westeuropa.

Ich möchte Ihnen jetzt kurz Gliederung, Ausrüstung und Auftrag des Bataillons vortragen. Die 5. Kompanie wird Ihnen dann das neue Faltschwimmbrückengerät am Wasserplatz vorstellen. Der Chef der Amphibischen Pionierkompanie 600 schließt sich mit einem Vortrag zum Thema „Rechte und Pflichten des Soldaten" an.

Über die Fragen hinaus, die Sie mitgebracht haben, werden wir dann über reichlichen Stoff für die Aussprache verfügen. Daran nehmen Soldaten aus den verschiedenen Dienstgruppen und Verantwortungsbereichen, auch Vertrauensmänner der Unteroffiziere und Mannschaften teil.

Wie Sie aus der Einladung wissen, wollen wir den Tag mit einem gemeinsamen Abendessen abschließen. Ich hoffe, daß er Ihnen Gewinn bringt.

März 1981

Ansprache aus Anlaß der Übergabe des Pionierbataillons 6

(Das Bataillon mit den 2 unterstellten Kompanien ist angetreten.)

Meine lieben Kameraden!

Ich begrüße in unser aller Namen

den Abgeordneten des Deutschen Bundestages, Horst Jungmann,
den Finanzminister des Landes Schleswig-Holstein, Herrn Rudolf Titzck,
den Landrat des Kreises Plön, Herrn Dr. Rüdiger von Bismarck,
den Bürgervorsteher unserer Stadt, Herrn Walter Volkers,
unseren Bürgermeister, Herrn Jes Uwe Hansen,
die Herren des Magistrats
Herrn Generalarzt a. D. Dr. Stelter,

Herrn Brigadegeneral a. D. Boie,
den Chef des Stabes des I. Korps, Herrn Brigadegeneral Brugmann,
den Korpspionierkommandeur, Herrn Oberst Rothenberger,
den Kommandeur der Panzerbrigade 8, Herrn Oberst Prange,
den Kommandeur des Verfügungstruppenkommandos 600, Herrn Oberst Thießen,
den Kommandeur des Heimatschutzkommandos 13, Herrn Oberst Czerwensky
und unseren Standortältesten, den Kommandeur der Marineunteroffizierschule, Herrn Kapitän zur See Kaiser.

Ich begrüße die amtierenden und ehemaligen Behördenleiter unserer Stadt,
die Kameraden aus dem Divisionsstab,
die Kommandeure der Divisionstruppen,
die ehemaligen Pi 6er,
all' unsere Gäste.

Seien Sie, meine verehrten Damen und Herren, uns herzlich willkommen.

Meine Kameraden!

Dies ist für mich die Stunde des Abschieds, nach 5 ½ Jahren gemeinsamer Arbeit mit Ihnen. 5 ½ Jahre voller Leben, Sorgen und Freuden, vielfältigsten Übungen, Wettkämpfen, Materialprüfungen, der täglichen Ausbildung, erfüllt von Begegnungen mit Ihnen und insgesamt getragen vom gemeinsamen Erfolg. Zweierlei hat mich in diesen Jahren immer wieder besonders bewegt:

- die Tüchtigkeit unserer jungen Soldaten
- und der kameradschaftliche Zusammenhalt und der selbstlose Einsatz der Unteroffiziere und Offiziere in den vielfältigen Aufgaben des Bataillons.

Über die Generation der Wehrpflichtigen wird in der Öffentlichkeit manches gesprochen. Ich habe auch in diesen Jahren die meisten von Ihnen erlebt: höflich und hilfsbereit, fleißig und zuverlässig, hart und ausdauernd.

Viele kommen körperlich schlecht trainiert und leisten dennoch mehr als zu erwarten.

Sie kommen aus den Annehmlichkeiten unserer Wohlstandsgesellschaft und finden sich dennoch schnell mit den einfachen Lebensbedingungen unserer Kaserne ab.

Sie sind gewohnt ein hohes Maß an persönlicher Freiheit und gliedern sich dennoch schnell ein in die militärische Disziplin. Den wenigsten hat man den Sinn des militärischen Dienstes verständlich gemacht und dennoch tun sie nach besten Kräften ihren Dienst.

Für viele scheint die Bundesrepublik Deutschland nicht mehr Bedeutung als der Stempel in ihrem Ausweis zu haben, aber sie schützen die Souveränität und den Frieden unseres Landes und seiner Menschen durch ihren Wehrdienst und ich habe keinen Zweifel, sie werden sie auch verteidigen, wenn es sein muß.

Daß sie von uns Älteren überzeugt werden wollen, ist selbstverständlich. Zu oft ist gutgläubige Gefolgschaft, gerade in diesem Jahrhundert, auch in unserem Vaterland, mißbraucht worden.

Daß sie Einfluß nehmen und mitwirken wollen, ist ihre Pflicht, denn es ist auch ihre Welt, an der wir heute bauen und für die sie morgen die Verantwortung tragen. Manche Weichen haben wir Älteren falsch gestellt, und bei mancher großer Herausforderung dieser Jahre sind wir tief zerstritten oder ganz oder gar ratlos.

Daß sie nüchtern und ohne Begeisterung ihren Wehrdienst antreten, zeigt ihren Verstand und ihre Reife. Kein vernünftiger Mensch kann über Waffen und Rüstung begeistert sein. Jeder muß auf den Tag hinarbeiten, wo gleichgewichtig abgerüstet wird, Kriege unwahrscheinlicher und der Friede sicher wird.

Daß dieser Staat die größte Chance ist, die wir Deutschen in diesem Jahrhundert haben, kann ich ihnen zwar zurufen, aber sie selbst müssen es begreifen. Demokratie ist die einzige würdige Organisationsform einer menschlichen Gemeinschaft. Sie allein garantiert ein Höchstmaß an Recht, Freiheit und Frieden für alle.

Ich danke Ihnen für Ihren Dienst hier im Pionierbataillon 6, der Amphibischen Pionierkompanie 600 und Pionierspezialsperrkompanie 600, und ich danke Ihnen für den Ernst und die Selbstverständlichkeit, mit der Sie Ihre Arbeit tun. Besonders in unseren großen Übungen unter höchsten Anforderungen habe ich Ihren Einsatz, Ihre Aufgeschlossenheit, Ihre Begeisterungsfähigkeit erlebt. Dies gehört zu meinen großen Erlebnissen. Sie sind gute Soldaten in einer großen deutschen Tradition.

Und nun zu Ihnen, meine Offiziere und Unteroffiziere!

Die ständige Folge von Übungen, Überprüfungen, Wettbewerben, Sonderaufträgen, Besichtigungen, Öffentlichkeitsveranstaltungen kennzeichnen das Leben der Truppe. Sie machen die besondere Belastung aus und sie sind gleichzeitig Saft und Kraft, die uns vor der Erstarrung bewahren. Sie, die Unteroffiziere und Offiziere, leisten die Hauptarbeit, tragen die Verantwortung und entscheiden über Erfolg und Mißerfolg.

Die größte Herausforderung, aber auch Freude dieser 5 Jahre, war mir die Aufgabe, Sie führen zu dürfen.

Den Offizieren danke ich besonders für ihr Verantwortungsbewußtsein und ihre kritische Loyalität. Den Feldwebeln gilt mein hoher Respekt für ihr Können, ihr Pflichtbewußtsein und ihre Kameradschaft. Den jungen Unteroffizieren gilt meine Anerkennung für die Courage, mit der sie ihre anspruchsvolle Aufgabe anfassen.

Es gibt keinen anderen Beruf, in dem Motivation der Untergebenen zunächst so schwer ist, wie in unserem. Die jungen Wehrpflichtigen kommen oft gegen ihren Willen, viele ohne Verständnis für die Aufgabe, mit manchen, durch die Einberufung geschaffenen privaten Problemen, bei geringer Besoldung, in den ungewohnten, sehr anspruchsvollen militärischen Dienst und hoffen, daß die Zeit schnell vorübergeht.

Die militärische Ausbildung, die Erziehung zum Kämpfer, der seinen Waffen gegen andere Menschen einsetzt, widerspricht zunächst allen Grundsätzen christlicher Ethik und menschlicher Moral. Es ist einfach gesagt: Wenn Du den Frieden willst, dann mache Dich fähig, den Krieg zu führen! Aber was es heißt, dies einem nachdenklichen, kritischen jungen Menschen nach den verlogenen Katastrophen des 1. und 2. Weltkrieges, des Vietnam-Krieges und im Angesicht der Vernichtungsgewalt moderner Waffen zu erklären, das weiß nur der, der es einmal ernsthaft versucht hat.

Andererseits gibt es wohl keinen zweiten Beruf, der über so umfangreiche Mittel und über so weitreichende Einflußmöglichkeiten auf die Jugend verfügt wie der unsere. Unser fachliches Können, unser Einfallsreichtum bei der Gestaltung des Dienstes, unser Vorleben der militärischen Tugenden bestimmen das Verhältnis unserer jungen Soldaten zum Wehrdienst und sehr wesentlich auch zu diesem unseren Staat. Nur der kann mitreißen, der von seiner Aufgabe überzeugt ist und sich dem anderen in Aufmerksamkeit zuwendet. Väterliche Strenge und väterliche Liebe sind in unserem Beruf gleichwichtige Elemente. Mit dem Verstand allein, als 40-Stunden-Job, ist militärische Führung und Erziehung nicht zu leisten.

Wir wissen, daß es heute keine Alternative zur militärischen Verteidigung gibt. Die Bundeswehr ist der stärkste konventionelle Beitrag zur NATO in Europa. Sie hat entscheidenden Anteil an der Erhaltung des Friedens in Freiheit. Seien Sie, meine Kameraden, stolz auf Ihren Beruf. Sie haben allen Grund dazu. Sie leisten Ihrem Vaterland einen wichtigen Dienst.

Wir alle haben das feierliche Versprechen abgelegt, der Bundesrepublik Deutschland treu zu dienen und das Recht und die Freiheit des deutschen Volkes tapfer zu verteidigen. Mögen wir durch die treue Erfüllung dieses Gelöbnisses unserem Volk den Frieden in Freiheit erhalten.

Auf dem Weg IV

1982 Falklandkrieg (Großbritannien - Argentinien)

1981/87 - Hamburg, Führungsakademie, Dozent für Pionierwesen. Einer der „Bunten" mit Artillerist, Fernmelder und Heeresflieger im Kreis von aufstrebenden Offizieren, Dozenten, oft mit Studium und doppelter Generalstabsausbildung, also in der Bundesrepublik und einem NATO-Land. Wir unterrichteten 30-Jährige, die berufliche Elite ihrer Jahrgänge, auf dem Weg zum Oberst oder General.

War es meine beste Zeit? In Degerndorf als Zugführer und Kompaniechef waren meine Lehrjahre, als Divisionsjugendoffizier war ich in meinem Element, in Bremen als Lehrstabsoffizier hatte ich außerordentliche Freiheiten, wurde mit 33 Major und mit 35 Oberstleutnant. Bataillonskommandeur war dann berufliche Erfüllung gewesen, und ich hatte mich am richtigen Platz gefühlt. Dozent an der Führungsakademie, Schwerpunkt Generalstabslehrgänge, war die intellektuelle Herausforderung, die herausgehobene Lehrtätigkeit meiner Truppengattung, Primus inter Pares aller Pionier-Lehrstabsoffiziere außerhalb der Pionierschule. Alle Türen standen offen, alle Informationen zur Verfügung. VIPs besuchten fast täglich die Akademie, oft trugen sie in der Aula vor, Generale aus NATO-Staaten, Minister, Botschafter, Spitzen aus Politik, Gewerkschaften, Wissenschaft, Wirtschaft. Wir Dozenten konnten immer dabei sein, wenn wir nicht im Hörsaal standen. Es war „das große Fressen", **ein faszinierender Dienstort.**

Das Heer hatte neue Sperrmittel bekommen, 2 Minenarten, dazu Verlegefahrzeuge. Schnell, sehr wirksam, teilweise selbstzerlegend nach elektronisch einstellbarer Wirkzeit. Neben Feuer und Bewegung **eine neue Dimension im Gefecht der verbundenen Waffen: Sperren.**

Kaum in der Akademie, hieß der Auftrag des Fachgruppenleiters: „Überprüfen Sie das Konzept ihres Vorgängers, nehmen sie Stellung, ggf. mit Alternativvorschlag, Vortrag in 2 Monaten." Ich entwickelte **ein neues Sperrkonzept,** das Konzept **„Sperrfreie Räume".**

Dozenten aller Fachgebiete in dem überschaubaren Bungalow, in dem auch ich mein Dienstzimmer hatte. Geballte Kompetenz täglich für Gespräch und ggf. Korrektiv verfügbar. Ein unvergleichlicher Ort für Lehre und Forschung. 2 Monate später Vorstellung meines neuen Konzeptes in einer großen Planübung unter Leitung des Fachgruppenleiters vor Vertretern des Führungsstabs des Heeres, der Kampftruppen, der Pioniertruppe aus Heeresamt und Pionierschule. 2 Tage. Massive Skepsis und Ablehnung zunächst, heiße Diskussionen am zweiten Vormittag, Akzeptanz zum Schluß. **Das Modell wurde Standard im Heer.**

Reisen nach Bonn ins Kanzleramt. Großer Generalstabslehrgang, ca. 50 Offiziere. Horst Teltschik im Kabinettssaal: lässig, intellektuell, enorm eloquent, die Weltpolitik in einem Schwung.

Mit dem Generalstabslehrgang A **zur Geländebesprechung in Franken.** Zum Schluß besuchten wir Rothenburg o. T. Morgens Empfang beim Bürgermeister, nachmittags im renommierten Eisenhut. Ein Spitzenhotel und Restaurant. Frau Pirner, die Eigentümerin, hatte eingeladen. Sie war mit meinen Schwiegereltern befreundet und schätzte Erika. Ich hatte einen Besuch gemacht, sie lud den ganzen Lehrgang zum Kaffee. Frau Pirner hatte Hitler und den Schah von Persien beherbergt. Nun saß die militärische Welt um sie im Teesalon.

23 Karriereoffiziere aus 12 Ländern in Uniform und ihre Dozenten. Silbernes Besteck, edles Porzellan, Nymphenburger Figuren als Tischdekoration. Feines Gebäck, Kaffee und Tee. Drei Bedienungen, schwarzes Kleid, weiße Schürze, warteten auf den Wink der Chefin. Ein Bild zum Malen. 27 Rosen.

NATO-Doppelbeschluß. Zehntausende zum Protest auf dem Hamburger Rathausmarkt. Zahlreiche Kasernen wurden blockiert, so auch die Clausewitzkaserne der Führungsakademie in Blankenese. Ich hatte eine Lehrverpflichtung außerhalb gehabt, kam zurück und nicht hinein. Ich ging in die nahegelegene örtliche Zentrale der Blockierer, ein Haus der Gewerkschaft. In Uniform. Erstaunen, fast höflicher Respekt. Bald saß ich in einer Runde fragender, argumentierender junger Menschen.

Eine Reise nach Brüssel, NATO-Hauptquartier. Ein großer Raum, abgedunkelt, ein Dutzend Bildschirme, elektronische Karten und Lagebilder. Ein deutscher Zwei-Sternengeneral weist ein in die atomare Strategie der NATO. Ein weiblicher Oberleutnant, farbig, sehr attraktiv, schiebt aus der Tiefe des Raumes elegant einen mächtigen Sessel auf Rollen an den Platz des Generals. Ein Hingucker, eine Inszenierung, Stellung und Macht, wir sind noch jung genug.

Der scheidende US-Botschafter zu Gast in der Akademie. Neue Aufgabe in Washington, Foreign Office. Sein Vortrag zu den amerikanisch-deutschen Beziehungen. Im Clausewitzsaal alle Lehrgangsteilnehmer, viele Dozenten. Der Akademiekommandeur stellt den Gast vor, eine beeindruckende Vita. Der Botschafter bedankt sich: „Wenn mein Vater ihnen zugehört hätte, er hätte wohl zweifelnd den Kopf geschüttelt, meine Mutter, Herr General, hätte ihnen jedes Wort geglaubt.“ Heiterkeit im Saal.

Eine Reise durch Amerika. Dort mit einer Transall, feldmäßig von Ost- zu Westküste. Der ganze Lehrgang. Dozenten. Ca. 60 Offiziere. Militär, Politik, Industrie, Gesellschaft waren die Stationen. Ein heiterer Tag in San Francisco. Empfang in der Deutschen Botschaft in Washington. Als ich mich nachts von einem Taxi ins Hotel fahren ließ, in Uniform, kannte der Fahrer zu meiner Verblüffung meinen tunesischen Kameraden aus dem A-Lehrgang. Ich hatte den Namen nicht genannt, aber die Führungsakademie in Hamburg. Da rief mein tunesischer Fahrer: „Ah, unser Oberst Slimane war dort auch!“

Wir standen in einer der großen amerikanischen Befehlszentralen, tief unter der Erde. Ein Riesensaal, 1.000 Monitore, Bilder und Informationen global. Weltmacht. - Wir landeten auf einem großen Militärflugplatz. Eine unübersehbare Menge von Großraumtransportern war dort geparkt. Nebenan übten modernste Jagdflugzeuge Starten und Landen im Sekundentakt. Atemberaubend!

In der Führungsakademie veranstaltete jede Gastnation im Generalstabslehrgang A einen „Nationalen Informationstag“. So erlebten auch wir Dozenten in jedem Jahr spannende Präsentationen der Länder zwischen Japan und Brasilien, aus Asien und Afrika, Europa und Lateinamerika. Morgens das militärische Programm, nachmittags mit Gästen, auch Frauen und Kinder der Lehrgangsteilnehmer und Dozenten. Land und Leute, Bräuche und Sitten, Essen und

Trinken. Fremde Farben, Gerüche, Sprachen. Immer ein heiteres Vergnügen, Stunden der Begegnung.

Diesmal waren **ein ägyptischer Oberst und ein israelischer Major** unter den Lehrgangsteilnehmern. Der Zufall hatte es gefügt, daß im Sechstagekrieg der Israeli Chef einer amphibischen Pionierkompanie im Angriff am Suez-Kanal gewesen war und der Ägypter Kommandeur des Panzerregimentes, das diesen Geländeabschnitt auf der gegenüberliegenden Seite zu verteidigen hatte. Erst als Lehrgangsteilnehmer an der Führungsakademie in Hamburg entdeckten sie ihre Doppelrolle und lernten sich kennen.

Sie trugen zum Krieg vor, den sie gegeneinander geführt hatten. Nun in einem deutschen Hörsaal gemeinsam. Der Israeli begann. Aber als Erstes ging er durch den Hörsaal auf seinen ägyptischen Kameraden zu, streckte ihm die Hand entgegen, die dieser ergriff und sagt: „Schalom."

Ich sah im Geiste die Kriegsbilder aufziehen, erst wenige Jahre zurück, ein Schauer im Rücken ob der unglaublichen Situation vor mir.

Ein anderes Jahr. Nationaler Informationstag Algerien. Die Gastgeber wollten den israelischen Lehrgangskameraden nicht einladen. Weisung von Oben, hieß es. Am Morgen ein Blumenstrauß auf dem Platz des israelischen Hauptmanns. Und der Akademiekommandeur sprach ein klärendes Machtwort.

Eine Veranstaltung in der Evangelischen Akademie Nordelbien: „Militärische Verteidigung und der Friede". Ich war Mitglied des Kuratoriums der Akademie und hatte die Veranstaltung mit organisiert. Ein Radiointerview. Die Journalistin fragte mich: „Die NATO behält sich den atomaren Erstschlag im Fall, daß sie angegriffen wird, vor. Der würde voraussichtlich den Atomkrieg in Europa auslösen. Wie gehen Sie als Repräsentant der Bundeswehr damit um?" - „Sie stellen die schwerste Frage für den Soldaten, der sich auch Christ glaubt. Aber: **Wer A sagt, muß auch B sagen.** Ich sehe gegenwärtig keine Alternative, aber so manches Mal, wenn ich darüber nachdenke, zittern mir die Knie."

Da war die skurrile Begegnung mit dem Inspekteur des Heeres. Die Führungsakademie feierte ein Jubiläum. Die Veranstaltung fand im Offiziersheim der Schwarzkopfkaserne statt, die zur Führungsakademie gehört, kaum 2.000 Meter entfernt von der Clausewitzkaserne, dem Zentrum der Akademie. Bundespräsident Carstens war Ehrengast, viele zivile und militärische Gäste.

Ich hatte eine Lehrverpflichtung in der Clausewitzkaserne und verließ bald nach dem Festakt das Offiziersheim. Ein Shuttlebus würde mich in die Clausewitzkaserne bringen.

Wie erwartet stand ein Bus vor dem Offiziersheim. Türen auf, 2 Personen darin. Ich setzte einen Fuß in den Bus und sah vor mir den Inspekteur des Heeres sitzen, fasste mich schnell, fragte, ob ich mich zu ihm setzen dürfe. Wir hatten uns wenige Wochen zuvor auf einer militärischen Fähre auf dem Rhein länger über die neue Sperrkonzeption unterhalten. Der General war zudem von meiner Truppengattung. Er kannte mich.

Der fast leere Bus fuhr nun nicht zum Tor der Kaserne und weiter zur Clausewitzkaserne, sondern blieb in der Schwarzkopfkaserne, Richtung Freiherr vom Stein-Saal. Ich sah auch bald den Hubschrauber, bei dem der Bus dann hielt.

Ich war offensichtlich in den falschen Bus gestiegen und sagte: „Herr General, ich melde mich ab.“ Die Antwort war kurz: „Sie fliegen mit!“

Wenn ein Oberstleutnant des Heeres von seinem Inspekteur den Befehl erhält „Sie fliegen mit!“ und er davon ausgehen kann, daß der Inspekteur seine Lage überblickt, fragt er nicht „Wohin?“, sondern besteigt den Hubschrauber. Wohin immer die Reise gehen mag, der Inspekteur wird seine Gründe haben, mich mitzunehmen.

Der Hubschrauber hob ab, ich lehnte mich erwartungsvoll zurück. Wir landeten bald in der Clausewitzkaserne, wohin ich ja auch wollte. War ich enttäuscht? Jedenfalls meldete ich mich noch einmal beim General ab und er entließ mich mit kurzem Gruß.

Jahre später erzählte ich diese kleine Geschichte im Haus des Plöner Bürgermeisters einem zivilen Ehepaar. Die Frau schaute mich wachsend ungläubig, ja entsetzt an und sagte schließlich: „So etwas müssen Sie sich gefallen lassen?“

Ich hatte einen kleinen, heiteren Beitrag zur Unterhaltung bringen wollen. Mit dem Bürgermeister war ich gut befreundet und wähnte mich auf gleichgesinntem Terrain. Nun hatte ich unbedacht Vorurteile über das Militär bedient.

Ausgefallene Typen, besondere Charaktere? Ich weiß mich nur an 3 zu erinnern in 38 Dienstjahren und davon weiß ich auch nur vom Hörensagen: Ein Hauptmann, der eine Badewanne mit in die Feldübung nahm und sich von einem Soldaten mit über den Arm gelegten weißen Handtuch bedienen ließ. Er wurde disziplinar gemaßregelt. Ein Oberst und Chef eines Divisionsstabes, der auch in großen Übungen inmitten seines pulsierenden Gefechtsstandes in einem Sessel sitzend europäische Klassiker las. Ein 3-Sterne-General, der Feldjäger mit Blaulicht vor seinen Dienst-Mercedes setzte, um beim Skifahren schnell vom Ende der Abfahrt zur Talstation der Seilbahn zu kommen. Ach ja, da war noch ein Oberst, dessen Ballonfahrerleidenschaft auch vor dem Ehrenhof einer Allgäuer Kaserne nicht Halt machte.

Insgesamt: kaum Marotten, wenig Helden und Legenden. Mehr Farbe hätte nicht geschadet, es muß ja nicht die Badewanne sein.

Dennoch: da gab es nicht wenige eindrucksvolle Führerpersönlichkeiten zwischen dem Generalleutnant Graf von Baudissin und dem Hauptfeldwebel Fritz Peter. Kommandierende Generale, hoch respektiert, bewundert, verehrt, Feldwebel, untadelig, Vaterfiguren, von ihren Soldaten geliebt. Die Führungsgehilfen, später selbst Führer in hohen und höchsten Verwendungen: sorgfältig ausgewählt aus ihren Jahrgängen, Vollstudium, Truppenerfahrung, deutsche Generalstabsaubildung 2 Jahre, viele eine zweite Generalstabsausbildung in einem anderen NATO-Land. Die allermeisten Offiziere und Unteroffiziere taten gut ausgebildet, mit Hingabe, professionell ihren Dienst. Karrieretypen gab es überall, auch bei uns.

Ihren Generalinspekteur hätten die Soldaten gerne öfter gesehen. Er blieb meist hinter Minister und Staatssekretären unsichtbar. Die Wenigsten kannten seinen Namen. Gesicht und Stimme der Bundeswehr waren neben den Ministern die Vorsitzenden des Deutschen Bundeswehrverbandes, ehemalige Berufssoldaten, fast ausnahmslos von hervorragender Qualifikation für dieses einflußreiche Amt als Interessenvertreter der Soldaten in Politik und Gesellschaft.

Und schließlich die Wehrbeauftragten: nach Anlaufproblemen in den frühen Jahren waren sie, unabhängig von ihrer Parteizugehörigkeit, kenntnisreiche, hoch engagierte Repräsentanten des Parlaments für das Wohl der Soldaten.

Führen im Krieg mußte die nachfolgende Generation schmerzhaft selber lernen. Lange alleingelassen von Politikern, die sich den Folgen ihrer Entscheidungen nicht stellen wollten.

Zwei verschiedene Welten ?

Offiziere und Unteroffiziere meiner Zeit waren „Kinder" dieses freiheitlichen Rechtsstaats Bundesrepublik Deutschland. Ihn zu schützen und zu verteidigen war uns selbstverständlich.

Manche hatten noch als Flakhelfer gedient, alle waren bei Aufbau und Selbstfindung des neuen Staates, der neuen Gesellschaft dabei. Viele von denen, die später, in den 80er, 90er Jahren in Spitzenstellungen die Bundeswehr führten oder international vertraten, hatten Vertreibung und Flucht, Hunger und Not und die zerbombten deutschen Städte erlebt.

Ihre politischen Wurzeln waren die Erinnerung an Krieg und Niederlage, die Vertreibung aus dem Osten, waren der Kalte Krieg, also die Bedrohung durch die kommunistische Sowjetunion auf der einen und die Freundschaft zur Schutzmacht Amerika auf der anderen Seite. Es waren die erfolgreiche Marktwirtschaft im Westen und die ineffektive Planwirtschaft im Osten, mehr Adenauer als Brandt, mehr Tielicke als Böll.

Die Offiziere und Unteroffiziere der Bundeswehr hatten kaum Zugang zu den 68ern, zur Studentenbewegung, wir taten uns schwer mit den Kriegsdienstverweigerern, mit den Pazifisten, mit den Deserteuren des 2.Weltkrieges.

Beim angeblichen Brecht-Zitat: „Stell dir vor, es gibt Krieg …" und beim bösen Wort: „Soldaten sind Mörder" beteiligten sich nur wenige von uns an der öffentlichen Auseinandersetzung, wie auch sonst an der öffentlichen Diskussion strittiger Themen, auch wenn sie uns direkt angingen. Baudissins visionäre Erkenntnis, daß der Offiziersberuf ein eminent politischer Beruf ist, hatte mit der Wirklichkeit dieser frühen Jahre wenig zu tun.

Die Konflikte wurden eher in den Familien ausgetragen,

die die Belastungen des Berufs des Vaters zu tragen hatten, die zahlreichen Versetzungen, Schulwechsel, Verlust der sozialen Beziehungen. Hier prallten die konservative Haltung der Väter und die aufbegehrende Meinung der Kinder und Mütter oft hart aufeinander.

Georg Leber und Helmut Schmidt öffneten uns den Weg in die Mitte.

Wir waren eine unkriegerische Armee. Längst lief die Großorganisation Bundeswehr wie geölt, ungestört von Einsätzen in Spannungsgebieten und Kriegen. Die Richtungskämpfe waren irgendwann ausgefochten, die Generale Schnez und Karst gegen den General Graf Baudissin. Karst beklagte die „unsoldatische Armee“ und Baudissin forderte den „Staatsbürger in Uniform“ und den „mitdenkenden Gehorsam“.

Karst hatte sein vielgelesenes Buch „Das Bild des Soldaten“ veröffentlicht, die Hamburger Universität verlieh den Generalen Baudissin, de Maiziere, Kielmanseck den „Freiherrn vom Stein Preis“ für herausragende staatsbürgerliche Verdienste.

Der Friede war zur Gewohnheit geworden. In den vielen Verwendungen zwischen Garmisch und Plön, bei der Truppe, in Ministerien, in Schulen, in der Akademie habe ich nie den Wunsch nach kriegerischem Tun vernommen, nicht das leiseste Gedankenspiel, die verlorenen deutschen Gebiete im Osten irgendwann einmal militärisch zurückzuholen. Die Bundesrepublik hatte sich bequem eingerichtet zwischen Holocaust und Teilung, zwischen Teilsouveränität und amerikanischer Dominanz. Während die USA in Vietnam Krieg führten, Engländer und Franzosen ihre Kolonialreiche abwickelten, konzentrierten die Westdeutschen Intelligenz und Fleiß auf Aufbau und Wohlstand. Im Windschatten der internationalen Politik. Und es ging uns hervorragend.

In den langen Friedensjahren drohte die Bundeswehr zu verschulen. Die Konkurrenz mit der zivilen Arbeitswelt um die besten Köpfe und Hände drängte zu zivil vergleichs- und verwendbaren Ausbildungen und Abschlüssen, man sprach weniger von kriegsnaher Ausbildung, „Krieg“ wurde durch „Einsatz“ ersetzt. Die Bundeswehruniversitäten in München und Hamburg wurden gegründet. Offiziere ab 12 Jahre Dienstzeit absolvierten ein Vollstudium.

Qualität und Attraktivität der Ausbildung für die zivile Leistungsgesellschaft zeigten sich u. a., als 1.200 Berufsoffizieren angeboten wurde, vorzeitig, mit verminderter Pension, die Bundeswehr zu verlassen. Man wollte so den Beförderungsstau mildern, die Attraktivität des Berufs steigern. Natürlich gingen besonders die, die sich einen Neuanfang zwischen 40 und 50 noch zutrauten. Sie waren in wenigen Monaten von Industrie und Wirtschaft aufgesogen.

Die Veränderung **von der Friedensarmee zur Bundeswehr im Krieg** war für manche ein Problem. Sie glaubten, sich allein der Landesverteidigung verpflichtet zu haben. Aber abgesehen von der veränderten Weltlage nach 1989 war die Bundesrepublik Deutschland schon 1973 unter dem Bundeskanzler Willy Brandt Mitglied der Vereinten Nationen geworden, ohne Wenn und Aber, also einschließlich der militärischen Beistandsverpflichtung.

Zwei Welten? **Der Beruf des Soldaten ist unverwechselbar.** Er vertraut sich wie kein anderer den Entscheidungen des Parlamentes auf Gesundheit und Leben an. Nur so können Streitkräfte ein wirksames Instrument der Politik sein, aber es bleibt eine unvergleichliche Herausforderung für jeden Einzelnen und seine Angehörigen.

Die Erziehung zum knappen Wort, zum bedachten, aber schnellen Entschluß, die Bereitschaft, Verantwortung zu übernehmen und Beschlossenes in die Tat umzusetzen, prägen. Befehl und Gehorsam, klar erkennbare Hierarchien, Verantwortung für andere in Lebensgefahr und Krieg unterscheiden von der zivilen Arbeitswelt. Während in der zivilen Organisation die Abläufe oft festen Regeln und Konstanz unterliegen, muß der militärische Führer ausgebildet und fähig sein zu einem Höchstmaß an Improvisation, denn der Krieg verändert Verhältnisse und Mittel oft schlagartig.

Ein Offizierskorps, ausgerichtet in Geist und Haltung, hat es in meiner Zeit nie gegeben. Auch wenn die „konservative" Grundhaltung weit vorherrschte, so setzte sich die Idee des Staatsbürgers in Uniform auch in Vielfalt und Individualität der Soldaten und ihrer Führer durch. Zeitweise standen fast 500.000 aktive Soldaten unter Waffen und 700.000 beorderte Reservisten in Bereitschaft. Millionen Männer hatten ihren Wehrdienst geleistet. So waren Soldaten und ihre Familien ein wesentlicher Teil der bundesrepublikanischen Gesellschaft und leisteten ihren gewichtigen Beitrag auch zur inneren Stabilität. Keine andere Welt. Zwei Seiten einer Medaille.

Sechs bewegende Jahre an der Führungsakademie der Bundeswehr. Zahlreiche Veröffentlichungen, besonders zum „Einsatz der Pioniere im Gefecht der verbundenen Waffen“ in „Truppenpraxis“, „Wehrwissenschaftliche Rundschau“, „Informationen für die Truppe“.

.. Pionierstabsoffizier und Dozent
Führungsakademie der Bundeswehr

Hamburg, 28.09.81
Clausewitz-Kaserne

Vom Bataillonskommandeur zum Dozenten

Warnende Stimmen hatte es genug gegeben: 16 qm Dienstzimmer, keine Sekretärin, keinen Fahrer, keinen Stab. Nicht der erste, auf den alle schauen, dafür einer von vielen StabsOffz, Spezialist, 2. Glied.

Nun, ich wollte zur FüAk, kam hin, habe mich gefreut. So fiel der Abschied vom Btl nicht einmal so schwer.

Das Btl: das war das PiBtl 6 in Plön. Vielleicht die schönste Kaserne der Bundeswehr, sicherlich das vielseitigste PiBtl mit Amph- und SpezSperrKp. 1.200 Mann, 350 Kfz, in einer Kreisstadt, in der der Pionierkommandeur neben Kreispräsident, Landrat, Bürgermeister und Kommandeur der Marine-Unteroffizierschule eine Rolle zu spielen hat, spielen darf.

BtlKdr war ich dort 5 ½ Jahre. Einige Male hatte ich die Nase gestrichen voll, wünschte mir - im Stillen, nur meine Frau wußte es - eine bequeme Verwendung.

Ansonsten habe ich die Zeit genossen:

- den weiten Entscheidungsfreiraum,
- die Macht des Kdr, seine Ideen in die Tat umzusetzen,
- die fast unbegrenzten personellen und materiellen Mittel,
- das kleine Gespräch mit dem Mann,
- den gemeinsamen Kampf um die Bewältigung der zahllosen besonderen Aufgaben, die dem Btl pausenlos abverlangt wurden,
- den Stolz in den Augen aller, auch der Wehrpflichtigen, wenn wir wieder einmal Erfolg gehabt haben.

Wie alle anderen Kdr habe auch ich in diesen Jahren nur für mein Btl gelebt, kaum ein Buch gelesen, kaum Hobbies gepflegt, über wenig anderes als Dienst nachgedacht. Schule der Kinder, Theater, Konzert, nichtdienstliche Gespräche, zivile Freunde, das besorgte meine Frau.

Ich spüre den Nachholbedarf heute. Aber es ist wohl so, daß das Btl uns hat mit Haut und Haaren.

Als PiStOffz und Dozent eine radikal gewandelte Situation:

- Hatte ich bisher Ziele zu setzen, über Möglichkeiten zu entscheiden, gilt es jetzt, das Detail zu lehren, zuzuarbeiten, Entscheidungen zu akzeptieren.
- Kamen bisher alle zu mir, gehe ich jetzt zu vielen hin.
- Arbeitet mein Stab bisher für mich aus, liefere ich jetzt den Beitrag des Pioniers.
- Fragte ich bisher in den Details meine Spezialisten, bin ich jetzt der Spezialist, von dem man die ganze Breite und Tiefe seiner vielseitigen Waffe voraussetzt.

War ich bisher verantwortlich für viele Männer, ist meine Verantwortung heute, richtig und anschaulich mein Fach zu lehren.

Umstellung ist nötig! Wo liegt der Reiz? Er ist vielseitig:

- das Arbeiten in einer Gruppe von ausgesuchten Offizieren,
- die Herausforderung, intelligente Erwachsene, die Spitzen ihrer Jahrgänge, zu unterrichten,
- die Chance, oft in herausgehobenen Führungskreisen der eigenen Waffe mitzuarbeiten,
- der Zwang, die eigene Truppengattung auf ganzer Breite durchzuarbeiten,
- die Möglichkeit, dazu auf alle Informationsquellen von FüAk über PiSchule, Heeresamt bis BMVg zurückgreifen zu können,
- die Notwendigkeit, auch als Fachdozent ständig übergreifend denken, lehren und hören zu müssen, d. h. selbst viel zu lernen,
- schließlich die Aussicht auf eine interessante Anschlußverwendung.

Der LehrStOffz an der FüAkBw ist die herausgehobene Außenstelle seiner Waffe. Das ist reichlich Reiz und Herausforderung. Nichts anderes habe ich erwartet und so habe ich es auch angetroffen.

.. OTL und PiStOffz Hamburg, 25.08.82

Führungsakademie der Bundeswehr

An den Chefredakteur
„Schweizer Soldat“
Herrn Ernst Herzig
Inselstraße 76
CH-4057 Basel

Sehr geehrter Herr Herzig!

Die Truppenpraxis zitiert in Heft 6/82 in der Zeitschriftenschau auf Seite 474 aus Ihrem Artikel, der offenbar in „Schweizer Soldat“ 3/82 erschienen ist: „Stell Dir vor, es kommt der Krieg und keiner geht hin …“

Darin zitieren Sie Brecht. Können Sie mir die genaue Quelle dieser wichtigen Brechtaussage angeben, denn trotz langen Suchens fanden wir nur in Berthold Brecht-Gedichte 1933 - 1938, Gesammelte Gedichte Band 2, Frankfurt/M 1967 S. 503:

> Wer zu Hause bleibt, wenn der Kampf beginnt
> Und läßt andere kämpfen für seine Sache
> Der muß sich vorsehen: denn
> Wer den Kampf nicht geteilt hat
> Der wird teilen die Niederlagen.
> Nicht einmal den Kampf vermeidet
> Wer den Kampf vermeiden will: denn
> Es wird kämpfen für die Sache des Feinds
> Wer für seine eigene Sache nicht gekämpft hat.

Es fehlt da:

> Stell Dir vor, es kommt der Krieg
> Und keiner geht hin …
> - dann kommt der Krieg zu Euch!

Herzlichen Dank

SCHWEIZER SOLDAT·FHD

Unabhängige
Monatszeitschrift für
Armee und Kader

ERNST HERZIG
Chefredaktor

Inselstrasse 76
CH-4057 Basel
Telefon 061 65 32 47

Herrn
Oberstlt G Lünenborg
Clausewitz-Kaserne
Manteuffelstrasse 2o
D-2ooo Hamburg 55

11. September 1982

Sehr geehrter Herr Oberstleutnant

Von den Ferien zurückgekehrt, habe ich auch Ihren Brief vom 25. August 1982 vorgefunden. Ich danke Ihnen bestens.

Den Slogan "Stell Dir vor, es kommt Krieg - und keiner geht hin ..." habe ich persönlich nur auf Transparenten und Flugblättern der "Friedensbewegung" gelesen. Ich glaube nicht, dass er von Brecht stammt. Den Nachsatz "... dann kommt der Krieg zu Euch" habe ich hinzugefügt.

Ich entbiete Ihnen meinen freundlichen Gruss

E Herzig

Ernst Herzig

.. Oberstleutnant Hamburg, 13.12.1984

An die „Information für die Truppe“

Zum Umgang mit Andersdenkenden
Gespräche um den Frieden

Diese Gespräche finden täglich tausendfach statt und wir Offiziere sollten uns keinen Illusionen hingeben: die Zweifel an der Richtigkeit der Sicherheitspolitik und damit an unserem beruflichen Tun sitzen in unserer Bevölkerung tief. Die Unsicherheit ist außerordentlich und damit auch die Chance derer, die eine andere Politik, vielleicht auch eine andere Republik wollen.

Das geht uns Offiziere unmittelbar an. Unsere Entscheidung für diesen Beruf war auch eine politische Entscheidung für diese Republik. Wir sind Kenner der Sicherheitspolitik und ihrer Ursachen und sollten unsere Kenntnisse und unsere Überzeugung einbringen in die Orientierungssuche unserer Bevölkerung, an deren Ende auch eine andere Sicherheitspolitik stehen könnte, als die meisten von uns sie für notwendig halten.

Auch wir sind belastet mit Vorurteilen gegen Andersdenkende. „Mit denen kann man doch nicht sprechen!“ oder „Das sind alles Kommunisten!“ - Mit den meisten kann man sprechen. Die wenigsten sind Kommunisten.

Viele Menschen überschauen einfach die internationale politische Landschaft nicht mehr. Die Atombombe ist für sie eine ungeheure Bedrohung, die über allem schwebt, mörderisch und gegen jede Vernunft.

Viele Menschen haben einfach Angst. Angst ist bekanntlich kein guter Ratgeber, aber dennoch ein politischer Faktor. Wir haben das im vergangenen Jahr erlebt und die scheinbare Ruhe dieser Monate sollte uns nicht täuschen.

Übersehen <u>wir</u> eigentlich alles? Sind wir ganz sicher? Kann jemand sicher sein, der notfalls bereit ist, Atomwaffen einzusetzen?

Diese Selbstprüfung muß erlaubt sein. Für ein Gespräch mit Andersdenkenden ist sie die Voraussetzung. Es würde uns geradezu disqualifizieren, wenn wir diese Fragen uns selbst nicht stellten. Wer schnelle Antworten hat, verdeckt meist nur seine eigene Unsicherheit oder demonstriert seine Oberflächlichkeit.

Für uns sind „Recht“ und „Freiheit“, „Diktatur“ und „Demokratie“ nicht nur Wörter, sondern Inhalte, die uns eingegangen sind und Eckpfeiler unserer Überzeugung und unseres Handelns geworden sind.

Das gilt für unsere Gesprächspartner nicht immer. Wenn wir „Freiheit“ sagen, denken sie an Lateinamerika und die Rolle, die die USA nach ihrer Beurteilung dort spielen. Wenn wir „Recht“ sagen, denken sie an Buschhaus, wenn wir „Diktatur“ sagen, denken sie an den NATO-Partner Türkei und wenn wir „Demokratie“ sagen, denken sie an Flick.

Wir haben gelernt, das Ganze vor seinen Teilen zu sehen und das Wesentliche im Auge zu haben. Aber wir sind von den Vorzügen unserer Sicherheitspolitik auch so sehr überzeugt, daß manche von uns die Risiken dieser Politik, die es ja zweifellos gibt, nicht mehr sehen.

In den Gesprächen um den Frieden werden auch wir Offiziere zunächst als Amtsträger, als Beauftragte der Regierung betrachtet. Zudem können wir in den Augen vieler ja gar nicht anders argumentieren, denn Soldat ist unser Beruf, wir haben nichts anderes gelernt und wollen das bleiben.

Vorurteile müssen also überwunden, Vertrauen geschaffen werden. Und meist sind es nur wenige Stunden, die uns zur Verfügung stehen.

Hauptschwierigkeit: Wir sind für diese Gespräche nicht vorbereitet. Unter Kameraden finden kontroverse politische Gespräche selten statt. Wenn sie dennoch geführt werden, dann nicht selten mit der gleichen Unduldsamkeit, die wir anderen vorwerfen. Im staatsbürgerlichen Unterricht sind wir immer in der Rolle des militärischen Vorgesetzten, so sehr wir uns dann auch um ein partnerschaftliches Gespräch bemühen mögen.

Wer mit seinen heranwachsenden Kindern über die Jahre ein

offenes Gespräch auch über seinen Beruf geführt hat, hat schon große Vorteile.

Jeder muß seinen Einstieg in das Gespräch selber finden. Ehrlichkeit und Nachdenkliches zur nicht unproblematischen eigenen Position schaffen eher Bereitschaft zuzuhören als die Selbstsicherheit dessen, der auf alle Fragen eine Antwort parat hat. Wir haben ja ein Anliegen, wir wollen angehört und verstanden werden.

Natürlich werden Überzeugung und Festigkeit, besonders aber werden Argumente erwartet. Unsere eigene Erwartung sollte niedrig gesetzt werden. Wem zugehört und wer ernst genommen wird, der hat manches erreicht.

Vielfältig befrachtete Schlagwörter können die Diskussion schnell sprengen: Rüstungskosten, Hunger in der Welt, Grenada, Flick, Bergpredigt, Völkermord, die NATO, die angeblich den Warschauer Pakt bedroht und immer wieder die Sinnlosigkeit eines Atomkrieges, werden von vielen Menschen sehr ernst genommen.

Wenn es nicht gelingt, die Grundfragen miteinander zu besprechen: die Friedensunfähigkeit von Diktaturen, die Verteidigungswürdigkeit der Demokratie, die Bewahrung des Friedens erst durch die Fähigkeit zur militärischen Landesverteidigung einschließlich der Atomwaffen, die Gewissensentscheidung des einzelnen, die in keinem Fall ohne Risiko ist, dann zerrinnt die Diskussion zum ständigen Reagieren des Offiziers auf die unterschiedlichsten Fragen und Vorwürfe.

Oft ist es notwendig zurückzufragen: „Warum dürfen nach Ihrer Meinung junge Menschen aus der DDR nicht zu uns reisen?“ oder „Wie beurteilen Sie das Verhältnis der polnischen Regierung zu ihrer Bevölkerung?“

Wenn die Gesichtspunkte der Bedrohung nicht deutlich herausgearbeitet werden, ist für Verteidigung, also Wehrdienst, Rüstungskosten, Atomwaffen, Zivilverteidigung, also für das, was wir Abschreckung nennen, kein Verständnis zu gewinnen.

„Abschreckung“ ist zudem ein Reizwort. „Verteidigungsfähigkeit“ eignet sich weit besser. Das gilt genauso für „Kriegsdienstverweigerer“. Wir sollten stets vom „Wehrdienstverweigerer“ sprechen, denn wir wollen ja gerade mit dem Wehrdienst den Kriegsdienst verhindern. Militärische Vokabeln sind für diese Gespräche meist ungeeignet.

Auch die Uniform wirkt auf viele herausfordernd. Man muß das bedenken und sich bewußt entscheiden, ob man als Referent in Uniform oder in Zivil zur Veranstaltung geht. Beides kann richtig sein. Nicht die Uniform ist entscheidend, sondern die Überzeugungskraft unserer Argumente und unsere Fähigkeit, den Andersdenkenden zum Zuhören bereitzumachen.

Gespräche um den Frieden, besonders mit Andersdenkenden, sind jede Mühe wert. Unser Anteil als Offizier an diesem Meinungsbildungsprozeß in unserer Gesellschaft ist unverzichtbar. Die Auseinandersetzung geht uns unmittelbar an. Jeder sollte sich prüfen, wie sehr seine Zurückhaltung auch daran liegt, daß er sich den Diskussionen nicht gewachsen fühlt. Die jungen Menschen, sehr oft auch ältere und sehr alte, sind kritisch, nicht selten aggressiv, aber auch sensibel genug, um gefestigte Überzeugung von aufgesetzter Sicherheit zu unterscheiden.

Der Offizier, der auch anderen zuhören kann, der den Mut hat, die Stärken, aber auch die Schwächen der eigenen Position zu vertreten und der vom eigenen Weg als der besseren Alternative überzeugt ist, wird von diesen Gesprächen um den Frieden, gerade mit Andersdenkenden vielfältigen Gewinn haben.

„Information für die Truppe“ 3/85

Elf Thesen zur Sicherheitspolitik

Das Dilemma der Atomwaffen, entweder vom Krieg abzuschrecken oder aber größte Vernichtung anzurichten und dabei das zu zerstören, was geschützt werden soll, ist für jeden verantwortungsbewußten Menschen eine ungeheure Herausforderung.

Auch wenn die Atomwaffen menschliche Schöpfung sind, so gehen sie in ihren Möglichkeiten gewiß über das menschliche Maß weit hinaus.

Diese Herausforderung trifft besonders den, der sich entscheiden muß, weil er zum Handeln verpflichtet ist. Dies sind u. a. Politiker und Soldaten.

Als Soldat bekenne ich mich eindeutig und sichtbar zur militärischen Landesverteidigung und schließe dabei Besitz und notfalls Einsatz der Atomwaffen mit ein.

Ich will diese Position in elf Thesen begründen. Knappe Aussagen zu einem so problematischen Thema sind immer unvollkommen und mißverständlich. Möge die Diskussion Klarheit bringen, wo erforderlich.

1. Frieden und Gerechtigkeit sind höchste Güter, die sich aber gegenseitig voraussetzen. Ohne Frieden keine Gerechtigkeit, ohne Gerechtigkeit kein Frieden!
2. Nur in einer offenen Demokratie läßt sich dieser Frieden in Gerechtigkeit entwickeln. Ich kenne keinen Staat auf dieser Erde, in dem sich in anderer Form Frieden und Gerechtigkeit entfaltet hätten.
3. Die Welt ist überzogen von gewalttätigen Diktaturen. Auch die Menschen in den Staaten des Warschauer Paktes leben in solchen Gewaltsystemen. Sie leben nicht im Frieden mit ihren Regierungen, sondern in einem inneren Unfrieden oder gar Krieg. Staaten, die im Inneren nicht Frieden haben, können auch nach außen nicht friedensfähig sein.
4. Auch nach meiner Auffassung scheuen diese Staaten z. Z. den militärischen Konflikt. Sie fördern jedoch weiterhin die revolutionäre Umwandlung der Gesellschaft in anderen Ländern, auch mit gewaltsamen Mitteln. Sie haben die offizielle Lehre, daß zu diesem Zweck geführte Kriege gerechte Kriege sind, bis heute nicht widerrufen. Die lange Kette praktischer Gewaltanwendung mit militärischen Mitteln in Ländern wie Ungarn, DDR, CSSR, Polen, Afghanistan und in vielen anderen Ländern der Welt läßt an der Entschlossenheit der Sowjetunion, die Gewaltherrschaft aufrechtzuerhalten und an ihrem Willen zur Expansion keinen Zweifel.
5. Dieser Bedrohung des Friedens müssen wir durch größte Anstrengungen und vielfältige Mittel begegnen. Ohne die Fähigkeit zur militärischen Landesverteidigung aber sind wir schutzlos und handlungsunfähig.

6. Die Sowjetunion gebietet über mächtige Streitkräfte, auch über Atomwaffen jeder Art. Mit konventionellen Waffen können wir uns gegen Atomwaffen aber nicht verteidigen. Ohne Atomwaffen sind wir so eindeutig unterlegen, daß wir einen Aggressor geradezu in unser Land hereinziehen, ob nun durch Besetzung unseres Landes oder durch politische Erpressung mit militärischen Mitteln.
7. Die Vereinigten Staaten von Amerika sind eine Demokratie wie unser Land und die andere Weltmacht neben der Sowjetunion, Fehler und Unzulänglichkeiten der USA treffen auch uns. Die Stärke der demokratischen Staaten aber liegt gewiß nicht darin, daß ihre Regierungen ohne Fehler und Schwächen sind, sondern darin, daß die Fehler aufgedeckt und die Regierungen durch den Willen der Wähler abgelöst werden können. Wir sind seit 35 Jahren mit den USA verbündet. Sie haben ihre Sicherheit an unsere gebunden. Wir haben auch ihr Risiko mitzutragen.
8. Wir haben und hatten immer wieder zu entscheiden zwischen unserer Wehrlosigkeit und damit Bereitschaft zur Unterwerfung unter einen fremden politischen Willen oder unsere Verteidigungsfähigkeit, die mit dem Risiko verbunden ist, daß dann, wenn die Politik der Abschreckung durch Gleichgewicht versagt, die Waffen eingesetzt werden.
9. Es geht nicht nur um die Verhinderung eines atomaren Krieges. Es geht um die Verhinderung von Krieg überhaupt. Nichts gibt uns Anlaß zur Hoffnung, daß dann, wenn wir alle Atomwaffen aus unserem Land verbannen, die Sowjetunion gleichfalls atomar abrüsten würde. Aus unserer konventionellen Verteidigung würde spätestens dann ein Atomkrieg, wenn der Angreifer anders den Sieg nicht erreichen könnte. Unsere Verfassung verbietet jeden Angriffskrieg. Es gibt keinen Grund und kein Ziel, die den Beginn eines Krieges rechtfertigen. Die NATO hat den Verzicht auf den Ersteinsatz von Waffen feierlich und immer wieder erklärt. Das Völkerrecht und die Charta der Vereinten Nationen anerkennen aber das Recht auf individuelle und nationale Selbstverteidigung.
10. Während auch nach 1945 in allen Teilen der Erde hundertfach Kriege geführt wurden, haben wir in Westeuropa seit 39 Jahren die Chance, unsere Staaten in Frieden und Gerechtigkeit zu ent-

wickeln. Dies war uns nur vergönnt, weil Politiker und Wähler bereit waren, die Last der Entscheidung zur Atomwaffe auf sich zu nehmen und so das atomare Gleichgewicht herzustellen. Was sonst, als unsere Drohung, notfalls auch mit allen Mitteln uns zu verteidigen, hat uns den Frieden erhalten im Herzen Europas, wo gewalttätige Diktaturen auf freiheitliche Demokratien stoßen?

11. Die einseitige Abschaffung unserer Waffen, auch der Atomwaffen, bringt der Welt keinen Frieden. Nur eine friedliche Weltordnung bringt die Abschaffung der Waffen.

Wir schauen gebannt auf die Atomwaffen. Wir sollten mit gleicher Kraft die Ursachen dieser Waffen bekämpfen und den Mut haben, die beim Namen zu nennen, die daran am meisten Anteil haben. Wenn wir vom Frieden sprechen, müssen wir uns auch klar sein, welchen Frieden wir eigentlich meinen.

Gemessen an den Völkern Lateinamerikas, Afrikas, den Staaten im Warschauer Pakt u. a. leben wir in einem beispiellosen Frieden in Freiheit und Gerechtigkeit. Dieser konnte gegen eine friedensfeindliche Umwelt nicht ohne hohen Einsatz erworben und kann nicht ohne unsere anhaltende Bereitschaft zum Risiko erhalten werden.

Ohne den großen Ernst des Anliegens sehr vieler Menschen in der Friedensbewegung in Zweifel ziehen zu wollen, erlebe ich in vielen Großveranstaltungen der Friedensbewegung, auch der Kirchen, wie allein das Wort Frieden massenhaft Begeisterung und Taumel auslöst. Diese oft tranceartige Friedenssehnsucht macht mir Angst, denn sie verstellt den Blick für verantwortbare Politik und scheint mir bereit, wie die Erstgeburt für ein Linsengericht, den Frieden in Gerechtigkeit für den Traum hinzugeben, daß der Frieden machbar ist, wenn wir ihn nur wollen.

Vielleicht wollen ihn die allermeisten Menschen. Gewiß wollen ihn die Völker. Aber viele Regierungen, besonders solche, die nicht frei gewählt wurden, sondern aus angemaßter, erpreßter oder erfolterter Gewalt herrschen, wollen den Frieden in Gerechtigkeit nicht.

Octavio Paz, der Mexikaner und letztjähriger Träger des Friedenspreises des deutschen Buchhandels, nennt die Frage nach dem

Wesen des Staates die Hauptfrage unserer Zeit. Freiheit kann es, so Paz, nur in einer Demokratie geben.

Die Diktatur friedensfähig zu machen und die Demokratien noch friedensbewußter, das lohnt jede Anstrengung. Wer aber demokratischen Regierungen die Waffen zur Verteidigung nehmen will, ohne gleichzeitig in der Lage zu sein, auch die Diktaturen zu entwaffnen, macht nicht den Frieden sicherer, sondern Recht und Freiheit schutzlos.

.. Oberstleutnant Hamburg, 11.03.85

Lieber Pastor Taube!

Herzlichen Dank für Ihren Brief vom 18.02.1985. Mit anfänglicher Betroffenheit - Kennen Dich Taube's so wenig? - und wachsender Nachdenklichkeit habe ich Ihre kleine Lektion gelesen.

Die Spannung, als Berufsoffizier in besonderer Weise für Abschreckung (und ggf. Verteidigung) einschließlich atomarer Waffen mitverantwortlich zu sein, belastet mich über die Jahre sehr.

Sie fordert fortgesetzt hohe geistige Anstrengungen und Disziplinierung der Gefühle, um meine Sensibilität gerade in der Frage der unmenschlichen Vernichtungskraft dieser Waffen unter Kontrolle zu halten.

Diejenigen, die sich zum Schutz von Frieden in Freiheit zur militärischen Landesverteidigung einschließlich atomarer Waffen durchgerungen haben und dies über Jahrzehnte sehr persönlich mittragen, werden, vielleicht verständlicherweise, mitunter Zielscheibe von Verdächtigungen auch ihrer Freunde, die gleichviel Verantwortung für den Frieden und für die Menschen, um die es ja in jedem Falle geht, empfinden, nur sich weniger direkt mit Abschreckung, Vernichtungsmöglichkeit und -gefährdung verbunden haben, als der Berufsoffizier das tut.

Ein Positionspapier ist natürlich nur dann gut, wenn es in der Frage des Überlebens von Völkern oder Kontinenten nicht den kleinsten Eindruck von Leichtfertigkeit hinterläßt.

Das ist bei Ihrer lieben Frau und Ihnen, Herr Taube, offenbar so gewesen. Also muß ich meinen Text überprüfen. Dem Dilemma der Atomwaffen werde ich nicht entkommen.

Es ist wohl ein Teil meiner beruflichen Erziehung, daß manche Aussagen wie Entschlüsse aussehen und die Differenzierung, das tausendfache Prüfen dahinter nicht immer sichtbar werden.

Aber wenn Sie den Menschen von Gott sprechen, begründen Sie auch nicht immer von neuem seine Existenz, auch wenn Ihnen klar ist, wieviele Menschen in ihrem Glauben unsicher sind. Sie selbst haben darüber gründlich nachgedacht, tun es immer wieder und sind sich seiner sicher.

Verzeihen Sie mir diesen Vergleich, aber für mich ist auch die Frage, ob ich es wagen kann, zur Atombombe „ja“ zu sagen, ähnlich existenziell wie, ob ich es wagen kann, „ja“ zu Gott zu sagen.

Das mag keiner theologischen Betrachtung standhalten und sicherlich überwölbt Gott in seiner allumfassenden Dimension die Atomwaffen unendlich. Vielleicht macht er sie erst erträglich. Aber in meiner menschlichen und beruflichen Existenz ergreift mich das „Ja“ oder „Nein“ zu den Massenvernichtungswaffen bis an die Wurzeln.

Ich bin also wie Sie der Meinung, daß „zur Debatte allein der Zwang steht, das Pulverfaß, auf dem beide Teile sitzen und das beide gleichermaßen bedroht, gemeinsam zu entschärfen.“

Ich komme aber nicht daran vorbei, daß Gewaltsysteme von innen her unfriedlich sind, ihre innere Stabilität von der Spannung zur (gegen) Außenwelt abhängt, ja ihrer bedarf, d. h. auch planvoll erhalten wird.

Hier liegen für mich die besonderen Schwierigkeiten des unverzichtbaren Dialoges. Das Ausmaß der Gefahr gibt Hoffnung, daß die Gegner lernen, daß sie nur als Partner einer neuen Sicherheitspolitik überleben werden. Ob instabile Diktaturen sich wenigstens in dem Maße öffnen können, daß andere zumindest ausreichend Vertrauen in ihre Vertragsfähigkeit und Vertragstreue setzen können, kann ich nur hoffen.

Eine permanente und außerordentliche Anstrengung ist erforderlich und natürlich gerechtfertigt. Ich meine, sie wird auch seit Jahren von beiden Seiten versucht.

Frieden kann ich aber vom Begriff der Freiheit nicht trennen. Vor der vollen Verwirklichung dieses Friedens gibt es viele Zwischenformen. Sicherlich ist es weit besser, einen unvollkommenen Frieden zu haben als mit der Vernichtung zu spielen. Verantwortung und Kunst der Politiker, Wille zum menschenwürdigen Überleben der Völker, von denen sie angetrieben werden, müssen das Maß finden.

Lieber Herr Taube! Nun ist der Brief doch zu einem sehr persönlichen, unvollkommenen und mißverständlichen Bekenntnis geworden. Fast jeden Satz müßte ich vielfach wenden und interpretieren. Das gilt auch für die beigelegten Aufsätze. „Zum Umgang mit Andersdenkenden" richtet sich an meine Kameraden. Der Brief an Helge an die Schülerzeitungsredaktion in Dirks Schule.

Ich danke Ihnen und Ihrer Frau sehr für unseren Dialog, der sich über die Jahre bewegt. Ich habe davon viel Gewinn und bitte, ihn mir auch in der Zukunft zu gewähren.

Mit herzlichen Grüßen
Ihr Gustav Lünenborg

Auf dem Weg V

1989	Öffnung des Eisernen Vorhangs
1989	Vereinigung der beiden deutschen Staaten
1991	Auflösung des Warschauer Pakts

1987/93 - Bad Segeberg, Kommandeur des **Verteidigungskreiskommandos 113.** Alle Verwendungen in den letzten Jahren waren Wunschverwendungen gewesen, so jetzt auch das VKK 113. Ich suchte selbständige Stellungen mit Aufgaben, die mir lagen, ausreichend Mitarbeiter, Fahrer und Sekretärin, ein weites Arbeitsfeld und soviel Freiheit wie eben möglich. Die Verwendungen sollten in Norddeutschland sein.

Das VKK 113 mußte erkämpft werden. Ich sei zu liberal und zu weit links, meine Frau leitend bei den Grünen. Letzteres zumindest traf nicht zu. Die politische Gegenkraft war hoch im Amt und einflußreich. Dennoch: es klappte.

Verantwortlich für die **Zivil-Militärische-Zusammenarbeit** in 4 Landkreisen und einer kreisfreien Stadt. Das war im wesentlichen also Planung und Organisation der Zusammenarbeit Bundeswehr mit Kreisverwaltungen, Polizeien, Feuerwehren, Technisches Hilfswerk, Rotes Kreuz, im Frieden, im Spannungsfall, beim Aufmarsch und im Krieg. Hinzu kamen **2.000 Reservisten,** die bei Mobilmachung zum VKK einberufen würden, die im Frieden aus- und weiterzubilden waren: Handwerksmeister und Landwirte, IT-Fachleute, Ärzte und Juristen, Kraftfahrer und Verkäufer, Arbeiter und Angestellte, Studenten, leitende Männer aus Hafen, Bahn und Flughafen, aus der Verwaltung, Lehrer, Architekten. Darunter 25 Stabsoffiziere der Reserve. Eine unglaubliche Substanz, wir mußten sie nur nutzen, was daraus machen.

Wir strukturierten das weite, vielseitige Aufgabenfeld durch, institutionalisierten feste Arbeitskreise und Verantwortlichkeiten, boten den Reserveoffizieren in Führungsposition ein anspruchsvolles Weiterbildungs- und Informationsprogramm und machten das VKK 113 im südlichen Viertel von Schleswig-Holstein attraktiv für die

Spitzen der Verwaltungen, der Feuerwehren, der Polizeien, des BGS, der Bürgermeister größerer Städte und zur Begegnungsplattform mit den militärischen Kommandeuren und Generalstabsoffizieren der aktiven Verbände, Stäbe, Dienststellen und natürlich mit unseren leitenden Reserveoffizieren. Schließlich organisierten wir eine gute Zusammenarbeit zwischen den Naturschutzorganisationen und der aktiven, übenden Truppe.

Die **Freiwillige Reservistenarbeit** war unser drittes Arbeitsfeld im VKK. Organisiert in Kreisgruppen und örtlichen Reservisten-Kameradschaften hatten sich in der Bundesrepublik Zehntausende Reservisten freiwillig zur Verfügung gestellt. Sie trafen sich in den Reservistenkameradschaften meist einmal im Monat zu militärischer Ausbildung wie Waffenausbildung, Geländedienst, militärischen Orientierungsläufen, taktischer Weiterbildung, sicherheitspolitischen Themen, Sport. Sie pflegten die Kameradschaft, repräsentierten bei besonderen Anlässen in ihren Gemeinden in Uniform die Bundeswehr, saßen bei sicherheitspolitischen Veranstaltungen auf den Podien oder im Publikum. Sie waren da, wenn Bürgermeister, Truppe, der Kommandeur im Verteidigungskreis Unterstützung brauchten oder Rat. Männer aus allen Berufen, qualifiziert, hoch engagiert, Multiplikatoren für die Bundeswehr im zivilen Umfeld, in Betrieben und Behörden. Beispielhaft.

Fette Jahre, keine Einschränkungen, viel Erfolg.

Ein internationaler Reservisten-Wettbewerb in Pinneberg. Holländer, Dänen, Norweger, Engländer, Amerikaner unsere Gäste. Meine erste Veranstaltung in diesem Rahmen nach Übernahme des VKK. Eröffnung der Veranstaltung: Der Kreisgruppenvorsitzende, ein Major der Reserve, Chef eines mittelständischen Unternehmens, meldet mir die 120 angetretenen Reservisten aus 6 Nationen. Spontan ziehen in meiner Erinnerung Bilder aus dem 2. Weltkrieg auf: die Wehrmacht in Holland, Dänemark und Norwegen, der Widerstand der Bevölkerung, der Groll auf Deutschland Jahrzehnte danach. „Augen Rechts!“ - Meldung - „Rührt Euch!“

Erwartungsvolle Blicke, der Neue. Ich hatte bei der Anfahrt einige Gedanken sortiert. Ich war mir der Chance der Stunde bewußt, auch der Möglichkeiten meines Amtes. Hier war mein Platz, meine

Aufgabe. Ich suchte mein Englisch zusammen. **Ich erinnerte an die Schrecken des Krieges und der deutschen Besatzung, die Verbrechen des 3. Reiches, an das Glück des Friedens, der Nachbarschaft und der Versöhnung, an die Bundesrepublik als einen demokratischen Rechtsstaat und die Chance eines geeinten Europas.**

Der Wettkampf verlief in kameradschaftlicher Harmonie. In der Mittagspause versammelten sich die Sprecher der Nationen an meinem Tisch. Meine Worte hatten sie erreicht, waren in den Gruppen offenbar diskutiert worden. Höflich, fast förmlich bedankten die Männer sich. Wir aßen zusammen. Ein erfüllter Tag.

In jedem Jahr eine ganztägige Tagung zur **Zivil-Militärischen-Zusammenarbeit** im Verteidigungskreis. Vorträge, Arbeitsgruppen, Ergebnisse. Da waren die Leitenden Kreisverwaltungsbeamten mit ihren Leitern der Katastrophenschutzämter, die 4 Kreiswehrführer, die Leitenden Polizeidirektoren, die Vertreter des Roten Kreuzes, des Technischen Hilfswerks, des Arbeitersamariterbundes, des BUND, meine Verbindungsoffiziere (d. Res.) zu den Landkreisen, den Brigaden und der 6. Division, Stabsoffiziere der Brigaden, der Division und des mir vorgesetzten Territorialkommandos. Die Verantwortlichen arbeiteten miteinander an den gemeinsamen Aufgaben, lernten sich kennen und hatten so schnelle Verbindungen zwischen den Tagungen.

Interessant und nützlich war die Zusammenarbeit mit den Umweltschützern, besonders dem BUND. Wir hatten eingeladen ins VKK, der komplette Kreisvorstand war gekommen. Neuland für beide Seiten, Berührungssorgen beim BUND, Skepsis bei meinem Stab. Wir waren früh in konkurrierenden Lagern gestanden: Wir wollten das Gelände nutzen in Übungen mit Volltruppe, der BUND wollte es schützen vor den Ketten unserer Panzer, den schweren LKW, Hubschraubern, Düsenjägern und unserer vermeintlichen Rücksichtslosigkeit.

Wir machten ein Angebot: Markieren Sie in einer Karte die Flächen im Verteidigungskreis, deren Schutz Ihnen besonders wichtig ist und die bisher noch nicht unter Schutz stehen. Aber wählen Sie bitte nicht 50 aus, sondern 10. Wir werden versuchen, die übende

Truppe zu bewegen, freiwillig diese Räume nicht zu nutzen.

2 Wochen später standen wir wieder gemeinsam vor der Karte, jetzt mit 10 markierten Räumen. Die Naturschützer begründeten im Einzelnen ihre Auswahl, sie stellten unsere ernste Absicht fest, wir respektierten ihr wichtiges Anliegen. In den Brigaden und Bataillonen fanden wir offene Ohren, auch wenn sich nicht alle Wünsche erfüllen ließen.

Aus scharfen Kritikern der Bundeswehr wurden langsam Partner. Das nutzte der Natur und unserer Arbeit in Medien und Öffentlichkeit. Wir stellten das Konzept gemeinsam den Verantwortlichen aus den 4 Landkreisen und der übenden Truppe vor. Die ABC-Abwehrschule in Sonthofen, federführend bei Umwelt- u. Naturschutz in der Bundeswehr, forderte uns zum Vortrag an, wir trugen in der Pionierschule in München vor, der „General der Pioniertruppe“, zugleich verantwortlich für den Umweltschutz, bedankte sich für die Initiative. Die „Truppenpraxis“ druckte: „Maßnahmen des VKK 113 für den Umweltschutz bei Übungen“.

Wir hatten 1989 im VKK weder PC, noch Faxgerät, noch Anrufbeantworter. Unsere zivilen Partner und unsere Reserveoffiziere und -unteroffiziere in Führungsverwendungen arbeiteten in ihren zivilen Betrieben inzwischen mit der 2. oder 3. Gerätegeneration und beklagten die Rückständigkeit der Bundeswehr und ihres VKK.

Bei einer der Veranstaltungen für nichtbeorderte Reserveoffiziere im Verteidigungskreis informierte ich über unsere aktuelle Ausstattung. Wenige Tage später brachte der Chef des Flugzeugbetankungsunternehmens von Fuhlsbüttel ein Faxgerät und ein Bauunternehmer einen Anrufbeantworter. Mehrere PC stellte „unser“ Stabsapotheker der Reserve Hans-Jürgen Heinze zur Verfügung. Seine Mob-Verwendung war im Territorialkommando in Kiel. Beheimatet aber hatte er sich im VKK 113.

Er hatte u. a. 2 Leidenschaften: Handfeuerwaffen und Computer. Und vielleicht eine 3.: das VKK 113. Bald standen PC bei S1 und S3. Noch waren sie aus Sicherheitsgründen bei uns nicht erlaubt. Es hieß, PC sollten bald eingeführt werden. Ich rief die für die Genehmigung zuständige Dienststelle an und hörte beredtes Schweigen. Wir schrammten etwas am Verbot und nahmen die Heinze-PC, das

Fax, den AB in Betrieb.

Eine Beförderung stand an. Der Chef unserer Heimatschutzkompanie, noch Hauptmann der Reserve, sollte Major werden. Ein freudiges Ereignis. Er war ein tüchtiger, erfahrener Kompaniechef, von seinen Soldaten, fast 200 Reservisten bis zum Stabsfeldwebel, hoch geachtet. Normalerweise finden solche Beförderungen im Dienstgebäude des VKK statt. Ich versammele die ca. 40 aktiven Mitarbeiter, halte eine kleine Ansprache, lese den Text der Beförderungsurkunde vor, bitte meinen Stellvertreter mit mir, linke Schulter, rechte Schulter, die Schlaufen mit dem neuen Dienstgrad aufzustecken, wir schlagen dann dem Frischbeförderten kräftig auf die Schultern und geben ihn frei zur Gratulation durch die Kameraden.

Diesmal rief ich den Arbeitgeber an. Der Hauptmann arbeitete im Management einer Privatbank. Ich hatte keinen Zweifel, daß er gut angesehen war. Ich wollte ihn in der Bank befördern. Ich trug dem Vorstandsvorsitzenden, der mich nicht kannte, am Telefon mein Anliegen vor. Zunächst war es still am anderen Ende und dann kam nachdenklich: „Warum eigentlich nicht."

Es wurde ein unvergesslicher Nachmittag. Mich begleiteten der Kommandeur unseres Wehrleitersatzbataillons, Oberstleutnant der Reserve, Landwirt, ein Oberleutnant und ein Oberstabsfeldwebel meines Stabes. Mein Fahrer, Herr Hüttmann, hatte wie immer eine gute Nase und war auch dabei. Der gesamte Vorstand empfing uns. Im mahagonigetäfelten Besprechungsraum tranken wir aus edlem Porzellan Kaffee und aßen feinstes Gebäck. Zur Beförderung bat ich den Vorstandsvorsitzenden um Unterstützung, die dieser gern, fast geehrt, gewährte. Beim Ausklang meinte vorsichtig einer der Herren, er habe einen Riesenwunsch: Er würde so gerne einmal in einem Panzer mitfahren. Da konnten wir helfen.

Wenn es des Beweises bedurft hätte: Wir sollten unser Licht nicht unter den Scheffel stellen. Das Ansehen der Bundeswehr ist gerade auch in der Arbeitswelt viel größer als wir uns das oft einreden. Selbstbewußte Initiative wird vom Offizier erwartet.

Eine kleine Episode, aber eher typisch für die Übergangszeit. Noch keine Frauen in den Streitkräften. Bei der militärischen Schießausbildung waren Frauen auch als Gäste nicht erlaubt. Ein Reservistenschießen in Wentorf. Kreisgruppe. Der Vorsitzende einer Kameradschaft hatte eine Polizistin als Gast mitgebracht. Sie nahm am Schießen teil. Ich wurde erst beim Eintreffen auf der Anlage informiert, auch der Kreisgruppenvorsitzende war nicht gefragt worden. Alle Augen auf mich. Ich bekam die Situation nicht in den Griff, konnte mich zu Begegnung, Gespräch und Entscheidung nicht durchringen, fuhr stattdessen verärgert ab. Ich verlor den RK-Vorsitzenden, er trat enttäuscht zurück und sicher auch an Ansehen. Eine großzügige, souveräne Geste hätte nur Gewinn gebracht.

Frühjahr 1989. Kommandeurtagung des Territorialkommandos in der Wirtschaftsakademie Schleswig-Holstein. Gastreferent: **Prof. Seifert,** ehemals DDR, jetzt Uni Kiel. „Zwei deutsche Staaten - Perspektiven". Am Ende seines Vortrags: **„Ich wage eine Prognose: Im Jahr 2000 wird kein sowjetischer Soldat mehr in Deutschland stehen und die beiden deutschen Staaten sind vereinigt."** Verblüffung, Stille. Ich hob die Hand: „Herr Professor, ich habe Ihre letzten Sätze nicht verstanden. Würden Sie sie bitte wiederholen?"

Die Prognose des Professors war außerhalb unseres Vorstellungsvermögens. Ich schob sie beiseite. 8 Monate später fiel die Mauer.

Eine Studie. Das Verteidigungskreiskommando 113 untersuchte noch Anfang 1989 die Auswirkungen eines militärischen Aufmarsches im Spannungs- und Verteidigungsfall auf die örtliche Zivilbevölkerung. Das VKK 113 unterstützte die 6. Panzergrenadierdivision als territoriales Leitkommando. Die 6. hätte zwischen Lübeck und Lauenburg verteidigt.

Wir prüften u. a. die zentralen Pumpstationen für die Wasserversorgung und ihre Absicherung, die Stromversorgung der landwirtschaftlich geprägten Region, die Auswirkungen von Unterbrechung und die Möglichkeiten von Ersatz. Wir untersuchten die mittelfristige Versorgung der Bevölkerung mit Nahrungsmitteln, den Bedarf an Abstimmung von militärischem Aufmarsch und zivilen Abwanderungs- und Fluchtbewegungen, die zivilen Ressourcen im Land, wie Krankenhäuser, Reparaturwerkstätten, Notunterkünfte, Feuerwehren, Polizeikräfte.

Wir arbeiteten dazu eng mit den Katastrophenschutzämtern

der Landkreise, den Polizeidirektionen, den Kreisfeuerwehren zusammen, Organisationen, mit denen wir seit Jahren engste Zusammenarbeit praktizierten. Wir kannten uns.

Die Erkenntnisse waren so gewichtig, daß das Territorialkommando einen Vortragstermin beim Landesinnenminister vereinbarte. Dazu kam es nicht mehr. Der Fall der Mauer löste die Probleme.

Den Zusammenbruch des Warschauer Pakts durfte ich noch im Dienst erleben. Wir hatten das gute Gefühl, die Früchte eines selbstbewussten Bündnisses zu ernten.

Wir fuhren nach Neubrandenburg und übernahmen das dortige Wehrbereichskommando mit einem Dutzend unterstellter Dienststellen. Ein übliches NVA-Besprechungszimmer: ein langer Tisch für die Untergebenen, ein Kopfteil quer mit Telefonen für den Chef. Diesmal saß dort ein westdeutscher Oberst i. G., neben ihm ein Oberstleutnant. Am langen Tisch 6 NVA-Obristen und ihr Kommandeur, ein Generalmajor. Übergabebesprechung unter dem Kommando des Westdeutschen. Was mag in ihren Köpfen vorgegangen sein.

Auch für mich eine bizarre Gemütslage. Zusammenbruch und Übergabe ohne einen scharfen Schuss. Vor einem Jahr noch undenkbar. Die NVA-Offiziere hatten sich offenbar in ihr Schicksal ergeben und bewahrten Haltung. Die Übergabe verlief diszipliniert, gut organisiert, militärisch korrekt. Man wollte sich nichts nachsagen lassen. Dennoch: im großzügigen Gästehaus, unserem Quartier, zunächst ein mißtrauischer Blick in Ecken und Lampen. Kameras? Wurden wir abgehört? Vertrauliches möglichst im Garten.

Zurück in Bad Segeberg stand eine Informationsveranstaltung an für nicht mobilmachungsbeorderte Reserveoffiziere. Es waren ca. 2.000 im Verteidigungskreis 113. 200 davon folgten regelmäßig unserer Einladung, einmal im Quartal. Männer aus allen Berufen, aus allen Positionen, Botschafter der Bundeswehr in der Gesellschaft.

Diesmal war ein Oberst der NVA der Referent. In letzter Verwendung Stellvertretender Divisionskommandeur. Generalstäbler, Ausbildung an der Frunse-Akademie in Moskau. Wer hatte ihn mir empfohlen?

Er trug souverän vor. Hätten wir ihn als NVA-Offizier erkannt, wenn wir es nicht gewusst hätten? Meine Reserveoffiziere waren beeindruckt. Mehrere boten ihm eine Stelle in ihren Betrieben an. Er hatte gerade seinen Abschied eingereicht und suchte seinen neuen Weg.

Ein gutes Dutzend ehemaliger NVA-Offiziere und Feldwebel hospitierte nach 1989 im VKK 113. Bevor der erste kam, hatten wir ein langes Gespräch mit allen Mitarbeitern. Da war starke Zurückhaltung. Zwei waren vor Jahren aus der DDR geflohen, hatten alles zurückgelassen, auch nahe Angehörige. Da war bei uns allen eine ausgeprägte Abneigung gegen die Diktatur DDR, Mauer, Schießbefehl. Die NVA war 40 Jahre der Feind. Nun kamen DDR-Offiziere und -Feldwebel zu uns zur Ausbildung.

Ich wies jeden Einzelnen von ihnen sorgfältig ein in die ganz anderen Bedingungen der Bundesrepublik und der Bundeswehr. Meist am ersten Tag, auf einem sehr langen Spaziergang um Bad Segeberg. Wir nahmen sie kameradschaftlich auf und lernten Männer kennen, die sich meist dankbar einfügten und arbeiteten. Manchen hätte ich gerne als Mitarbeiter behalten. Sie kamen aus einem anderen, untergegangenen System. Was wäre unser Weg gewesen an ihrer Stelle?

Ein Freitagnachmittag. Es war längst Dienstschluß, das Haus leer. Ich hatte noch zu arbeiten. Kräftiges Klopfen an meiner Tür. „Herein!“ Da standen in Zivil zwei „meiner“ ehemaligen NVA-Offiziere, nahmen Grundstellung ein und grüßten: „Wir sind mit unseren Frauen auf dem Weg nach Kiel, sahen Ihren Wagen und wollten unserem Kommandeur ‚Guten Tag‘ sagen.“ - Es könnte alles so einfach sein.

Das Verteidigungsbezirkskommando Neubrandenburg der ehemaligen NVA wurde mit dem VKK 113 auf Zusammenarbeit angewiesen. Vordermannausbildung bei uns in Bad Segeberg oder mehrwöchige Ausbildung in Neubrandenburg durch Offiziere und Feldwebel meines Stabes. Da war zunächst eine große Verunsicherung bei den militärischen und zivilen Mitarbeitern im VBK. Wer kam da? Wie würden sich die „neuen Herren“ verhalten? Wir taten unser Mögliches, da waren neue Kameraden in schwieriger Lage. Manche wurden nicht übernommen, manche gingen von sich aus.

Unvergesslich die frühen Fahrten mit dem PKW durch Mecklenburg-Vorpommern, durch graue Dörfer und Städte, die Straßen voller Schlaglöcher, viel verfallene Gebäude, kaum Blumen in den Fenstern, in den Vorgärten. Und da waren die Hubschrauberflüge entlang der Küste über eine traumhaft schöne Landschaft.

In wenigen Jahren waren es dann vielleicht nicht „blühende Landschaften", aber doch unglaubliche Veränderungen zum Positiven.

Nach der Wiedervereinigung 1989 und dem Ende des Kalten Krieges führte ich das VKK noch 3 Jahre. Die internationale Lage hatte sich grundlegend geändert. **Den Hauptauftrag des VKK 113,** in enger Zusammenarbeit mit den Kreisverwaltungen im Spannungs- und Verteidigungsfall den möglichst ungestörten Aufmarsch der 6. Panzergrenadierdivision sicherzustellen, gab es nicht mehr. Führung und Ausbildung der ca. 2.000 zum VKK beorderten Reservisten, Wehrleitersatzbataillon, Heimatschutzkompanie, Verbindungskommandos, Stabskompanie gingen absehbar ihrem Ende entgegen. Auch die Kreisgruppen und Kameradschaften der Freiwilligen Reservistenarbeit lebten in Ungewißheit und Bedeutungsverlust.

Ein großer Umbruch war im Gang, die Unsicherheit war groß, Vieles brach langsam weg. Nun galt es, „den Laden" zusammen zu halten, dicht an den Männern zu bleiben, Information, Richtung, Perspektive zu geben, den Stab gut zu motivieren und das Positive zu sehen. Und bei Licht gesehen war die Lageveränderung, an der wir teilnahmen, großartig.

Von Wiedervereinigung und Zusammenbruch des Warschauer Paktes hatten wir geträumt, nun waren sie geschehen. In einem veränderten Europa würde die Bundeswehr mit verändertem Auftrag und neuen Strukturen gebraucht werden. Deutschland hatte die Mittel und die Fähigkeit, sich der neuen Lage zu stellen.

Wie hunderte andere Dienststellen und Verbände **wurde das VKK 113 1994 aufgelöst.** Eine Ära der europäischen Politik und der Bundeswehr ging zu Ende. Mit den ersten Auslandseinsätzen deutscher Soldaten im Auftrag der UN hatte die neue Zeit bereits begonnen.

Verteidigungskreiskommando 113 Segeberg, 26.11.87
Kommandeur

Begrüßungsworte Kreisbauerntag 1987

Herr Vorsitzender, Herr Landrat, meine sehr verehrten Damen und Herren!

Im Namen der Bundeswehr sage ich einen herzlichen Dank für die gute Zusammenarbeit im vergangenen Jahr.

Ich tue dies als Kommandeur im Verteidigungskreis 113, verantwortlich für Zivil-Militärische-Zusammenarbeit in den Kreisen Pinneberg, Kreis Herzogtum-Lauenburg, Stormarn, der kreisfreien Stadt Neumünster und im Kreis Segeberg, dort ist der Sitz meines Stabes, Am Wasserwerk 3.

Ich tue dies im Auftrage des Befehlshabers im Territorialkommando Schleswig-Holstein, meines nächsten Vorgesetzten und des Kommandeurs der 6. PzGrenDiv, mit dem ich auf Zusammenarbeit angewiesen bin.

Das Verständnis für den Auftrag des Soldaten, praktische Unterstützung, Großzügigkeit bei der Abwicklung von Schäden und tausendfache eindrucksvolle Gastfreundschaft, besonders gegenüber unseren jungen Soldaten, haben die deutschen Bauern ausgezeichnet, solange es Bundeswehr gibt.

Ich habe dies in meinen früheren Verwendungen, fünf Jahre als KpChef in der Gebirgsdivision und später noch einmal fast sechs Jahre als Kommandeur des PiBtl 6 in Plön, hier in S-H, und oft im Kreis Segeberg immer wieder eindrucksvoll erlebt.

Übungen im freien Gelände sind für die Ausbildung des Heeres unverzichtbar. Bataillone, Brigaden und auch die Division müssen von Zeit zu Zeit geschlossen üben. Die Führer müssen das Gelände kennenlernen, das sie notfalls zu verteidigen haben, seine Stärken, aber auch seine Schwierigkeiten beim Einsatz unseres schweren Gerätes.

Die Bundeswehr hat die Übungen auf ein unteres Mindestmaß

reduziert, um die Belastungen besonders für die landwirtschaftlichen Betriebe, den Forst und die Infrastruktur der Gemeinden so niedrig wie möglich zu halten.

Wir bemühen uns vor den großen Übungen durch rechtzeitige und sehr gründliche Information der Bürgermeister, der Vertreter von Forst, Polizei und der Bauernverbände enge Zusammenarbeit sicherzustellen und auch die Voraussetzungen für eine reibungslose Schadensabwicklung zu schaffen. Ich meine, das klappt auch gut.

Dennoch bleiben hohe Belastungen besonders für Forst und Gemeinden. Daß Sie, meine sehr verehrten Damen und Herren, sie verständnisvoll und partnerschaftlich hinnehmen, dafür sage ich den Dank der Bundeswehr.

Wir Soldaten sehen auch heute in den Landwirten unsere Verbündeten. Sinn für das Praktische und Machbare, Verbundenheit mit der Natur, Heimatstolz und Vaterlandsliebe haben wir immer gemeinsam.

Unsere beiden Berufsstände sind heute nicht gerade auf Rosen gebettet und die Zeiten versprechen nicht leichter zu werden. Während Sie mit Sorgen nach Brüssel schauen, blicken wir Soldaten gespannt auf die neue Runde im großen Spiel des sowjetischen Generalsekretärs und hoffen, daß der Sicherheit des freien Europas nicht das Fell über die Ohren gezogen wird.

Mögen wir auch in Zukunft, Sie auf Ihren Höfen, wir gemeinsam in unserem Land Herren im eigenen Haus bleiben. Mehr denn je gilt: „Wachsamkeit ist der Preis der Freiheit.“

Für Ihre Einladung zum heutigen Kreisbauerntag bedanke ich mich sehr.

Verteidigungskreiskommando 113 Bad Segeberg, 12.01.88
.. Kommandeur

Leserbrief an die „Segeberger Zeitung"

Soldaten - potenzielle Mörder?

Das Frankfurter Landgericht erklärte im Dezember vergangenen Jahres die Äußerung eines Arztes „Alle Soldaten sind potentielle Mörder" als nicht strafwürdig. Der Beschuldigte hatte die Behauptung in einer Diskussionsveranstaltung an einer Frankfurter Schule aufgestellt. Eine Leserin dieser Zeitung nahm in der vergangenen Woche dazu zustimmend Stellung. Uns Soldaten macht beides nachdenklich.

Wenn diese Anschuldigung richtig wäre, würde der Bundespräsident in seiner Weihnachtsansprache „potenziellen Mördern" Dank für ihre Arbeit sagen. Dann würde unser Grundgesetz die Aufstellung einer Armee potenzieller Mörder verlangen. Dann würden unsere Kirchen und fast alle wesentlichen Gruppierungen unserer Gesellschaft mit ihrem „Ja" zur Landesverteidigung auch ihr „Ja" zu inzwischen über 5 Millionen potenziellen Mördern in unserem Land sagen.

So kann es also wohl nicht sein. Das Frankfurter Urteil stellt ja auch nicht fest, daß alle Soldaten potenzielle Mörder sind. Vielmehr hält es diese Meinung nicht für strafwürdig.

Meinungsfreiheit gehört zu den wichtigsten Grundrechten unserer Verfassung. Auch wir Soldaten schützen sie. Wir haben also solche Urteile und Meinungen möglichst mit Gelassenheit zu ertragen.

Aber dennoch möchte ich fragen: Weiß die Leserbriefschreiberin eigentlich, was sie tut, wenn sie 5 Millionen Menschen Mörder oder Selbstmörder nennt und nicht einmal differenziert, ob wir das eine oder das andere sind? Kann sie mitempfinden, was die Soldatenfamilie bewegt, wenn am nächsten Morgen nach der Leserbriefveröffentlichung an ihrem Briefkasten geschrieben steht „Auch hier wohnt ein potenzieller Mörder"? Hat die Zeitung, die diesen Leserbrief druckt, keine Verantwortung für den Inhalt und die Überschrift? Ist die politische Kultur in unserem Land so gering und der Umgang miteinander so erbarmungslos, daß wir pauschal mit einem Satz 5 Millionen Mitbürger als Mörder bezeichnen können?

Was soll der 18jährige Wehrpflichtige denken, wenn er seine Einberufung erhält, dem Verfassungsauftrag Landesverteidigung und allgemeiner Wehrpflicht nachzukommen und gleichzeitig in aller Öffentlichkeit, gedruckt in der Zeitung, Mörder genannt wird?

Krieg zu beginnen ist ein Verbrechen. So sagt es auch unser Grundgesetz: Aber: waren die polnischen Soldaten Mörder, als sie sich 1939 gegen Hitlers Wehrmacht verteidigten? Waren es die Vietnamesen im Kampf gegen die Franzosen und später Amerikaner? Sind es die Afghanen im Krieg gegen die Sowjets? Wären wir es tatsächlich, wenn unser Land überfallen würde? Hat die NATO vielleicht doch seit 1949 den Frieden in Europa und wenigstens in West-Europa den Frieden in Freiheit erhalten?

Die Dinge sind also so kompliziert, wie der Mensch und seine Welt unheil sind. Pazifismus oder gewaltfreier Widerstand sind bewundernswerte Haltungen, wenn sie aus Überzeugung und in praktischer Konsequenz gelebt werden. Nur wenige Menschen haben dazu die Kraft.

Die Bedrohung des Lebens und der Freiheit geht weniger von den Waffen und Soldaten aus, sondern eher von den Diktaturen. Soldaten, denen die eigenen Mitbürger den Auftrag gegeben haben, ihr Leben in Freiheit und Recht zu schützen, sollte man nicht Mörder nennen.

.. Kommandeur im Verteidigungskreis und
Standortältester Bad Segeberg

Verteidigungskreiskommando 113 Bad Segeberg, 13.01.88
.. Kommandeur

Grußwort
Kirchenkreissynode Segeberg, 08.01.88

Sehr geehrter Herr Vorsitzender, verehrter Propst,
meine sehr verehrten Damen und Herren!

Ich sage Dank für die Einladung. Ich spreche mein Grußwort im Namen der Soldaten der Garnison Bad Segeberg. Es sind ca. 800 Berufssoldaten, Zeitsoldaten und Wehrpflichtige.

Viele Offiziere und Unteroffiziere sind seit langen Jahren Bürger in Bad Segeberg und den umliegenden Gemeinden. Viele wirken am öffentlichen Leben mit, manche an herausgehobener Stelle, auch in den Kirchengemeinden. Fast alle aber sind Kirchensteuerzahler, bei einer Haushaltssynode ein Gesichtspunkt, der sicherlich erwähnt werden darf.

Soldatenfamilien sind vom Beruf des Vaters oft mehr betroffen als andere Familien. Versetzungen erschweren das Einleben und das Wachsen von Bindungen für Kinder und auch für die Eltern.

Wir danken Ihnen für die oft herzliche und tatkräftige Hineinnahme unserer Kinder, aber auch der Frauen und Männer in Ihre Kindergärten, Jugendgruppen, Bildungsstätten oder Kirchenchöre. Wir danken Ihnen für so manche schnelle, liebevolle Hilfsbereitschaft.

Ich selbst falle etwas aus der Norm der Stabsoffiziere, lebe nach langen Jahren Dienst in der Gebirgsdivision seit 16 Jahren mit meiner Familie in Nahe, also im Kreis Segeberg. Selbst Westfale, habe ich eine Schleswig-Holsteinerin geheiratet, aus deren Familie mütterlicherseits zahlreiche Schleswig-Holsteiner Pastoren hervorgegangen sind. Unsere beiden Kinder wurden in Oberbayern geboren und sind inzwischen 20 und 21 Jahre alt.

Nach 5 ½ Jahren Bataillonskommandeur im Plöner Pionierbataillon und 6 Jahren Dozent an der Führungsakademie in Hamburg bin ich nun seit 9 Monaten in Bad Segeberg Kommandeur im Verteidigungskreis 113 und zugleich Standortältester.

Das Verhältnis Kirche/Armee ist nicht ohne Spannung und darf es auch nicht sein. Die nord-elbische Kirche hat sich in den vergangenen Jahren auch als unbequemer, kritischer Partner verstanden. Ich habe damit als Soldat in Schleswig-Holstein keine besonderen Probleme gehabt. Es geht um das Grundsätzliche, nicht um das Verhalten einzelner Pastoren.

Streitkräfte stellen die konzentrierte staatliche Macht dar, hierarchisch streng gegliedert. Ihre Soldaten sind dem Prinzip von Befehl und Gehorsam unterworfen. Kirche vertritt Mensch und Welt als Geschöpfe Gottes und hat aufmerksam zu machen, wenn Würde und Recht des Menschen und Unversehrtheit der Schöpfung durch Auftrag oder auch Handeln der Streitkräfte beschädigt werden. Beide Positionen sind notwendig, müssen aneinander ausgetragen werden bei der Suche nach der angemessenen Lösung.

Ich möchte zwei Ereignisse ansprechen, die den Standort Bad Segeberg betreffen. Ein kleines und ein größeres.

Das Kleine:

Vor dem Volkstrauertag erfuhren wir Soldaten im vergangenen Jahr, daß einige Mitglieder der Mariengemeinde Bedenken gegen die Art der Mitwirkung des PzGrenBtl 182 an der Gedenkstunde hatten. Auch ich kann mir unterschiedliche Formen der Teilnahme der Bundeswehr durchaus vorstellen. Bedauert habe ich, daß wir von der kritischen Gruppe nicht zum Gespräch eingeladen wurden. Ich biete das auch für dieses Jahr sehr herzlich an.

Das andere Ereignis ist ausgelöst von einem Urteil des Frankfurter Landgerichts im vergangenen Dezember, daß den Ausspruch eines Arztes „Alle Soldaten sind potenzielle Mörder“ für nicht strafwürdig hielt. Eine Leserin der Segeberger Zeitung nahm dazu in dieser Woche in einem Leserbrief zustimmend Stellung.

Als ich gestern Soldaten aus meinem Stab nach Ihrer Meinung dazu fragte, meinten die meisten, jeder habe das Recht, seine Meinung frei zu sagen und so müsse man auch eine solche Behauptung gelassen ertragen.

Nur einer erzählte leise, daß am Tage nach der Leserbriefveröffentlichung an seinem Briefkasten geschrieben stand: „Auch hier wohnt ein potenzieller Mörder". Es muß ihn und seine Familie sehr getroffen haben.

Wenn es richtig wäre, dann würde ja der Bundespräsident in seiner Weihnachtsansprache 5 Millionen potenziellen Mördern, soviel Männer sind in der Bundesrepublik inzwischen Soldat gewesen, Dank für ihre Arbeit sagen und unsere Verfassung würde die Aufstellung einer Armee von potenziellen Mördern verlangen.

Was muß ein 18jähriger Wehrpflichtiger eigentlich denken, wenn er einberufen wird, um seinen Verfassungsauftrag Wehrdienst zu erfüllen und gleichzeitig in der Zeitung liest, er sei dann ein potenzieller Mörder?

Es steht um die Kultur des Umgangs miteinander in unserem Lande sehr schlecht, wenn wir so erbarmungslos miteinander umgehen.

Ihnen, den Repräsentanten der Kirchengemeinden, sage ich als Sprecher der Soldaten des Standortes Bad Segeberg noch einmal herzlichen Dank für Aufnahme und tatkräftige Hilfe an den Soldatenfamilien in so vielen Fällen.

Verteidigungskreiskommando 113 — Bad Segeberg, 28.10.88
.. Kommandeur

Grußwort Kreisparteitag SPD, 125 Jahre SPD, 28.10.88 Kleines Theater, Wahlstedt

Meine sehr verehrten Damen und Herren!

Zunächst: ein sehr herzlicher Glückwunsch zum großen Geburtstag einer eindrucksvollen Partei.

Deutsche Geschichte wäre ohne den bewegenden Kampf der SPD um Freiheit, Gleichheit und Solidarität um so vieles ärmer und diese freiheitliche Republik, in der wir leben, so auch nicht denkbar.

Demonstrationen gegen Unrecht und Unterdrückung erfordern heute in unserem Land etwas freie Zeit, oft nicht einmal Zivilcourage. Vor 100 und noch vor 50 Jahren riskierte man im Kampf gegen Unrecht und Unterdrückung die Freiheit, oft das Leben.

Viele Männer und Frauen Ihrer Partei haben diesen Einsatz gewagt, viele haben dabei ihr Leben verloren. Wir sind ihnen zu großem Dank verpflichtet.

Erst die neue Republik, die Bundesrepublik Deutschland, hat das über lange Phasen gespannte, ja feindselige Verhältnis zwischen SPD und der bewaffneten Macht, dem kaiserlichen Heer, der Reichswehr und der Wehrmacht normalisiert:

Eid und Feierliches Gelöbnis werden auf die Verfassung abgelegt.

Die Bundeswehr wurde erstmals in der deutschen Geschichte der Kontrolle des Parlaments unterstellt. Sicherheits- und Verteidigungspolitik wurde maßgeblich gestaltet, u. a. von SPD-Politikern wie Helmut Schmidt und dem auch heute noch in der Bundeswehr hoch verehrten Georg Leber, aber auch von Egon Bahr und Willy Brandt.

Als Kanzler schrieb Willy Brand 1974 im Vorwort zum Weißbuch:

> *„Sicherheitspolitik ist Friedenspolitik.*
> *Die Bundeswehr ist ihr Instrument. Unsere Soldaten erfüllen alltäglich 2 Aufgaben für ein- und denselben Zweck:*
> *Sie dienen der Verteidigung und ermöglichen die Entspannung.*
> *Beides zusammen festigt den Frieden.“*

Dies ist bis heute die gültige Beschreibung des verfassungsmäßigen Auftrages der Soldaten, aber auch ihre moralische Legitimation.

Der Dienst des Soldaten ist Friedensdienst.

Nun verlangt der Bundesparteitag der SPD in Münster, daß Feierliche Gelöbnisse in Zukunft nicht mehr in der Öffentlichkeit stattfinden sollen.

Ich weiß nicht, wie ein Kommandeur, ein Kompaniechef oder ein Zugführer seinen jungen Soldaten dies klarmachen soll.

Es sind junge Staatsbürger, Wehrpflichtige, denen kraft Soldatengesetzes, daß der Bundestag beschlossen hat, dieses Versprechen abverlangt wird:

> „Ich gelobe, der Bundesrepublik Deutschland treu zu dienen und das Recht und die Freiheit des Deutschen Volkes tapfer zu verteidigen."

Sie werden einberufen in eine Kollektivpflicht ihres Jahrganges und wir, die Gemeinschaft der Bürger, nehmen ihnen das Versprechen ab, mit der Waffe, notfalls unter Einsatz des Lebens, Recht und Freiheit tapfer zu verteidigen.

Wohin denn sonst, wenn nicht in die Mitte der Bürger, in die Öffentlichkeit, gehört dieses Feierliche Gelöbnis?

Und ist es nicht ein deutlicher Mangel an Solidarität mit jungen Mitbürgern, wenn man sie zu den Waffen einberuft, das Gelöbnis ihnen abverlangt und dann nichts damit zu tun haben will?

Staatsbürgerliches Bewußtsein wird nicht allein beschädigt durch politische Skandale.

Streiten Sie mit uns über die Form. Auch ich wünsche mir heute Feierliche Gelöbnisse eher im kleinen Rahmen in den Patengemeinden, denn als große Veranstaltungen in Stadien. Eher in der Fabrik als vor der Fassade eines Schlosses. Aber es ist eine Frage der Form oder wird auf dem Rücken des Schwächsten, des jungen Wehrpflichtigen, die Auseinandersetzung um die Notwendigkeit der Verteidigung ausgetragen?

Ähnliches wäre zur Entscheidung der Landesregierung zur Zivil-Militärischen Stabsübung der NATO WINTEX/CIMEX zu fragen. Aber es sprengt wohl den Rahmen eines Grußwortes.

Meine sehr verehrten Damen und Herren!

Politik ist Bewegung, im günstigsten Fall Fortschritt. Wir leben in einer faszinierenden Zeit der rasanten Veränderungen. Auch Sicherheitspolitik ist ihnen unterworfen. Gott sei Dank, denn das Gleichgewicht des Schreckens kann ja nicht die ultima ratio auf Dauer sein.

Auch ich schaue mit großer Hoffnung auf die Entwicklung in der Sowjetunion und bange mit Ihnen um ihren Erfolg.

Der Kreisgruppe Segeberg sage ich Dank für so manches vertrauensvolle und hilfreiche Gespräch und bin Ihnen für die Bereitschaft zur Fortsetzung dankbar.

Ich wünsche Ihrer großen Partei für die nächsten 125 Jahre allen Erfolg in Ihren Mühen um Entspannung und Abrüstung, Freiheit und Frieden. Ihr Erfolg wäre der Erfolg aller Menschen in unserem Land.

Verteidigungskreiskommando 113 Bad Segeberg, 07.04.89

Grußwort an die Synode
Evangelischer Kirchenkreis Segeberg, 07.04.89

Propst Martensen,
meine sehr verehrten Damen und Herren!

Friede ist nicht nur der christliche, der in den Herzen der Menschen ist und in der Übereinstimmung mit ihrem Gott.

Friede ist auch der politische, der zunächst die Abwesenheit von Krieg und dann die Ordnung beschreibt, in der eine menschliche Gemeinschaft sich frei entfalten kann.

Carl-Friedrich von Weizäcker formulierte schon vor Jahren das Lebensgefühl der Nachdenklichen: „Friede ist die Lebensbedingung des technischen Zeitalters." Sein Bruder, unser Bundespräsident, ergänzte im vergangenen Jahr auf der Kommandeurtagung der Bundeswehr: „Wer nicht verteidigungsfähig ist, ist auch nicht politikfähig."

Ich setze hinzu: Wer nicht politikfähig ist, kann den Frieden nicht bewahren, denn er ist ohne Einfluß.

Zwischen diesen beiden Positionen „Frieden ist die Lebensbedingung des technischen Zeitalters" und „Wer nicht verteidigungsfähig ist, ist auch nicht politikfähig" tut der Soldat heute seinen Dienst und aus der Spannung beider Aussagen leitet er die ethische Legitimation seines Berufes ab.

Als ich am Ostermontag auf dem Hamburger Rathausmarkt der Abschlußkundgebung der Ostermarschierer zuhörte und zuschaute, stand auf einem großen Transparent wieder: „Soldaten sind Mörder".

Als Egon Bahr am vergangenen Dienstag im VKK 113 vortrug, sagt er: „Nicht die Friedfertigkeit der Staaten, sondern allein die Angst vor der Atombombe hat uns bis heute den Frieden erhalten."

Wie die Weizäcker-Brüder, ist Egon Bahr meines Erachtens hier frei vom Verdacht der Parteilichkeit. Alle drei gehören zu den wichtigen Nachdenkern in unserem Land.

Als Soldat beitragen zu dürfen, daß der Friede in Freiheit erhalten bleibt, kann eine begeisternde Aufgabe sein. Gleichzeitig legt sie aber dem Soldaten die Last einer schweren Verantwortung auf: er hat täglich mit tödlichen Waffen umzugehen.

Dieser Auftrag muß von der Gemeinschaft mitgetragen werden. Besonders für unsere jungen Soldaten, die die allgemeine Wehrpflicht unter die Waffen stellt, bitte ich auch heute um Ihre Solidarität.

In Bad Segeberg haben wir in den vergangenen Monaten Gewohnheiten auch praktisch verändert:

Der Volkstrauertag fand ohne Ehrenzug der Bundeswehr und damit ohne Waffen statt. Der Kommandeur des PzGrenBtl 182 und ich haben diese Entscheidung in enger Abstimmung mit dem Propst und der Spitze der Stadt, aus der Initiative der Bundeswehr und ohne jeden Druck getroffen. Wir glauben, daß dieser Tag allein der Trauer um die mörderische Unvernunft der Menschen gewidmet sein soll und Waffen ihren Platz an anderer Stelle haben.

Wir haben begonnen, die Sammlung für die Kriegsgräberfürsorge in die Hand vieler zu legen. Es kann nicht sein, daß allein die Soldaten sammeln. Ich bin dankbar, daß erstmalig in diesem Jahr der Herr Landrat, der Bürgermeister, die Bürgervorsteherin, der Propst und die beiden Bundeswehrkommandeure gemeinsam in der Stadt Bad Segeberg sammelten und hoffe, daß 1990 sich auch andere finden, die mit uns gemeinsam sammeln, damit die Gräber, die auch Mahnung zum Frieden sind, gepflegt werden können.

Meine Damen und Herren!

Die politische Entwicklung der Sowjetunion, in Polen, in Ungarn, der bewundernswerte Mut der Christen in der DDR geben Hoffnung auf eine friedliche Welt in absehbarer Zeit.

Es wird auch in 50 Jahren deutsche Soldaten geben. Aber es wäre ein stolzer Tag, wenn diese vornehmlich als Friedenstruppe in einer internationalen Organisation wie der UNO bereitstünden, um Konflikte in der Welt, die sicherlich unvermeidlich sind, zu entschärfen, um friedlicher Politik Handlungsfreiheit zu geben und so für jeden sichtbar und ausschließlich dem internationalen Frieden zu dienen.

Hier schaue ich mit großer Erwartung und Hoffnung in die Zukunft. Ich wünsche der Synode, Ihrer Arbeit, Erfolg.

Verteidigungskreiskommando 113 Bad Segeberg, 27.06.89
.. Kommandeur

Ansprache aus Anlaß der Beförderung von Fähnrichen der Reserve zu Leutnanten am 27. Juni 1989 im Casino der Lettow-Vorbeck-Kaserne

(Angehörige und Freunde waren eingeladen und zahlreich erschienen)

Ein herzliches Willkommen Ihnen allen!

Wir haben uns auf diesen Abend gefreut und wir hoffen, Sie halten ihn in guter Erinnerung.

„Der Mensch fängt erst beim Leutnant an" kennzeichnete noch zu Beginn unseres Jahrhunderts das Lebensgefühl wesentlicher Teile der bürgerlichen Gesellschaft.

Im 2. Weltkrieg führten zahllose Leutnante ihre Züge und

Kompanien. Viele Tausend blieben auf den Schlachtfeldern.

Seit 1945 haben wir Mitteleuropäer fast 45 Jahre Frieden. Mit der Zeit haben sich die Verhältnisse und auch die Leutnante verändert und das ist gut so.

Sie, meine Herren Fähnriche, haben erwartet, wahrscheinlich erhofft, in Ihrem alten Verband oder schon beim neuen diesen Tag zu erleben, aber die meisten von Ihnen haben noch keine Mobilmachungs-Beorderung und so werden Sie bei dem VKK befördert, in dessen Verantwortungsbereich ihr erster Wohnsitz liegt, also bei uns.

Sie sind am 01.07.1986 Soldat geworden und haben sich auf 2 Jahre verpflichtet. Sie haben sich aus einer großen Zahl besonders qualifiziert und sind von Ihren Kompaniechefs und Kommandeuren zum Reserveoffiziersanwärter ausgewählt worden.

Sie haben nach der allgemeinen Grundausbildung und einem oder zwei Quartalen Vollausbildung 6 Monate an den Unteroffizierslehrgängen I und II teilgenommen. Sie haben 3 Monate den Fähnrichslehrgang an Ihrer Truppenschule besucht und zwischendurch wurden Sie 2 bzw. 3 Quartale als Gruppenführer, stellvertretender Zugführer oder vielleicht auch als Zugführer eingesetzt.

Sie haben zum 30.06.1988 die Bundeswehr verlassen, um Ihre Berufsausbildung oder Ihr Studium zu beginnen.

Sie haben die Bundeswehr kennengelernt als „Mann in der Gruppe“, als Lehrgangsteilnehmer und aus der so wichtigen, aber auch schwierigen Aufgabe des Gruppenführers und des Zugführers.

So kurz schließlich die Zeit auch war, Sie wissen, was der Wehrpflichtige denkt und fühlt, wo ihm der Schuh drückt und wo ihm der Dienst gefällt.

Sie hatten sich zunächst als Rekruten auf eine gänzlich unbekannte Arbeitswelt und Lebensgemeinschaft einzustellen und mußten in der Gruppe Gleichaltriger Positionen und Profil gewinnen.

Sie hatten als Gruppen- und Zugführer, ausgerüstet mit gerade ausreichenden theoretischen Fachkenntnissen, ohne praktische Erfahrungen Gleichaltrige zu führen und auszubilden.

Wer diese Herausforderung besteht und den Respekt der Untergebenen und die Anerkennung der anderen Unteroffiziere und

Feldwebel der Kompanie und die seines Kompaniechefs und Kommandeurs gewinnt, hat ein gutes Stück Arbeit vollbracht.

Wenn Sie auf Ihre 2 Jahre Bundeswehr heute mit 1 Jahr Abstand und den ersten Erfahrungen aus Zivilberuf oder Studium zurückblicken, werden die meisten von Ihnen die Bundeswehrzeit als wichtig und prägend bewerten, als eine Zeit, die Ihnen vor Ihren heutigen Studien- und Berufskollegen einen deutlichen Vorsprung gibt an allgemeinem Wissen, an Erfahrung in der Führung von Menschen und an Selbstsicherheit.

Bei einem Mobilmachungsumfang von 1,35 Millionen Soldaten waren schon immer in der Bundeswehr von 3 Soldaten 2 Reservisten. Ihre Bedeutung liegt also auf der Hand. Wir Berufssoldaten haben das erst in den letzten Jahren uns richtig klar gemacht.

Reservisten bestimmten wesentlich über Geist und Leistung der Bundeswehr. Sie sind eingesetzt in allen Verwendungen, in Truppe und Stäben, als Zugführer und Kompaniechefs, als Bataillons- und als Regimentskommandeure, in herausragenden Stabsverwendungen im In- und Ausland.

Sie, unsere Fähnriche, werden heute in das Offizierskorps der Bundeswehr aufgenommen. Sie werden morgen Ihre Züge führen, übermorgen Kompaniechefs in Mob-Einheiten sein und der ein oder andere in einigen Jahren als Major oder Oberstleutnant der Reserve weitgehend selbständig sein Mob-Bataillon führen.

Offizier sein heißt vor der Front stehen. Selten gibt es für den Offizier die Gelegenheit, ins Glied zurückzutreten. Auf den Offizier schaut man, von ihm erwartet man den Entschluß und die Kraft, den Entschluß in die Tat umzusetzen.

Der Offizier braucht das Vertrauen seiner Vorgesetzten, aber noch wichtiger braucht er das Vertrauen seiner Untergebenen. Es nicht zu haben ist so schmerzlich, wie es beglückend ist, es zu besitzen.

Vertrauen ist durch Geschenke nicht zu erwerben, sondern nur durch Vorleben.

Wer Menschen führt, muß das Ziel kennen und davon überzeugt sein, daß sich alle Anstrengung für dieses Ziel lohnt. Wer Menschen führt, muß wissen, daß die größten Anstrengungen zunächst von ihm selbst zu leisten sind. Wer Menschen führt, muß diese Menschen respektieren und, ja, auch lieben.

Sie haben im Mittelpunkt seiner Gedanken zu stehen und nicht die Organisation oder sein persönlicher Erfolg.

Wer verantwortlich ist, kann gestalten, ist nicht Objekt, sondern Subjekt. Wer gestaltet, baut aus sich heraus etwas Neues.

Militärischer Führer zu sein heißt also Auftrag, Macht und Verantwortung, Initiative und Führung.

Die Bundeswehr steht und fällt mit ihren Führern auf allen Ebenen. Dies schmälert nicht die wichtige Rolle der Spezialisten. Aber Kraft, Impuls und Kreativität muß von den Führern aus gehen. Nur aus ihrem Selbstbewußtsein, aus ihrem Willen zur Gestaltung, aus ihrem Mut bisher Gültiges in Frage zu stellen, sich von Altem zu trennen und Neues zu wagen, erhält der Bundeswehr ihre notwendige Dynamik.

Der Respekt vor der Würde des Einzelnen, die unantastbar ist und der Wille, mit aller Kraft dem Frieden zu dienen, sind Kontrolle und moralische Legitimation zugleich.

Hätte die Bundeswehr solche Führer nicht, verkäme sie im Bürokratismus.

Je jünger die Menschen sind, mit denen Sie umgehen, um so mehr Herz brauchen Sie, um so mehr müssen Sie sich kümmern.

Aber es ist auch spannend darüber nachzudenken, wie eine Ausbildung organisiert wird, damit der Lernerfolg groß ist und die Männer möglichst viel Freude daran haben.

Suchen Sie nicht nach den optimalen Arbeitsbedingungen, wenn Sie zu Ihren Wehrübungen zurückkommen, Sie werden sie selten finden. Improvisationsfähigkeit ist eine der wichtigsten Eigenschaften des militärischen Führers.

Resignation vor Aufgaben disqualifiziert den Führer, Schimpfen auf Vorgesetzte, ganz besonders im Beisein von Untergebenen, untergräbt die eigene Autorität.

Seien Sie neugierig, besonders neugierig auf die Menschen, die Sie führen. Oft werden Sie erstaunt gewesen sein, wer da hinter dem Kampfanzug zum Vorschein gekommen ist: ein hervorragender

Sportler, ein Mann mit besonderen künstlerischen oder technischen Fähigkeiten, ein ungewöhnliches Schicksal.

Letztlich hängt die Leistungsfähigkeit des Zuges, der Kompanie, des Bataillons immer von den einzelnen Menschen ab. Nur wer sie kennt, kann sie erfolgreich führen.

Offizier sein ist ein geistiger und ein praktischer Beruf zugleich. Den Kopf haben wir ja u. a. zum Nachdenken. Nichts ist endgültig und für immer richtig. Was gestern zeitgemäß war, braucht heute nicht mehr zu gelten. Es war Clausewitz, der sagte:

„Tradition heißt, an der Spitze des Fortschritts marschieren."

Hat das Zeremoniell des großen Zapfenstreichs heute noch für uns Bedeutung? Sind Feierliche Gelöbnisse in der Öffentlichkeit als Massenveranstaltung wirklich noch zeitgemäß?

Sollen bei den Feierstunden zum Volkstrauertag in den Gemeinden auch heute noch Ehrenzüge der Bundeswehr unter Waffen antreten? Oder ist dies ein unbewußt aus dem Dritten Reich übernommenes Relikt? Ist die Reservistenkonzeption auf die Realität unserer Gesellschaft abgestimmt? Sollte die Bundeswehr nicht in der Friedenstruppe der UNO eingesetzt werden? Braucht die Bundeswehr einen Jäger 90? Sind Kurzstreckenraketen erforderlich? Braucht die Bundeswehr 500.000 Soldaten präsent? Ist eine allgemeine Wehrpflicht selbstverständlich?

All diese Fragen sind sicherlich sehr unterschiedlich zu beantworten. Aber wir müssen sie stellen, darüber nachdenken, uns kritisch eine eigene Meinung bilden und sie verständlich und glaubwürdig darstellen können.

Ich selbst z. B meine, daß das Feierliche Gelöbnis als Großveranstaltung mit bis zu 500 Rekruten besser aufgelöst würde zu Einzelveranstaltungen, die z. B. in den Patengemeinden der Kompanien/ Batterien viel besser stattfinden, wie das ja oft auch schon geschieht. Wenn dann die Feuerwehrkapelle das Deutschlandlied spielt, dann ist auch das ein Zeichen enger Verbundenheit von Staatsbürgern in Zivil und denen in Uniform.

Sicherlich ist heute auf die allgemeine Wehrpflicht nicht zu verzichten. Aber in einer denkbaren neuen europäischen Ordnung reicht ja vielleicht auch eine deutlich reduzierte Bundeswehr.

Junge Soldaten brauchen Erlebnisse. Fordern Sie Leistung, aber machen Sie es vor. Gehen Sie als erster über die Hindernisbahn und haben Sie den Ehrgeiz, die beste 5000-m-Zeit zu laufen. Körperliche Fitness gehört zum militärischen Führer.

Fordern Sie Ihre Fantasie heraus, wenn es um die Gestaltung des Dienstes geht. Das, was gestern schon einmal war, langweilt heute.

Suchen Sie das Gespräch, besonders mit denen, die anderer Meinung sind. Nirgends können Sie besser die Überzeugungskraft Ihrer eigenen Argumente überprüfen. Halten Ihre Argumente nicht stand, trennen Sie sich von Ihnen. Wie wollen Sie mit schlechten Argumenten zu Recht kritische junge Menschen von der Notwendigkeit eines bestimmten Dienstes oder gar des Wehrdienstes selbst überzeugen?

Vielleicht, meine Herren, haben Sie das alles so nicht angetroffen in Ihrer eigenen bisherigen Ausbildung. Aber wahrscheinlich haben Sie es sich so o. ä. gewünscht.

Wenn Sie in Ihren Reserveübungen die Uniform wieder anziehen, dann fragen Sie nicht, was wir für Sie getan haben, sofern fragen Sie, was die unverwechselbaren Bedingungen der Wehrpflicht von Führern verlangen und tun Sie es.

Lassen Sie mich zum Schluß noch einige wenige Grundlagen unserer Sicherheitspolitik ansprechen.

Die Bundeswehr ist die stärkste konventionelle Streitmacht der NATO in Europa. Sie steht international in hohem Ansehen. Die Qualität Ihrer Bewaffnung und der soziale Status ihrer Soldaten liegen deutlich über dem Schnitt anderer Streitkräfte, Ihre friedenserhaltende Wirkung ergibt sich erst im Konzert der Kräfte im Bündnis.

So unverzichtbar konventionelle Streitkräfte sind, so entscheidend sind atomare Waffen. Egon Bahr hat in diesem Raum vor wenigen Wochen sinngemäß gesagt: „Es gibt doch keinen Zweifel, nicht die Friedensliebe der Völker und ihrer Regierungen hat uns nach 1945 vor dem Krieg bewahrt, sondern allein die Atomwaffen, die Furcht der einen Seite vor diesen Waffen der anderen Seite."

Die Atomwaffen sind also die eigentliche Kriegsverhinderungswaffe. Mit ihnen zu leben bleibt bedrohlich. Sie abzuschaffen, würde Westeuropa politisch destabilisieren und erneut Krieg möglich machen, so wie in 100 Regionen dieser Erde, wo bis heute Krieg geführt wird.

Natürlich kann die Existenz der Massenvernichtungsmittel keinen verantwortungsbewußten Menschen ruhig schlafen lassen. Selbstverständlich wird uns die Auseinandersetzung darüber in unserem Land begleiten. Würde es diese Auseinandersetzung nicht geben, wäre unsere Gesellschaft krank oder lebten wir in einer Diktatur.

Die Unruhe ist auch heilsam. Massenvernichtungsmittel haben globale Wirkung, wie viele Verursacher der Umweltbeschädigung. Diese globale Dimension ist neu. Wir leben in einer neuen Zeit.

Es gilt, für unseren Planeten neue politische Strukturen zu finden. Wenn es darin eines Tages deutlich weniger Atomwaffen und diese deutlich besser kontrolliert gibt und auch weniger Soldaten, ohne daß der Friede in Freiheit für möglichst viele Menschen gefährdet ist, dann wäre das ein großer Fortschritt.

Wir sind dafür auf einem guten Weg. Ich nehme die neue sowjetische Politik sehr ernst. Ich habe keinen Zweifel, daß die derzeitige Führung um Michael Gorbatschow eine tiefgreifende Umgestaltung von Staat und Gesellschaft der Sowjetunion begonnen hat, hin zu mehr Rechtssicherheit und Freiheit, zu mehr wirtschaftlichem Erfolg und Wohlstand für die Menschen. Ihr Erfolg ist unser Erfolg.

Er würde den Frieden in der Welt und besonders in Europa ein so entscheidendes Stück voranbringen und die Möglichkeit eröffnen, das Nachkriegseuropa neu zu gestalten.

Die Chance des Mißerfolges der sowjetischen Reform ist mindestens so groß wie die des Erfolges.

Wer in dieser Phase die Bundeswehr deutlich vermindern will, den deutschen Austritt aus der NATO oder die Abschaffung der westlichen Atomwaffen fordert, destabilisiert die mühsam gefundene Ordnung und schwächt den Frieden in Freiheit.

Es wird viel gesprochen von einer Sinn- und Legitimationskrise der Bundeswehr.

Am wenigsten verstehe ich die Zweifel an der Legitimation. Der Verfassungsauftrag „Schutz der Bundesrepublik Deutschland nach außen" würde auch heute vom Parlament mit überwältigender Mehrheit bestätigt. Ca. 80 % der Menschen in der Bundesrepublik Deutschland sind für Bundeswehr und Bündnis. Bundespräsident und fast alle Repräsentanten des öffentlichen Lebens zwischen Regierung und Gewerkschaft bekennen sich eindeutig zu Bundeswehr und NATO.

Die Sinnkrise erscheint mir bedrohlicher. Wenn 1988 mit 77.000 Anträgen auf Wehrdienstverweigerung die höchste Zahl aller Jahre erreicht wurde und die Tendenz ansteigt, dann ist das ein Alarmzeichen. Wenn der Zivildienst von einer deutlichen Mehrheit unserer Bevölkerung wertvoller als der Wehrdienst eingestuft wird, dann kippt die Möglichkeit, das Führerkorps einer 500.000-Mann-Armee in Quantität und, was noch wichtiger ist, in Qualität zu gewinnen.

Es ist zunächst ein geistiger Prozeß, den es zu gewinnen gilt: Wohlstand, Friede und Freiheit scheinen vielen Menschen in unserem Land selbstverständlich. Waffen, besonders Atomwaffen, bedrohen die scheinbar heile Welt. Ursache und Wirkung werden verwechselt.

Wir militärischen Führer müssen uns an diesem geistigen Prozeß beteiligen. Unser überzeugendstes Argument aber bleibt ein ansprechender und möglichst mitreißender Dienst mit den Wehrpflichtigen. Gewinnen wir sie, dann haben wir auch unsere Bevölkerung gewonnen.

Meine lieben Fähnriche!

Im Bild des militärischen Führers habe ich ein Ideal skizziert. Niemand wird es erreichen, aber es zeigt Richtung und Ziel.

Ich habe allgemeine Grundsätze für den Offizier herausgestellt. Im Wehrdienst gilt für Sie, die Reserveoffiziere, der gleiche Anspruch wie für den Zeit- und Berufsoffizier.

Reserveoffiziere sind für die Bundeswehr ein großes Kapital, denn sie bringen in die Truppe Können und Erfahrung, Bildung und Geist aus allen Berufen und Lebensbereichen unserer Gesellschaft.

Die Bundeswehr erfüllt eine wichtige Aufgabe durch Schutz unseres Staates nach außen, durch Bewahrung unserer Souveränität, unser Geschick demokratisch frei zu gestalten, auch als politisches Gewicht im Konzert der Staaten der freien Welt.

Bekennen Sie sich selbstbewußt zu den Streitkräften, deren Offizier Sie in wenigen Minuten sind und argumentieren Sie optimistisch und offensiv für die Bundeswehr.

Ich wünsche Ihnen zunächst Erfolg und Zufriedenheit im Zivilberuf und Studium.

Ich wünsche Ihnen Glück für die Jahre als Reserveoffizier, an deren Anfang Sie stehen. Ich wünsche Ihnen Vorgesetzte, die Ihren Idealismus und guten Willen, Ihr Bemühen und Ihren Einsatz sehen und die unvermeidlichen Fehler gering achten.

Ich wünsche Ihnen Kameraden, auf die Sie sich verlassen können.

Ich wünsche Ihnen Untergebene, mit denen es Freude macht, zu arbeiten.

Vor allem aber wünsche ich Ihnen das Bewußtsein, daß es entscheidend und fast immer auf Sie selbst ankommt. Ihre Überzeugungskraft, Ihr Elan, Ihre Tatkraft werden Ihre Züge und Ihre Einheiten prägen. Dafür wünsche ich Ihnen Glück und Erfolg.

Verteidigungskreiskommando 113 Bad Segeberg, 11.10.89
.. Kommandeur Am Wasserwerk 3

Eröffnung der 3. Sicherheitspolitischen Vortragsreihe des Verteidigungskommandos 113 am 11.10.89 im Standortoffiziersheim Bad Segeberg

Meine sehr verehrten Damen und Herren!

Ich begrüße Sie herzlich zur 1. Veranstaltung der 3. Sicherheitspolitischen Vortragsreihe des VKK 113.

Wir hatten 1987/1988 mit einzelnen Themen zur Sicherheitspolitik begonnen und haben 1988/1989 fortgesetzt mit dem Thema „Positionen der Parteien zur Verteidigungs- und Sicherheitspolitik der Bundesrepublik Deutschland“. Wir konnten mit Peter-Kurt Würzbach, Uwe Ronneburger und Egon Bahr interessante Referenten gewinnen.

Unser neues Thema heißt „Bundeswehr 2000 - Streitkräfte im Wandel“. 6 Referenten in monatlicher Folge (außer Dezember) werden vortragen und sich zur Diskussion stellen.

Wir können auch diesmal mit einer erstklassigen Besetzung unseren Partnern in der Zivil-Militärischen-Zusammenarbeit (ZMZ) Informationen zu aktuellen verteidigungs- und sicherheitspolitischen Fragen auf hohem Niveau anbieten.

Eingeladen werden die Verantwortlichen in den verschiedenen Bereichen der ZMZ, dazu unsere Reserveoffiziere in herausgehobenen Verwendungen, z. B. die Verbindungsoffiziere und einige wenige besondere Gäste aus der Zusammenarbeit mit dem VKK.

Wir wissen, daß diese Persönlichkeiten nicht zu jeder unserer Veranstaltungen kommen können. Aber wir haben den großen Zuspruch für unsere Reihe im letzten Winter in guter Erinnerung.

Neben der Information liegt mir ganz besonders am Gedankenaustausch Zivil - Militär. Ich wünsche mir einen Dialog ohne Tabus. Hartnäckiges Nachfragen, neue Ideen, andere Wege machen unsere Veranstaltungen erst interessant. Was gestern gültig war, braucht heute nicht richtig zu sein. Ich messe dieser Begegnung ziviler und militärischer Führungskräfte große Bedeutung zu. Wir sollten die Gelegenheit nutzen, im offenen Gespräch voneinander zu lernen.

An der Notwendigkeit der Bundeswehr und den Fortbestand ihres Auftrages gibt es wahrscheinlich wenige Zweifel. Und wenn, sollten wir sie diskutieren. Aber über Umfang und Bewaffnung im Zeichen von Entspannung und Abrüstung, über Bündnis und Strategie, Wehrpflicht oder Berufsarmee, Qualität der Ausbildung und der Menschenführung in den Streitkräften, Wehrdienst oder Ersatzdienst oder über die neue Reservistenkonzeption ist zu sprechen.

Formen und Begriffe, mit denen wir umgehen, prägen oft das Bild der Bundeswehr nach außen. Sie stehen auf dem Prüfstand. Welche Wirkung hat es, wenn wir Soldaten „draußen“ von der „kriegsnahen“ Ausbildung sprechen oder von der „kriegstüchtigen“ Bundeswehr? Sollten wir am Volkstrauertag mit Stahlhelm und Waffen das Bild bestimmen?

Die Frage der Akzeptanz und damit natürlich von Ethik und Moral des Waffendienstes, die Frage nach dem Verhältnis einer Gesellschaft zu ihren Streitkräften und schließlich die Frage, wie notwendig Streitkräfte auch in Zukunft für die Stabilität unseres Staates und die Sicherung des Friedens in Freiheit sind, werden uns begleiten.

Die Referenten sind entsprechend ausgesucht: Generalleutnant a. D. Graf von Baudissin ist seit 1950 bis heute immer wieder mit wegweisenden Vorstellungen sowohl zur Inneren Führung wie auch zu einer politischen Strategie der Friedenssicherung hervorgetreten.

Oberst Wenzel führt seit 4 Jahren den Deutschen Bundeswehrverband, der mit ca. 225.000 Mitgliedern in diesen Jahren wachsenden Einfluß, besonders im Bereich der sozialen Fragen gewann und dabei mit Themen wie Dienstzeitregelung und Personalvertretungsrecht der Soldaten die Kontroverse mit Bundeswehrspitze und Ministerium nicht gescheut hat.

Admiral Hundt hat als Kommandeur des Zentrums Innere Führung zuletzt mit dem „Kursbuch 2000“ heiße Diskussionen ausgelöst, in dem er Inhalte und Formen der Bundeswehr vielfältig in Frage stellt.

Professor Nagel, Leiter des Hamburger Instituts für Frieden und Theologie hat u. a. immer wieder die Diskussion über die ethisch moralische Legitimation von Massenvernichtungsmitteln beeinflußt.

Der Stv. Generalinspekteur, Generalleutnant Storbeck, ist dann als letzter Vortragender prädestiniert, uns auf den harten Boden der Streitkräfteplanungen für die nächsten Jahre zurückzuführen.

Eröffnet wird die diesjährige Vortragsreihe durch den Kommandeur der PzGrenBrig 16, Herrn Oberst Rolf Ocken:

1939 in Braunschweig geboren, dort Abitur

Nach der Generalstabsausbildung (1971/72):

- G3 Nukleare Planung HQ CENTAG

- G3 Op CENTAG
- G3 Op 3. Korps
- Kdr PzArtBtl 315
- Referent FÜS IV/1 Grundsatzangelegenheiten (Mil Organisation, Managementverfahren, Rüstung, Datenverarbeitung)
- Verteidigungsattache in Jugoslawien
- 1984 Referatsleiter FÜS IV/1
- seit 01.04.88 BrigKdr.

Oberst Ocken spricht über das Thema „Streitkräfte im Wandel".

Zukunft läßt sich nur gestalten, wenn man die Entwicklung kennt. Auch über die Bundeswehrzukunft läßt sich nicht sinnvoll nachdenken, ohne einen Blick auf die Entstehung der heutigen Situation zu tun. Dabei werden aktuelle Aspekte nicht fehlen. In der Aussprache wird schließlich Gelegenheit sein, dem Brigadekommandeur die offenen Fragen zu stellen.

Die nächste Veranstaltung findet am 23. November 1989 statt.

Es spricht Generalleutnant a. D. Graf von Baudissin.

„Bundeswehr im Zeichen von Entspannung und Abrüstung"

WOLF GRAF VON BAUDISSIN
HEMMINGSTEDTER WEG 51 · 2000 HAMBURG 52

19. Juli 1990

Herrn Oberstleutnant
Lünenborg
Kommandeur Verteidigungskreiskommando 113
Am Wasserwerk 3

2360 Bad Segeberg

Sehr geehrter Herr Lünenborg,

Ihre Beförderungsansprache habe ich mit großer Zustimmung gelesen. Haben Sie herzlichen Dank für die freundliche Zusendung.

Voll stimme ich Ihnen zu, wenn Sie die Bedeutung der Reserveoffiziere betonen. Diese können den Aktiven helfen, die Umwelt besser zu verstehen – auch gerade in der Beantwortung der trefflich ausgesuchten Fragen.

Ich habe mich sowohl in den Potsdamer Vorkriegsjahren als Regimentsadjutant, als auch später in Göttingen stets um die Auswahl, Ausbildung und Verwendung der Reserveoffiziere besonders gekümmert. Im Dritten Reich war ihre kritische politische Haltung für mich eine wichtige Voraussetzung für ihre Verwendung. Ein erheblicher Teil emigrierte später zu uns und prägte den freiheitlichen Charakter des IR 9.

Mit guten Wünschen für Sie und Ihre Arbeit

Ihr Baudissin.

Verteidigungskreiskommando 113 Bad Segeberg, 15.04.91
.. Kommandeur Am Wasserwerk 3

Leitsätze für Mobilmachungs-Truppenübung der Stabskompanie

1. Unsere Reservisten haben Anspruch auf eine gut vorbereitete und durchgeführte Übung.
2. Information ist ein wichtiges Führungsmittel, Disziplin, Einsatz und selbständiges Handeln im Sinne des Ganzen setzen rechtzeitige Information über Auftrag und geplante Durchführung voraus.
3. Soldaten sind auch Mitarbeiter. Oft haben Reservisten in niedrigem Dienstgrad umfangreiche Führungserfahrung im Zivilberuf. Nur kooperativer Führungsstil schöpft die Fähigkeiten aus.
4. „Disziplin ist eine Wohltat für Alle." Sie ist durchzusetzen. Mangelhafte Disziplin ist oft das Ergebnis von mangelhafter Führung.
5. Auswahl und Förderung qualifizierter Soldaten kommen große Bedeutung zu. Beurteilungen sind langfristig vorzubereiten. Jeder Soldat wird über Förderungsmöglichkeiten beraten, wenn er es wünscht.
6. Ab Dienstagabend muß jeder Soldat genau wissen, zu welcher Teileinheit er gehört und was er zu tun hat. Wünsche der Soldaten sind wo immer möglich zu berücksichtigen. Einteilung und Aufgaben sind möglichst bis Ende der Übung nicht zu ändern.
7. Teileinheitsführer und Funktioner übernehmen ihr Gerät/Ausrüstung sofort schriftlich und geben es am Ende der Übung persönlich ab.
8. Alle Soldaten tragen ein Namensschild. Alle Stuben- und Funktionsräume sind gekennzeichnet (Funktion/Namen).
9. Raucher und Nichtraucher sollen möglichst nicht auf einer Stube wohnen.
10. Es besteht absolutes Alkoholverbot während der Dienstzeit.
11. Der Kompaniechef führt täglich mit seinen TE-Führern eine Dienstbesprechung durch, die TE-Führer mit ihren Unteroffizieren.
12. In die Verantwortung des TE-Führers ist möglichst nicht einzugreifen.
13. Nur wer weiß, was er will und vorlebt, was er fordert, kann führen.

.. Oberstleutnant Bad Segeberg, 16.03.1992

Pastor
Hans Taube

Lieber Pastor Taube!

Ihre Frage nach meiner Meinung zum Major Prieß und den anderen Angehörigen des „Darmstädter Signals“ hat mich beschäftigt.

Ich hatte ja schon früher zum Thema „alle Soldaten sind potentielle Mörder“ geschrieben und schicke den Brief noch einmal mit (1.).

Der Bericht von Herrn Bednarz im Monitor vor ca. 4 Wochen und Ihr Brief haben mich dann veranlaßt, mein Grußwort vor der Synode des Kirchenkreises Segeberg im Januar unter dieses Thema zu stellen (2.).

Heute habe ich nun Urteile und Begründungen gegen 2 Offiziere und Aufrufe des Darmstädter Signals und deren Begründung nachgelesen.

Hier einige Ergänzungen zu 1. und 2.:

Die Behauptung „alle Soldaten (jeder Soldat) sind potentielle Mörder“ geht an die Substanz. Dahinter steht wohl die Kernfrage unserer Existenz als Soldaten.

Militärischer Einsatz ist mit Töten untrennbar verbunden und die politische Wirkung der Bundeswehr auf andere, ob sie nun Abschreckung oder Fähigkeit zur Verteidigung genannt wird, beruht auf der Bereitschaft der politisch Verantwortlichen, die Bundeswehr notfalls auch einzusetzen und der Soldaten, notfalls auch in einem Krieg zu kämpfen, d. h. zu töten.

Wer sich hier nicht stellt, handelt verantwortungslos. Eine beruhigende Antwort gibt es nicht. Der Politiker, der die Entscheidung für Krieg fällt und der Soldat, der seine Waffen einsetzt, werden immer schuldig werden. Wer heute, also im Frieden, Soldat wird/ist, muß der Konsequenz seines Berufes ins Auge sehen.

Die verurteilten Soldaten aus dem Arbeitskreis „Darmstädter Signal" haben immer wieder darauf hingewiesen, daß das in der NATO-Strategie angelegte „unterschiedslose und massenhafte Töten", ganz besonders in einem Atomkrieg, sie in Gewissensnot bringe und sie mit ihrer Pressemitteilung vom 17.11.89 zum Nachdenken aufrütteln wollten. Dort heißt es u. a.: „... zum anderen halten wir die Aussage ‚alle Soldaten sind potentielle Mörder' inhaltlich für richtig."

Der Einsatz von Massenvernichtungswaffen war und wird wohl auch auf absehbare Zeit nicht auszuschließen sein, sollte es tatsächlich zu einem Krieg unter Nuklearmächten kommen.

Als Dr. Aust im sogenannten Frankfurter Urteil 1987 (Berufung) bestätigt wurde, daß seine Äußerung „jeder Soldat ist ein potentieller Mörder" nicht strafwürdig sei, sondern von dem Recht auf freie Meinungsäußerung abgedeckt, habe ich das akzeptiert. Ich kann verstehen, wenn Pazifisten und Kriegsdienstverweigerer so denken und will ertragen, wenn sie sich so äußern.

Wenn aber Soldaten, hier Unteroffiziere und Offiziere, dieser Meinung sind, wird es schwierig. Wenn sie ihre Auffassung dann noch pressewirksam in die Öffentlichkeit bringen, sind Konsequenzen fast unvermeidlich.

Ein militärischer Vorgesetzter, der sich als potentieller Mörder sieht, der die Arbeit mit seinen Untergebenen als potentielle Vorbereitung zum Morden wertet, muß den Beruf wechseln. Er verliert den Anspruch auf Vertrauen seiner Untergebenen, wenn er es nicht tut. Es ist niemandem zuzumuten, von ihm als Vorgesetzten geführt zu werden. Auch m. E. wäre eine Entlassung konsequent gewesen. Die Gerichte haben anders entschieden.

Dies hat nach meiner Überzeugung und meiner Erfahrung in der Bundeswehr also zunächst nichts mit eingeschränkter Meinungsfreiheit zu tun. Jeder Soldat, und ich habe das seit den ersten Tagen meines Dienstes vielfach getan, soll und kann sich an der Diskussion um die richtige Sicherheitspolitik beteiligen. In der Nachrüstungsdebatte habe ich mehrere Stabsoffiziere in der Führungsakademie erlebt, die deutlich sagten, daß sie den Nachrüstungsbeschluß für falsch hielten.

Soweit mir bekannt, sind die verurteilten Angehörigen des Darmstädter Signals bis dahin gut beurteilte Offiziere. Ich zweifle nicht an ihrer

Gewissensnot. Welcher verantwortungsbewußte Mensch hat sie nicht, wenn er sich durch seinen Entschluß, Unteroffizier oder Offizier zu werden, Wehrpflichtige zu führen, Uniform zu tragen öffentlich und beispielhaft mit der militärischen Landesverteidigung, der NATO und ihrer Strategie identifiziert.

Ich glaube jedoch, daß sie es sich zu leicht gemacht haben:

Sie haben ihre Ängste veröffentlicht, aber weder Alternativen aufgezeigt, noch persönliche Konsequenzen gezogen. Es gab auch meines Erachtens bis 1989 keine Alternative zur Politik und Strategie der NATO. Sie hat, darüber kann man natürlich streiten, gemeinsam mit anderen Ursachen zum Zusammenbruch des Warschauer Paktes geführt und zur Entwicklung von demokratischen Staats- und Gesellschaftsformen in Mitteleuropa und der GUS. Unmittelbar danach, aber eben auch erst danach, setzte ein beispielloser Abrüstungsprozeß in Europa ein. Vor zwei Jahren standen 1,5 Millionen Soldaten auf deutschem Boden. In zwei Jahren werden es noch 500.000 sein.

Lieber Herr Taube. Es mag etwas einfach klingen, wenn ich das so schreibe. Ich habe zu dieser Frage in den vergangenen Jahren vielfach mehr Sensibilität, Toleranz, Ehrlichkeit und Konsequenz besonders der Stabsoffiziere der Bundeswehr angemahnt und gefordert. Wir haben einen, in dieser Kernproblematik unvergleichbaren Beruf und müssen uns da eindeutig entscheiden.

Der Gesetzgeber nimmt auf diese Herausforderung Rücksicht. Das Recht auf Kriegsdienstverweigerung ist in Deutschland großzügiger gewährt als in jedem anderen mir bekannten Staat.

Nach allen Argumenten bleibt Betroffenheit. Der zunächst so selbstverständliche Gedanke der Verteidigung von Recht und Freiheit wird im Angesicht der entsetzlichen Dimension der Vernichtung fragwürdig.

Die jüngste Geschichte in Europa scheint der Sicherheitspolitik der NATO seit 1949 Recht zu geben, scheint das Risiko zu rechtfertigen. Aber was wäre, wenn eine der vielen großen Krisen der Jahre seit 1945 zum Krieg geworden wäre?

Die heutige Weltlage erscheint heillos. Ohne Bundeswehr und Bündnis kann ich mir die Bundesrepublik Deutschland, aber auch unsere Mitverantwortung für den Weltfrieden nicht vorstellen, ohne Atomwaffen die Großmächte in ihrer Funktion als Ordnungsmächte in Anbetracht nuklear gerüsteter Diktaturen auch nicht. In diesem Dilemma muß ich mich entscheiden und wage es, Soldat zu sein.

Herzlich, Ihr G. Lünenborg.

Verteidigungskreiskommando 113 Bad Segeberg, 29.08.92
.. Kommandeur

Grußwort
an die Synode des Kirchenkreises Bad Segeberg
am 29.08.1992 in Todesfelde

Meine sehr verehrten Damen und Herren, verehrter Herr Strache,
lieber Propst Martensen!

Ich sage Dank für die Einladung. Sie wissen, wie gern ich komme. Ich habe mitunter Sorge, ob ich mein Grußwort so thematisieren darf, wie ich es immer wieder tue. Ihre Geduld und häufig auch Zustimmung in den vergangenen Jahren geben mir auch diesmal den Mut dazu.

Diese Synode ist eine Versammlung von Christen, die sich für den Mitmenschen verantwortlich fühlen und damit auch für Ethik und Moral im politischen Handeln unserer Gesellschaft und ihrer Repräsentanten.

Wir Soldaten sind heute in einer besonders schwierigen Situation. Dies gilt ganz besonders für unsere Wehrpflichtigen und deren Angehörige, aber kaum weniger für uns, die Berufs- und Zeitsoldaten und unsere Familien.

Deutsche Soldaten stehen heute in Kambodscha und helfen, einem leidgeprüften Land eine neue Chance zu geben. Deutsche Hubschrauberpiloten fliegen im Irak die UNO-Inspektoren, auf der Suche nach versteckten Massenvernichtungswaffen und ihren Produktionsstätten. Deutsche Flugzeugbesatzungen versorgen die ausgehungerte bosnische Bevölkerung mit dem Nötigsten. Sie fliegen im Zielradar feindlicher Raketen. Fast 20 UNO-Soldaten sind bisher im ehemaligen Jugoslawien umgekommen. Es können in dieser Stunde 200 und mehr werden.

In Deutschland wird seit 2 Jahren über den Einsatz der Bundeswehr unter dem Dach der UNO nachgedacht und geredet, über Blauhelmeinsätze und über Kampfeinsätze. Die Frage muß entschieden werden. Sie erledigt sich nicht mit unserer Absage an Einsätze im ehemaligen Jugoslawien. Sie stellt sich heute schon für Somalia und morgen vielleicht für die Tschechei, Slowakei, Rumänien, Staaten der GUS oder in Afrika.

Karl Friedrich von Weizäcker hat in den 50er Jahren festgestellt, daß dieser explodierende Globus eine neue Politik, eine Weltinnenpolitik erzwingt. Wenn wir dem zustimmen, dann wird sich der europäische Zentralstaat Deutschland verantwortlichem Handeln nicht entziehen können.

Für den eingesetzten Soldaten geht es um Leben und Tod. Für uns alle, auch uns in diesem Raum, geht es um folgenreiche Fragen zu Verantwortung, Macht und Schuld.

Ist es vermeidbar zu handeln? Ist es vermeidbar Macht anzuwenden? Ist es vermeidbar schuldig zu werden am Tun hier und am Unterlassen da?

Wir Soldaten, auch die Wehrpflichtigen, sind bereit für die Wahrung der Menschenrechte unser Leben einzusetzen. Wir wagen es, die Entscheidung über unseren Einsatz in andere Hände zu legen, im Vertrauen in die demokratischen Entscheidungsabläufe in Parteien, Parlamenten und Regierung und auf verantwortungsbewußtes Handeln der Politiker.

Wir sind keine verfügbare Masse, wir sind keine Söldner, die man heute hierhin und morgen dorthin zum Kriegführen schicken kann. Wir sind auch nicht Mitarbeiter eines Dienstleistungsbetriebes.

Ich empfinde es als Skandal, daß auch von deutschen Politikern laut über den Einsatz von Soldaten in Bosnien nachgedacht wird, während sie gleichzeitig nicht erreichen, die Versorgung des Krieges mit Waffen, Munition, Betriebsstoff und Verpflegung über die Donau, Griechenland/Mazedonien oder die Adria zu stoppen.

Dennoch: 1945 war das Jahr der Befreiung für Europa, weil Amerikaner und Sowjets, Engländer, Franzosen und viele andere mit Waffen und unter Einsatz ihres Lebens Hitler und die Wehrmacht niedergerungen haben. In deutschen Vernichtungslagern warteten Hunderttausende sehnsüchtig auf das Näherkommen der Front, weil die Waffen sie befreien würden. In Bosnien schreien heute alte Frauen in die Mikrofone der Fernsehteams: Helft uns, mit Waffen, womit denn sonst!

Jedes Menschenleben ist unbezahlbar und unersetzlich, auch das von deutschen Soldaten. Wir werden uns dennoch bald entscheiden müssen, entscheiden zu verantwortlichem Handeln und das schließt den Einsatz von Macht ein und bleibt nicht ohne Schuld.

Dietrich Bonhoeffer sagt in seiner „Rechenschaft an der Wende zum Jahre 1943“:

> *„Die Deutschen fangen erst heute an zu entdecken, was freie Verantwortung heißt. Sie beruht auf einem Gott, der das freie Glaubenswagnis verantwortlicher Tat fordert und der dem, der darüber zum Sünder wird, Vergebung und Trost zuspricht.“*

Wir haben eine andere Situation heute. Aber ist sie wirklich so ganz anders?

Ich wünsche der Synode einen guten Verlauf und Gottes Segen.

.. Oberstleutnant Bad Segeberg, 17.03.93

Sehr geehrter Herr Oberst!

Nachdenklich bin ich von Ihrer Verabschiedung aus … nach Hause gefahren. Da es eine offene Veranstaltung war, an der sehr viele Menschen teilgenommen haben, erlaube ich mir, Ihnen von meiner Nachdenklichkeit zu schreiben.

Ich gehe sicherlich zu Recht davon aus, daß Ihre Ansprache Programm und Vermächtnis sein sollte. Und so, wie ich Sie kenne, haben Sie dabei sehr sorgfältig gewogen. Mit manchem, was Sie gesagt haben, habe ich meine Probleme, und mit der grundsätzlichen Richtung komme ich aus meinem Selbstverständnis als Soldat und Offizier dieser Bundeswehr nicht zurecht.

Natürlich handelt der Kommandeur aus einer herausgehobenen Stellung. Gerade deswegen muß Bescheidenheit statt Selbsterhöhung gefordert werden. Sie begreifen sich als einen preußischen Offizier. Auch wenn ich der Geschichte nicht mächtig bin, so meine ich doch, daß die so genannten „preußischen Tugenden“ des Bürgers (Untertan?) immer ihren Gegenpol in der unantastbaren Majestät des Souveräns hatten, der sich zwar als erster Diener seines Staates bezeichnete, vielleicht auch empfand, aber immer der absolute Monarch blieb, während die Anderen ggf. zu gehorchen hatten.

Der Eindruck, daß der Offizier in Ihrem Verständnis zu einer Elite gehört, die weit über den anderen steht, die sich zur Führung berufen, aber auch berechtigt fühlt und der vertrauensvoll zu folgen für Untergebene das hohe Glück bedeutet, das war es, was mich nachdenklich machte.

Hat dieser Anspruch auf Gefolgschaft, diese Zentrierung auf eine überhöhte Führerpersönlichkeit, nicht gerade die Jahre 1933 bis 1945 ermöglicht?

So habe ich den Hinweis auf die Freiheit des Individuums, die Eigenverantwortung für sein Handeln, die Pflicht zur Kritik und zum Widerstand gegen Mißstände und Anmaßung vermißt, wie die Aufforderung an den Soldaten, in der unvermeidlichen Hierarchie seines Berufes sich ein Höchstmaß an Eigenständigkeit und individueller Freiheit, an Zivilcourage und Tapferkeit auch gegen Anmaßungen seiner Vorgesetzten zu bewahren.

Die Zeit der Junker und Gutsherren ist, da werden Sie mir sicherlich zustimmen, Gott sei Dank vorbei. Recht und Freiheit des Individuums zu verteidigen, und d. h. ja auch unsere Soldaten dahin zu erziehen, das haben wir geschworen.

Verehrter Herr Oberst! Ihre intellektuelle Brillanz habe ich immer sehr bewundert. Ihr geschichtliches Wissen und Ihre staatsbürgerlichen Kenntnisse haben mich immer beeindruckt. In verschiedenen Situationen sind Sie mir hilfreich und kameradschaftlich, stets mit großer Freundlichkeit, begegnet. Sicherlich habe ich Ihre Abschiedsansprache mißverstanden. Gerade deswegen erlaube ich mir, Ihnen zu schreiben.

Mit kameradschaftlichen Grüßen

Gustav Lünenborg

.. Kommandeur Bad Segeberg, 22.04.93

Eine Information für Reserveoffiziere

AWACS - und kein Ende

Es geht nicht um Bosnien.

Nun sind wir auf den Einsatz deutscher Soldaten in den AWACS - Aufklärern der NATO fixiert, auf eine Einzelentscheidung, statt auf die Grundentscheidung.

Worum müßte es gehen? Doch darum, was der Handlungsrahmen der deutschen Außen- und Sicherheitspolitik 1993 ist, nach Wiedervereinigung und Herstellung der Souveränität, unter grundlegend geänderten innen- und außenpolitischen Bedingungen.

Einsatz deutscher Soldaten nur im NATO-Gebiet?

Außerhalb des NATO-Gebietes nur friedenserhaltende Einsätze, also Blauhelmaktionen?

Oder auch friedenswiederherstellende Kampfeinsätze weltweit im Auftrag der UN?

Deutschland hatte nach dem Golfkrieg 2 Jahre Zeit, das zu entscheiden. Es ist eine der zentralen politischen Entscheidungen dieser Republik, eine zentrale Entscheidung der Nachkriegszeit. Von ähnlichem Gewicht wie die Frage der Wiederbewaffnung und Aufstellung der Bundeswehr.

Entscheidet sich Deutschland für Kampfeinsätze weltweit im Auftrag der UN, dann geht es nicht um einige deutsche Soldaten in den AWACS-Flugzeugen. Es geht um die potentiellen Möglichkeiten von eskalierenden militärischen Aktionen, Kriegen, an denen dann ggf. tausende deutscher Soldaten beteiligt sind. Die USA standen im letzten Golfkrieg mit weit über 500.000 Soldaten. Großbritannien mit 43.000 und Frankreich mit 16.000 Soldaten.

Dann wird Deutschland „kriegführende Nation" mit allen Folgen. Amerika hat ein Jahrzehnt am Vietnam-Schock gelitten. Amerikas Beteiligung am Golfkrieg trieb 100.000 deutsche Mitbürger protestierend auf die Straßen. Was wird in Deutschland los sein, wenn 10.000 deutsche Soldaten in Afrika verbluten?

Die Fixierung auf Bosnien und das Elend der einen und die Brutalität und Niedertracht der anderen emotionalisiert auch uns extrem. Dabei brauchten wir selten so sehr einen klaren Kopf, wie bei dieser Entscheidung.

Sie verlangt die große politische Debatte. Sie ist neben der Herausforderung an jeden von uns, Deutschland als eine Nation in Kopf und Herz anzunehmen, das Thema dieses Jahrzehnts nach 1989. Müßte es sein! Und was ist daraus geworden?

Der eine Teil der Bundesregierung verklagt den anderen vor dem Bundesverfassungsgericht und die Spitzenleute der Opposition sind offenbar der Meinung, daß auch Kampfeinsätze unvermeidbar sind, wissen aber, daß die breite Basis ihrer Partei da nicht mitmacht und gehen auch nach Karlsruhe. Die höchsten Richter müssen politische Lebensfragen unserer Republik entscheiden und wenn sie sich - zu Recht - verweigern, geht die beschämende Hilflosigkeit weiter.

Und was sollen wir Kommandeure unseren Soldaten sagen?

Sie tragen in Kambodscha, in Somalia, in Jugoslawien täglich ihre Haut zu Markte, weil die Regierung unseres Landes sie dort hinschickt und zu Hause geht der Streit der Verantwortlichen über die Rechtmäßigkeit dieser Einsätze schleppend in die nächste Runde.

Es gibt überzeugende Argumente, die das Grundgesetz und die von Deutschland vor 20 Jahren ohne Vorbehalte unterschriebene UNO-CHARTA, den Einsatz deutscher Soldaten weltweit im Auftrag der UN juristisch rechtfertigen. Dies sieht offenbar auch die Mehrzahl der deutschen Verfassungsjuristen so.

Nachdem das Parlament mit Mehrheit den Beitritt zur UNO-CHARTA beschlossen hat, wäre es an der Bundesregierung, im Einzelfall zu entscheiden, zu handeln. Es hilft aber in einer so großen Frage wenig, wenn man Recht hat. Hier ist Zustimmung und Mittragen einer möglichst großen Mehrheit der Volksvertreter erforderlich und ein möglichst großer Konsens in der Bevölkerung.

Dazu ist die große Debatte nötig, die zu durchleiden und zu durchstreiten ist. Dabei müssen die Konsequenzen deutlich werden, unsere Interessen und unsere Verantwortung. Das Ergebnis kann nicht die Einzelentscheidung, z. B. Einsatz in Bosnien sein, sondern der Handlungsrahmen deutscher Politik und die Verfahren, in denen dann wie und von welchem Verfassungsorgan im Einzelfall zu entscheiden ist, ob Deutschland sich beteiligt oder nicht.

Kaum ein deutscher Soldat geht freiwillig in den Krieg. Wir haben geschworen, die Lebensinteressen der deutschen Menschen zu schützen. Wo diese Lebensinteressen beginnen, ist eine eminent politische Entscheidung. Wie keine andere Berufsgruppe sind wir Soldaten angewiesen auf eine überzeugende, verantwortbare Politik, der wir uns anvertraut haben.

Zu einer solchen Politik gehört auch, nach ernsthafter Debatte Entscheidungen zu fällen, die für die Bundeswehr dann der Auftrag sind.

Es waren Amerikaner, Engländer, Franzosen, Russen und andere, die im 2. Weltkrieg ihr Leben einsetzten und oft verloren, um Europa vom militärischen und politischen Terror zu befreien. Den Gefolterten in deutschen Konzentrationslagern konnten nach dem Scheitern der Diplomatie nur Waffen die Befreiung bringen.

Wer hilft den Menschen in Bosnien?

Standortältester Bad Segeberg
.. Oberstleutnant

Bad Segeberg, 05.06.1993

Grußwort
an die Synode des Kirchenkreises Segeberg
am 05.06.1993

Herr Vorsitzender, Propst Martensen, meine verehrten Damen und Herren!

Ich bedanke mich für die Einladung und für die Möglichkeit hier auch heute zu sprechen. Ich war 6 Jahre sehr gerne Gast der Synode. Ich werde Ende September pensioniert, stehe hier als Standortältester Bad Segeberg und Kommandeur des Verteidigungskreiskommandos 113 also zum letzten Mal.

Ich habe in den vergangenen Jahren nicht selten gezögert, die aktuellen Probleme der Bundeswehr hier darzulegen, oft in Sorge, die Synode in der Einstimmung zu stören.

Sie aber haben mich vielfältig ermutigt hier zu sprechen. Dafür danke ich Ihnen sehr. Lassen Sie mich heute noch einmal deutlich machen, was mich bei der Begegnung Kirche und Bundeswehr besonders bewegt.

Ich vertrete auch heute zunächst unsere jungen Soldaten, die der Allgemeinen Wehrpflicht nachkommen. Sie können kaum ganz überblicken, was da von ihnen erwartet wird. Sie sind auf unsere Solidarität nicht nur angewiesen, sondern haben darauf auch Anspruch.

Mit Kirche und Militär treffen die Elemente Ethik und Macht aufeinander. Dieses Spannungsfeld ist nicht zu harmonisieren. Auch im demokratisch legitimierten Staat kann es nur vermindert und rechtsstaatlich kontrolliert werden. In der praktischen Politik wird oft die Entscheidung zu Gunsten der Macht, nicht selten zu Lasten von Ethik und Moral fallen.

Die Kirche handelt in dieser Welt. Ihre Verantwortung gilt zunächst dem Menschen, dem Ebenbild Gottes und seiner darin begründeten einzigartigen Würde. Sie ist also in ganz besonderer Weise der Ethik und Moral verpflichtet.

Streitkräfte sind das bewaffnete Instrument des wehrhaften Staates. Ihr Einsatz vernichtet Gut und Leben massenhaft und oft wahllos. Der Soldat ist dem Anspruch von Befehl und Gehorsam unterworfen. Er läuft also Gefahr, Objekt zu werden, wenn die Befehlshaber über ihm nicht von den Gesetzen der Humanität und des Rechtes bestimmt sind und er selbst nicht die Kraft hat, diese notfalls über den Gehorsam zu stellen.

Diese Spannung ist nicht aufhebbar, solange wir in einer heillosen Welt einen wehrhaften Staat wollen. Recht und Freiheit bedürfen der Macht zu ihrem Schutz.

Im freiheitlichen Rechtsstaat bestimmt die Gemeinschaft mit ihren gewählten Vertretern über Bedingungen, Ziele und Grenzen des militärischen Einsatzes. Je unübersichtlicher Politik wird, um so ohnmächtiger wird sich der Einzelne fühlen. Die Abhängigkeit des Soldaten von den verantwortlich handelnden Politikern wächst dann mehr als in jedem anderen Beruf.

Der Auftrag des Staates an den Soldaten, notfalls Menschen zu töten, bleibt die Nagelprobe, die existentielle Herausforderung für jeden in meinem Beruf. Er ist auch die Nagelprobe für die auftraggebende Gemeinschaft. Gestern, in der stabilen Konfrontation NATO - Warschauer Pakt, war der Einsatz der Bundeswehr eher unwahrscheinlich. Morgen, bei weltweiten Einsätzen der Bundeswehr, aber auch bei krisenhaften Entwicklungen hier in Europa ist er eher realistisch.

Als Alternative bietet sich allein der Pazifismus, also die konsequente Wehrlosigkeit der Gemeinschaft, die die Bereitschaft des Einzelnen zum Martyrium einschließt. Den militärischen Schutz von anderen, z. B. den Amerikanern zu fordern, sich selbst aber zu verweigern, ist m. E. nicht akzeptabel, denn Leben und Gesundheit sind nicht ersetzbar, also auch nicht bezahlbar.

Die christlichen Kirchen sind wichtiger außerstaatlicher, von Weisungen freier Raum, aus dem Grundsätze für politisches Handeln gerade in solchen Grenzfällen formuliert und die Konsequenzen daraus mit verantwortet werden müssen. Auch der einzelne Christ kann diesen Fragen nicht ausweichen. Mindestens solange eine Allgemeine Wehrpflicht die jungen Männer kraft Gesetz zu den Waffen ruft, sind alle Bürger mitverantwortlich. Aber auch bei einer Freiwilligenarmee bleibt die Verantwortung neben der jeweils individuellen letztlich bei der Gemeinschaft.

Meine Damen und Herren: Ich habe in den vergangenen Jahren und heute versucht, die besondere Situation des Soldaten deutlich zu machen und Ihre Mitverantwortung als Repräsentanten der Gesellschaft eingefordert. Ich zitiere noch einmal Dietrich Bonhoeffer. Er schreibt in seiner „Rechenschaft an der Wende zum Jahre 1943“:

> *Die Deutschen fangen erst heute an zu entdecken, was freie Verantwortung heißt. Sie beruht auf einem Gott, der das freie Glaubenswagnis verantwortlicher Tat fordert und der dem, der darüber zum Sünder wird, Vergebung und Trost zuspricht.“*

Ich danke Ihnen für die zahlreichen Male, wo ich Gast Ihrer Synode sein durfte und wünsche Ihnen Gottes Segen.

Verteidigungskreiskommando 113 Bad Segeberg, 28.09.93
.. Oberstleutnant

Ansprache aus Anlaß der Verabschiedung aus dem aktiven Dienst von 1956 bis 1993 am 28.09.1993 in der Lettow-Vorbeck-Kaserne Bad Segeberg

Frau Ministerin Moser, Herr Bürgervorsteher Hilse, Herr Bürgermeister Nether, Herr Kreispräsident, Herr General von Falkenhayn, meine verehrten Damen, meine Herren.

Seien Sie uns, den Angehörigen des VKK 113 und mir persönlich, der ich heute hier von meinem Befehlshaber verabschiedet werde, herzlich willkommen.

Es bewegt mich sehr, daß Sie alle, viele von Ihnen von weit her, zu meiner Verabschiedung gekommen sind.

Dies wird einmal gewiß eine freundliche Geste an mich persönlich sein, aber gleichermaßen dem Amt gelten, welches ich 6 ½ Jahre führen durfte und meinen Mitarbeitern, die die Leistung des VKK 113 gemeinsam mit mir erst möglich gemacht haben.

Ich spreche von den 55 aktiven militärischen und zivilen Mitarbeitern und gleichrangig von unseren, für den Mobilmachungsfall beorderten 1.765 Reservisten, den 1.400 Reservisten aus der Freiwilligen Reservistenarbeit und den über 100 nicht mobbeorderten Reserveoffizieren aus dem Verteidigungskreis, die im VKK 113 militärische Heimat gefunden haben. Wenn ich die Substanz deutlich machen will, aus der wir geschöpft haben, dann gehören dazu all die Männer und Frauen in Kreisverwaltungen und Rathäusern, in Polizeien und Bundesgrenzschutz, in Feuerwehren und anderen Organisationen des Katastrophenschutzes, in Kirchen und Akademien, Parteien und Verbänden, BUND und WWF, der 6. PzGrenDiv und der Bundeswehrverwaltung.

Ihre bereitwillige Zusammenarbeit, oft Ihre freundschaftliche Zuwendung, hat den Erfolg unserer Arbeit möglich gemacht.

Es gehört zu den Erfahrungen dieser 6 Jahre, daß von keiner Seite, auch nicht von denen, die der bewaffneten Macht kritisch gegenüberstehen, eine sachliche Zusammenarbeit verweigert wurde. Nicht wenige unserer Partner in der Zivil-Militärischen-Zusammenarbeit in hohen und sehr hohen Positionen von Verwaltung, Organisationen und Politik, haben als 20-Jährige den Wehrdienst verweigert. Dies hat dem verständnisvollen Miteinander für eine effektive Landesverteidigung keinen Abbruch getan.

Dies entspricht nicht dem äußeren Eindruck, den Medien und Stammtische oft verbreiten. Ich habe dafür ganz besonders den Kreisverwaltungen, die unsere wichtigsten zivilen Partner sind, zu danken.

Unsere beorderten und freiwilligen Reservisten waren der Reichtum des VKK. Ca. 3.000 Männer aus allen Berufen, über 60 Stabsoffiziere der Reserve unter ihnen, sind ein unbezahlbares Kapital.

Wer die Bundeswehr nicht kennt, weiß nicht wie intensiv die Einbindung dieser Reservisten als Kompaniefeldwebel, Schirrmeister, Köche, Rechnungsführer, Waffenmechaniker, Geschützbediener, Kompaniechefs, Bataillonskommandeur oder Verbindungsoffiziere der Reserve in die aktive Bundeswehr ist, weiß nicht wieviel Zeit, Kraft und nicht selten privates Geld die Reservisten oft freiwillig für die Sicherheit und die Politikfähigkeit unseres Landes zur Verfügung stellen. Sie sind in allen Altersgruppen, allen Berufen und allen Positionen zu finden: Bäcker und Sozialarbeiter, Unternehmer und Pastoren, Kaufleute und Architekten, Handwerksmeister und Arbeiter.

Dies ist nur durch die Allgemeine Wehrpflicht möglich. Bei einem Mobilmachungsumfang von 1,35 Millionen Soldaten und einer aktiven Bundeswehr von ca. 470.000 waren 880.000 Reservisten bis 1990 gleichzeitig beordert. Die Zahl der Reservisten ohne Beorderung wird mit 5 Millionen eher zu niedrig gefaßt sein und die, die aus der Wehrpflicht entlassen sind, weil sie die Altersgrenzen überschritten haben, werden noch einmal mehrere Millionen ausmachen.

Welch ein Faktor der Zustimmung zu unserem Staat, der Bereitschaft ihm auch unter eigenen Einschränkungen zu dienen. Und auch nach Abzug derer, die gedankenlos durch den Wehrdienst gegangen sind: wieviel stabilisierende Kraft an positiver staatsbürgerlicher Bereitschaft bleibt dennoch übrig!

Wer die Wehrpflicht aufgibt, gibt auch diese Substanz auf. Die Aufgabe der Wehrpflicht mag irgendwann politisch unvermeidbar sein. Aber: man sollte wissen, was man verliert.

Meine sehr verehrten Damen und Herren!

Die Aufgaben des VKK 113 haben mich 6 ½ Jahre fasziniert. Die Persönlichkeiten und die fachliche Qualität meiner Mitarbeiter waren das ganz besondere Angebot und die Herausforderung an mich. Wir hatten auch materiell alles, was wir benötigten, um gute Arbeit zu leisten.

Ich habe besonderen Dank zu sagen

- dem Panzergrenadierbataillon 182
  für kameradschaftliche Zusammenarbeit und Unterstützung bei vielen Veranstaltungen bis zum heutigen Tage
- der Standortverwaltung Außenstelle Bad Segeberg
  unter ihrem Leiter Max Finnern für freundschaftliche und praktische Nachbarschaft und
- der Stadt Bad Segeberg unter ihrem Bürgermeister Jörg Nether und ihrem Bürgervorsteher Horst Burch.

Die Integration der Garnison in die Stadt ist vorbildlich. Für die intensive Hineinnahme, Interesse an unserer Arbeit und Großzügigkeit der Stadt sage ich herzlichen Dank.

Ich habe Oberstleutnant Jörg Seifert zu danken für seine freundschaftliche Unterstützung besonders in den letzten Wochen. Für die Führung des VKK in dieser schwierigen Übergangszeit kann ich mir keinen Besseren denken.

Es war eine herrliche Zeit. Ich scheide mit der Wehmut dessen, der sich von lieb gewordenen Menschen, Gewohnheiten und Annehmlichkeiten, einem Stab, der ihm zur Verfügung stand, einem Haus, in dem er sich wohl gefühlt hat und einer Aufgabe, die ihn ganz und gar ausfüllte, trennen muß.

Ich scheide mit der Gelassenheit dessen, der gern auf ein abgeschlossenes Stück Arbeit zurückschaut.

Ich scheide mit der Zuversicht dessen, der sich auf die Chancen einer neuen Freiheit, auch eines privateren Lebens, sehr freut.

Haben Sie herzlichen Dank, daß Sie mich an diesem letzten Arbeitstag meiner aktiven Dienstzeit begleiten. Das tut gut und ist mir eine ganz große Freude.

Auf dem Weg VI

1994 Abzug sowjetischer Truppen aus Deutschland

Von 100 auf 0 und langsam wieder in Fahrt

An diesem 28. September 1993 waren noch viele Hände zu schütteln. Der große Saal voller Menschen: Willy Kröger, der treue Kreiswehrführer, der mir in herzlicher Zuneigung und soldatischem Einklang verbunden war, Jörg Nether, der Bürgermeister, mit dem ich einige freundschaftliche Jahre in der Stadt hatte, Werner Zylka, der Kreispräsident, wir hatten uns regelmäßig zu Mittagessen und Gespräch getroffen, Propst Martensen, so manche Tasse Kaffee in seiner Privatwohnung, er begleitete gelassen meinen Übertritt zum protestantischen Glauben und holte mich in den Vorstand des Kirchenkreises.

Holger Kläschen war da, Architekt aus Hamburg, Leitender Verbindungsoffizier der Reserve und mir freundschaftlich verbunden. Heide Moser war gekommen, Sozialministerin in Schleswig-Holstein, eine Kämpferin mit großem Herzen. Klaus Knütter, bald Bürgervorsteher, Respekt und dann Freundschaft führten uns zusammen, ein Mann mit viel Optimismus, Kraft und Ausstrahlung, Lehrer, Sänger und Gitarrist einer bekannten Musikgruppe, ein Menschenfänger, die Jugend liebte ihn.

Und meine Hauptfeldwebel aus der Plöner Zeit, völlig überraschend für mich. Manni Groeneveld, mein damaliger Stellvertreter an ihrer Spitze. Er hielt eine sehr launige, freundschaftliche Rede, auch von den Sprossern und der Nachtigall. Wer die Truppe kennt, weiß, wie mich das Kommen der Führer meines damaligen Unteroffizierskorps anrührte, 12 Jahre nach dem Abschied aus dem Pionierbataillon 6.

Irgendwann muß auch der schönste Abschied ein Ende haben. Ein letztes Winken, draußen durch das Spalier der Mitarbeiter, am Ende stand Hütti, Herr Hüttmann, mein Fahrer mit dem Opel Rekord.

In unserem Haus in Nahe der kleine private Kreis: unsere Kinder, unsere Freunde. Das Ehepaar Taube, Karin, Claudias beste Freundin und unsere Vizetochter, Holger. Auch Peter Kempe, Obergefreiter im VKK, vor wenigen Jahren noch im Stab von Karl Lagerfeld bei Chanel. So manche Tasse Tee, so manches Gespräch in den Mittagspausen. -

Mit 57 zog ich die Uniform aus.

Zunächst war es wie ein großer Urlaub.

Ich brauchte einige Jahre, um in der Ungebundenheit des jungen Pensionärs meinen neuen Rhythmus zu finden, bis ich gelernt hatte, die neue Freiheit zu nutzen und zu genießen.

Zunächst war es dann wie ein großer Urlaub. Beschäftigung blieb aber genug. Klaus Knütter, inzwischen Bürgervorsteher, lud mich 1994 ein, mit ihm das „Internationale Jugendcamp der Stadt Bad Segeberg“ zu leiten. Unser Einsatz für unsere neuen Nachbarn, die Ahmadiyya-Muslim-Gemeinde, führten Erika und ich bis zur Baugenehmigung 1999 erfolgreich zu Ende. Unsere Anliegerstraße bekam 1999 eine neue Decke. Wir hatten mit den anderen Nachbarn gemeinsam 6 Jahre gegen einen massiven Ausbau gearbeitet.

2003 verkauften wir unser Haus im Kreis Segeberg und zogen in eine Wohnanlage in Hamburg-Eppendorf. Längst waren unsere Kinder erwachsen und ausgezogen. Claudia lebt mit ihrer Familie in der Nähe von Köln, Dirk, nach Schul- und Berufsabschluß am Rande von Hamburg. Ich war 68, Zeit, das Haus auf dem Lande gegen die Wohnung in der Stadt zu tauschen.

Ich hatte Zeit zum Schreiben. Über Reisen, meine Enkel, Hamburg und München, wo wir einen Teil des Jahres verbringen, die kleinen und die großen Geschichten. Las daraus öffentlich bei Wilfried im Kulturcafé. Ich versorgte meine Enkel, wenn die Eltern mal alleine ausspannen wollten und genoß es, Großvater zu sein. Ich hatte Zeit für meine Fotoleidenschaft. Eine Ausstellung, 2 Monate hingen meine großen Fotos in Eppendorf. Die wöchentliche Stunde im Theologischen Gesprächskreis St.-Johannis-Harvestehude wurde mir wichtig, Konzentration und Gespräch. Reisen mit Erika oder allein, oft nach München.

Die Bundeswehr blieb mein Lebensthema und hier besonders die „Innere Führung". Distanz zum Alltag, mittendrin bei den großen Themen.

Bald ein kontroverser Abend in Bad Segeberg um den Namen **„Lettow-Vorbeck-Kaserne".** Der Kommandeur des Panzergrenadierbataillon 182 hatte eingeladen: Offiziere, Feldwebel, militärische und zivile Gäste.

Wochen zurück hatte sich ein junger Journalist einer Norderstedter Zeitung vor das Kasernentor gestellt und herauskommende Soldaten befragt, wer Lettow-Vorbeck sei. Die Antworten waren mager gewesen, entsprechend kritisch dann auch der Bericht. Der Kommandeur wollte dem Mangel an Information abhelfen und lud den 1. Vorsitzenden des „Traditionsverbands ehemaliger Schutz- und Überseetruppen", einen pensionierten Bundeswehrgeneral, zum Vortrag ein.

Mir schwante nichts Gutes. Bis vor wenigen Monaten war ich 6 Jahre Standortältester Bad Segeberg gewesen. Von „Lettow", wie er in allgemeiner Verehrung nur genannt wurde, wusste ich nicht genug. Also begann ich zu lesen und fuhr nach Pronsdorf, einem kleinen Dorf um einen großen Gutshof in der Nähe von Bad Segeberg

Lettow-Vorbeck war mit der Tochter des Gutsbesitzers verheiratet gewesen. Auf dem Friedhof steht ein kleines Mausoleum, sein Grabmal. Ich traf dort einen alten Mann, der auf den Knien Unkraut jätete. Ich sprach ihn an und er antwortete mir, ohne seine mühsame Arbeit zu unterbrechen. Dann fragte ich ihn, ob er den General von Lettow-Vorbeck gekannt habe. Der alte Mann erhob sich, nahm, soweit er dazu noch in der Lage war, Grundstellung ein und sagte fast ehrfürchtig: „Ja, den Herrn General kannte ich."

Langsam erzählte er. Sie hätten den General oft als Treiber zur Jagd begleitet. Als er später immer schlechter hätte gehen können, hätten sie eine Trage gebaut, einen Sessel darauf befestigt und den General zur Jagd getragen. Von dort oben hätte er dann geschossen. Dem Greis leuchteten die Augen in der Erinnerung. Ich war sehr bewegt.

Dann kam der Informationsabend in der Lettow-Vorbeck-Kaserne. Das Offiziersheim bis zum letzten Platz besetzt, die aktiven

Offiziere und Feldwebel, die zivile Prominenz der Kreisstadt, einige pensionierte Soldaten. Der General a. D. und Vorsitzende des Traditionsverbandes beschrieb Leben und Persönlichkeit des Generals Paul von Lettow-Vorbeck in leuchtenden Farben: „Meine Damen und Herren! Wenn es einen würdigen Namensgeber für Ihre Kaserne gibt, dann ist das der General von Lettow-Vorbeck. Seien Sie stolz darauf." Begeisterter Beifall.

Die Aussprache wurde eröffnet, niemand sonst hatte eine Frage, ich meldete mich. Ich versuchte zu erklären, daß trotz seiner herausragenden Leistungen als militärischer Führer der General von Lettow-Vorbeck nach heutigem Maßstab als Namensgeber einer Kaserne nicht in Frage käme. Meine Worte gingen im Unmut der Versammlung unter, der Vortragende entzog mir das Wort.

Bei der endgültigen **Auflösung meines Plöner Bataillons ergriff ich das Wort.** Inzwischen sind die Kasernengebäude abgerissen, die Kaserne verschwunden. Das einzigartige Militärgelände zwischen den 5 Seen ein neuer Stadtteil von Plön. „Friedensdividende" und das kann man nur freudig begrüßen. Dennoch Wehmut: Wo gestern ein starker militärischer Organismus lebte mit 1.300 Soldaten und zivilen Mitarbeitern, stehen heute Einfamilienhäuser.

Dann die **„Wehrmachtsausstellung".** Das war ein großes Thema. Ich diskutierte mit den Machern im Hamburger Institut für Sozialforschung, ging zu einem halben Dutzend Begleitveranstaltungen, zu den „Rechten" und zu den „Linken", bewegende Momente, wenn ich mich als ehemaliger Stabsoffizier und Kommandeur zu erkennen gab. Schließlich auf dem Podium in der Volkshochschule Segeberg, eine Diskussionsreihe zum Thema. - Dann die große Kontroverse um die Ratsvorsitzende der EKD, die Bischöfin Margot Käßmann: **„Nichts ist gut in Afghanistan".** General a. D. Klaus Naumann griff in der Süddeutschen die Bischöfin scharf an. Mir hat der Beitrag nicht gefallen. Viele Gespräche, so mancher Brief. - Und noch einmal das Thema **„Schuld und Tradition".** Ein Briefwechsel, der mir wichtig ist. - Und schließlich kam eine Welle der Unzufriedenheit über die **„Innere Führung"** von den jungen deutschen Führern, vorne im Krieg in Afghanistan.

Eine andere Zeit, ein anderer Auftrag, eine veränderte Bundeswehr im Wandel vom Frieden zum Krieg. Ich begleite sie in Distanz, bei den großen Themen mit vollem Einsatz. Und da erlebe ich eine Gruppe junger Offiziere und Feldwebel, viele Afghanistan erfahren, die mit Kraft und Selbstbewusstsein sich einmischen in die sicherheitspolitische Debatte über Vorträge und Diskussionen, Printmedien, Internet, die ihre Einsätze reflektieren und die eigene Rolle definieren als deutsche militärische Führer in internationalen Einsätzen. Beeindruckend. - Möge ihr Beispiel Schule machen.

Ein Brief zu „**Namensgebung**"

.. Oberstleutnant a. D. Nahe, 22.09.1994

Brigadegeneral Klaus Vollmer
1. Vorsitzender Traditionsverband ehem. Schutz- und Überseetruppen

Reiner Schwalb
Oberstleutnant
Kommandeur PzGrenBtl 182 Bad Segeberg
Lettow-Vorbeck-Kaserne

Dr. h. c. Jörg Nether
Bürgermeister Bad Segeberg

u. a.

Sehr geehrter Herr General!

Der Ablauf der Veranstaltung am 21.09.1994 im Casino der Lettow-Vorbeck-Kaserne hat mich sehr bewegt. Ich hätte mir etwas mehr Mut, Objektivität und Argumentation gewünscht. Vortrag und Diskussionsverlauf haben mich veranlaßt, meine Gedanken noch einmal schriftlich zu ordnen. Ich denke, daß mein Brief deutlich macht, um was es mir geht, wenn wir den Namen der Segeberger Kaserne kritisch hinterfragen. Dies war ja die erklärte Absicht des Kommandeurs für diesen Abend. Ich möchte auch deutlich machen, warum die ehrliche Auseinandersetzung so wichtig ist, wenn wir glaubwürdig am Namen festhalten wollen.

Ich plädiere nicht für eine Umbenennung der Lettow-Vorbeck-Kaserne. Der Name ist in 30 Jahren in BAD SEGEBERG zu einer Selbstverständlichkeit geworden und hat in der Region einen guten Klang. Für die Bürger ist die Lettow-Vorbeck-Kaserne der Platz, wo sie „ihre" Soldaten wissen, zu denen die allermeisten in einem problemlosen bis herzlichen Verhältnis stehen. Für die Soldaten ist dieser Name mit ihrer Kaserne fest verbunden. Er ist ein Teil ihrer Identität. Daran sollte man ohne Not nicht rühren.

Es ist jedoch folgendes zu bedenken: Die Bundeswehr knüpft nicht an die Tradition von Wehrmacht, Reichswehr und Kaiserlicher Armee an. 1945 wird als Bruchstelle der deutschen Militärtradition betrachtet. „Die Bundeswehr schafft ihre eigene Tradition." Die Verteidigung von Recht und Freiheit ist die zentrale Grundlage der Tradition der Bundeswehr.

Nach den singulären Ereignissen im nationalsozialistischen Deutschland haben wir 1949 einen radikalen Neuanfang gemacht, den Wechsel vom Staat der Willkür und des Unrechts zum Staat der Freiheit und des Rechts. Wir sollten keinen Zweifel aufkommen lassen am kompromißlosen Bruch mit der nationalsozialistischen Vergangenheit und ihr verwandter Gesinnungen.

Bei der Beurteilung der Eignung einer Persönlichkeit als Namensgeber einer unserer Kasernen ist zunächst das untadelige und vorbildliche Verhalten in Hinblick auf Recht und Freiheit anderer zu prüfen und erst danach ihre Qualitäten als Soldat. Wird die Prüfung zu 1. nicht bestanden, können noch so überragende Leistungen zu 2. dies nicht ausgleichen.

Der Name einer Kaserne hat Symbol- und Vorbildcharakter. Wir verlangen von unseren Soldaten, ihr Leben für Recht und Freiheit ihrer Mitmenschen einzusetzen. Wir verlangen dies, obwohl die Generation ihrer Großväter in ungeheuerlicher Weise unter Mißbrauch der soldatischen Tugenden in den Tod geschickt wurde. Als eine Lehre daraus wollen wir den mündigen, das heißt auch kritischen Staatsbürger in Uniform. Wir müssen ihm dann auch überzeugend sagen können, daß der Namensgeber seiner Kaserne das Eintreten für Recht und Freiheit beispielhaft vorgelebt hat.

Der General Paul von Lettow-Vorbeck (1870 - 1964) war offenkundig ein überragender militärischer Führer, dem Hochachtung und Zuneigung seiner deutschen und afrikanischen Soldaten, wie auch Respekt und Bewunderung seiner militärischen Gegner über seinen Tod hinaus entgegen gebracht wurden.

Vor und während des 1. Weltkrieges war Lettow-Vorbeck als Offizier in den deutschen Kolonien KIAUTSCHOU (China),

Deutsch-Südwestafrika und Deutsch-Ostafrika eingesetzt. Legendären Ruhm erwarb er sich als Befehlshaber der Askari-Truppen in Deutsch-Ostafrika, wo er trotz vielfacher Überlegenheit des Feindes unbesiegt blieb. Das Ende des 1. Weltkrieges zwang ihn zur Kapitulation.

Lettow-Vorbeck kämpfte für ein deutsches Kolonialreich und Deutschlands Stellung als Weltmacht. Dies entsprach den Vorstellungen seiner Zeit und der Politik der anderen bedeutenden europäischen Nationen. Aber: Die Geschichte auch des deutschen Kolonialismus ist kein Ruhmesblatt für Menschlichkeit und Selbstbestimmung. Auch das heutige Elend Afrikas rührt sehr wesentlich immer noch von Ausbeutung und willkürlicher Grenzziehungen durch die damaligen Kolonialherren. Recht und Freiheit der Afrikaner wurden mit Füßen getreten.

In den Nachkriegswirren 1919/1920 gehörte Lettow-Vorbeck zu den einflußreichen Generälen um den zunächst ranghöchsten deutschen Offizier des Heeres, den General von Lüttwitz. Lüttwitz war 1920 der militärische Kopf des Kapp-Putsches. Ziel der Putschisten war die gewaltsame Absetzung der rechtmäßig gewählten demokratischen Reichsregierung unter dem Reichskanzler Ebert. Lettow-Vorbeck nahm aktiv am Putsch teil. Der Umsturzversuch scheiterte. Lettow-Vorbeck wurde aus dem Dienst entlassen.

An seiner aktiven Teilnahme am Putsch gegen die rechtmäßige Regierung unter dem, in seiner Persönlichkeit untadeligen Reichskanzler Ebert, gibt es keinen Zweifel. Ich verkenne nicht die ganz besonders schwierige Situation 1920 in Deutschland. Subjektiv mögen sogar Vaterlandsliebe und Treue die Triebfedern seines Verhaltens gewesen sein. An Lettow-Vorbecks Handeln gegen Recht und Gesetz ist dennoch nicht zu deuteln.

Nach 1933 wurde Lettow-Vorbeck zur Zentralfigur einer neuen Kolonialbewegung im 3. Reich. Sein Buch „Heia Safari“ wurde von den Nationalsozialisten in mehreren 100.000 Exemplaren verbreitet.

Auch hier teilt er seine Bereitschaft, der Hitler-Diktatur an herausragender Stelle zu dienen, mit vielen anderen. Vorbildlich war sie nicht.

Zum Hintergrund: Lettow-Vorbeck starb 1964 in Pronsdorf bei Bad Segeberg. Er wurde mit militärischen und staatlichen Ehren begraben. Verteidigungsminister war Kai-Uwe von Hassel, dessen Familie eng mit den deutschen Kolonien in Afrika verbunden war. Die Bad Segeberger Kaserne erhielt im Todesjahr von Lettow-Vorbeck ihren Namen. Ein Zusammenhang ist naheliegend.

Stünde die Entscheidung erst an, sollte eine Kaserne nicht nach General Paul von Lettow-Vorbeck benannt werden. Wenn ich heute dennoch für eine Beibehaltung des Namens spreche, dann aus den im Anfang genannten Gründen. Der Schaden, den eine Umbenennung auslösen würde, wäre zumindest mittelfristig größer, als der Gewinn.

Wir müssen unseren Soldaten diese Sachverhalte und Beurteilungen sagen. Es ist auch eine Führungsaufgabe, die Prioritäten klarzustellen. Im anderen Fall werden sie die Tatsachen selber lesen und mit unseren Postulaten vergleichen. Dies würde das Vertrauen nicht fördern.

Mit freundlichen Grüßen

Gustav Lünenborg

.. Oberstleutnant a. D. Nahe, 19.01.95

Leserbrief an die Süddeutsche Zeitung

Was darf ein General?

Die Äußerungen des Generalmajor Gerd Schultze-Rhonhof beim Neujahresempfang in Hannover haben viel Zuspruch und viel Kritik ausgelöst. Er hatte den Vergleich von Soldaten mit Mördern als genauso absurd bezeichnet wie den Vergleich des Bundesverfassungsgerichtes mit dem Volksgerichtshof.

Das Verfassungsgericht hatte im vergangenen September festgestellt, daß ein Aufkleber mit dem Tucholsky-Zitat „Soldaten sind

Mörder" unter bestimmten Umständen eine erlaubte Meinungsäußerung sein kann und nicht in jedem Fall die Bundeswehr verunglimpfe. Der General hat das Urteil als Fehlurteil kritisiert.

Die daraus entstandene Diskussion hat grundsätzliche Aspekte. Was darf ein Offizier in hoher Verantwortung? Wo überschreitet er die Grenzen der Zurückhaltung und Loyalität, die ihm Beruf und Amt auferlegen?

Zunächst: Sind die russischen Soldaten, die in Tschetschenien auf Frauen und Kinder, Alte und Wehrlose schießen, Mörder? Waren es die deutschen Soldaten, die im 2. Weltkrieg Leningrad belagerten, wodurch hunderttausende Zivilisten in der Stadt verhungerten? Sind es türkische Soldaten, die kurdische Dörfer auslöschen oder waren es französische, die im Algerien-Krieg die Bewohner ganzer Ortschaften umbrachten?

Die, die die Hitlerdiktatur niederrangen waren es ja wohl nicht oder die, die ihr Land verteidigten, als deutsche Truppen es überfielen oder die, die gegen die Kolonialherren Krieg führten, um die Unterdrückung zu beenden. Oder konnten auch sie Mörder werden?

Die Beispiele mögen zeigen, wie schwer eine Antwort ist, wie notwendig die Frage „Wofür kämpft der Soldat und wie tut er das?" Und dennoch: wenn die Furie des Krieges erst los ist, sind auch die Besten in Gefahr, Menschlichkeit und Rücksicht mit Füßen zu treten. Krieg ist meist gnadenlos, moderne Kriege ganz besonders.

In einem demokratischen Land entscheidet der Gesetzgeber, mit Mehrheit. Ohne die individuelle Verantwortung des einzelnen Soldaten für sein Tun zu leugnen, trägt der Gesetzgeber, also das von der Mehrheit der Bevölkerung legitimierte Parlament, die Verantwortung für jeden militärischen Einsatz, und für die Last, in die er den einzelnen Soldaten hineinschickt.

Das Parlament allein muß entscheiden, ob unser Land sich ggf. militärisch verteidigen soll, ob es Menschen außerhalb unseres Landes, die z. B. von Völkermord bedroht sind, beistehen will, ggf. durch Einsatz unserer Soldaten, notfalls mit Waffengewalt.

Das Dilemma ist offenkundig. Wo Krieg geführt wird, ist Schuld unvermeidbar. Oft wird aber gerade der schuldig, der nicht handelt und Hilfe in der Not verweigert.

Der Offiziersberuf im Nachkriegsdeutschland ist ein in hohem Maße politischer Beruf, politisch im Sinne einer aktiven Mitverantwortung am Gemeinwohl. Die Schöpfer der Bundeswehr, also in erster Linie die gewählten Politiker, wollten den Staatsbürger in Uniform, der in seinen Grundrechten so wenig wie möglich eingeschränkt ist. Sie wollten den mitdenkenden Gehorsam und forderten besonders vom Vorgesetzten ein hohes Maß an Verantwortung und Zivilcourage, besonders, wenn es um Recht, Freiheit und Würde der ihm anvertrauten Soldaten geht.

Kein anderer Beruf als der des Soldaten ist auch nur vergleichbar abhängig von der Qualität der politischen Entscheidungen, da es im militärischen Einsatz um Gesundheit und Leben geht. In keinem anderen Beruf haben Fragen der Ethik und Moral eine so herausragende und oft quälende Bedeutung, wie in dem des Soldaten, der sich stets auf den Einsatz, d. h. auf den Krieg einzustellen hat. Niemand ist so gefordert, auf diese Fragen ehrlich und überzeugend Antwort zu geben, wie der Vorgesetzte. Schultze-Rhonhof ist für mehr als 25.000 Soldaten verantwortlich.

Seit fast 40 Jahren werden jährlich weit über 100.000 junge Männer in unserem Land zum Wehrdienst gerufen. Dazu verpflichtet sie der Gesetzgeber, das Parlament. Es kann doch nicht sein, daß in jedem Jahr ein neuer Jahrgang junger Männer zu Mördern kraft Gesetz gemacht wird. Das wäre eben, wie der General sagt, absurd und zutiefst ehrverletzend.

Nun geht es ja um ein Zitat: „Soldaten sind Mörder“. Als Tucholsky es schrieb, gab es keine Bundeswehr. Er kann sie also gar nicht gemeint haben. Aber der, der dieses Zitat auf sein Auto klebt, meint damit doch gewiß nicht die Reichswehr in der Weimarer Republik. Seine politische Botschaft muß doch besonders an die Menschen in diesem Land gerichtet sein und die pauschale Anklage Mörder zu sein, trifft die Soldaten der Bundeswehr zuerst. Kann man glauben, daß dies nicht beabsichtigt ist?

Meinungsfreiheit ist ein zentrales Gut der Demokratie. Die Begründung auch des Karlsruher Urteils ist eindrucksvoll und das Urteil ist zu respektieren. Ich hätte mir in den vergangenen Jahren mehr Selbstbewußtsein und Gelassenheit im Umgang mit diesem

Thema gewünscht. Dennoch habe ich Verständnis für die, die die Aussage „Soldaten sind Mörder“ in den Bedingungen dieser Republik als unerträglich empfinden. Man sollte auch Verständnis haben für den General, der es vor seinem Amt und vor seinen Soldaten als seine Pflicht ansieht, dagegen in der Öffentlichkeit Stellung zu nehmen.

Ansprache aus Anlaß der Auflösung des Pionierbataillons 6 am 20.12.1996

.. OTL a. D., Kdr PiBtl 6, 1975 - 1981.

Schriftlicher Entwurf. Die Ansprache wurde frei gehalten.

Herr Bürgervorsteher, Herr Admiral, meine Damen und Herren,
liebe Kameraden aus dem PiBtl 6:

Ich danke Ihnen, lieber Major Rüskamp, für die Möglichkeit, in dieser Stunde hier zu sprechen. Sie haben vorhin die große Zustimmung und Sympathie gespürt, als der Admiral Ihnen das Ehrenkreuz der Bundeswehr in Gold verliehen hat. Sie haben in den vergangenen Monaten ein schweres Stück Arbeit beispielhaft gemeistert. An Ihrer Seite stand der Stabsfeldwebel Krück. Ich möchte ihn in dieser Stunde nicht vergessen.

Ich spreche für die vielen hundert Unteroffiziere und Offiziere, die in diesem Btl Dienst getan haben und deren Herz an ihrem Btl hängt. Ich selbst hatte die Ehre und Freude, dieses Btl in der Mitte seiner Zeit fast 6 Jahre führen zu dürfen.

Wir sind traurig. Dies ist die Stunde des endgültigen Abschieds. Dies ist für alle Pi6er eine schwere Stunde.

Damit mich niemand mißversteht: Die Auflösung unseres Btl ist die logische Konsequenz der erfolgreichen Außen- und Sicherheitspolitik der Bundesrepublik Deutschland. Sie ist auch das gewollte Ergebnis unserer eigenen Arbeit. Dafür sind wir Soldaten geworden, das wollten wir erreichen: die Überwindung der kommunistischen

Diktaturen und des Warschauer Paktes, das Ende der Konfrontation und Bedrohung in Europa, mehr Sicherheit und mehr Frieden und die Vereinigung der beiden deutschen Staaten in Recht und Freiheit.

So ist dies auch eine Stunde der Dankbarkeit, unserer Genugtuung und unserer Ernte.

Dennoch ist unser Herz schwer.

Der Soldat des Heeres identifiziert sich über seinen Verband, sein Btl. Verwendungen vorher und nachher in Stäben und Schulen, Ämtern oder Ministerien gehen uns selten so unter die Haut. Wenn man uns nach unserer beruflichen Heimat fragt, nennen wir ein Bataillon. Dorthin denken, erinnern und fühlen wir. Nirgends haben wir unseren Beruf intensiver gelebt, nirgends war Kameradschaft selbstverständlicher. Wir sind Pi6er, wie andere Pi610er oder Pi620er sind.

Der Soldatenberuf ist mit keinem anderen Beruf zu vergleichen: Die Fähigkeit, mit Waffen aller Art umzugehen und die Bereitschaft, sie notfalls auch gegen Menschen einzusetzen, sind das Ziel unserer Ausbildung und Erziehung.

Welch eine Herausforderung an Moral und Verantwortung eines jeden einzelnen von uns! Diese Herausforderung prägt Geist und Mentalität unserer Soldatengemeinschaft, auch die unseres Bataillons.

Was waren das für Jahre!

In der Mitte seiner Zeit war das Btl 7 Kompanien stark, mit unterstellter Amphibischer Pionierkompanie 610 und Spezial-Sperrkompanie 600 fast 1.200 Soldaten.

Putlos und Ehra-Lessin, Daaden und Wildflecken, immer wieder Ingolstadt, Starker Büffel und Bondet-Item, Schleswig-Holstein Übung und Prellbock, NEC, Kp-Besichtigungen, Prüfstufen, sportliche Wettkämpfe, fröhliche Feste waren die Marksteine der Wochen und Monate, der Rhythmus unserer Jahre. Soviel Erfolge, so manche Niederlage, so mancher Triumpf.

2- bis 3-wöchige Übungen waren die Normalität der Quartale, 2 bis 3 Monate Abwesenheit vom Standort die Regel der Jahre. Oft war berufliche Verpflichtung und Verantwortung für unsere Familien wie die Quadratur des Kreises. Wie oft haben wir zu Lasten unserer Familien entschieden!

Ein letzter Gedanke: Die Auflösung eines Verbandes ist ja nicht nur die Aufgabe der materiellen Werte, z. B. dieser Kaserne, des unvergleichlich schönen Geländes, ist auch nicht allein der Verlust von mehreren hundert Arbeitsplätzen in Plön. Noch schmerzlicher ist der Verlust einer gewichtigen menschlichen und gesellschaftlichen Substanz, die sich im freiwilligen „Ja“ zu den Werten unserer Gemeinschaft und zu ihrer Verteidigung, notfalls unter Einsatz des eigenen Lebens manifestierte, und die sich in der Gewißheit der Gemeinschaft immer wieder erneuerte.

Die vielen hundert Einzelnen, verstreut in alle Winde, werden nie wieder die Kraft sein, die der lebendige Organismus Pionierbataillon 6 über Jahrzehnte war.

Unsere Trauer mischt sich mit Dankbarkeit: Seit 1989 ist unser Land vereint, hat der Friede in Europa eine neue, große Chance. Jeder von uns, meine lieben Kameraden, hat dazu seinen Beitrag geleistet.

So wünschen wir den Menschen, die morgen hier auf dem bisherigen Gelände unseres Bataillons leben und arbeiten werden, eine friedliche zivile Zukunft.

.. Oberstleutnant Nahe, 30.01.97

Leserbrief an die Süddeutsche Zeitung

„Die Geister einer Ausstellung“ SZ v. 27.01.97

Offenbar brauchen wir solche Ausstellungen mehr denn je.

Natürlich war die Wehrmacht tief verstrickt in die Verbrechen des Nationalsozialismus während des 2. Weltkrieges. Das Verteidigungsministerium hat dazu u. a. in den „Richtlinien zum Traditionsverständnis …“ 1982 Stellung bezogen: „In den Nationalsozialismus waren Streitkräfte teils schuldhaft verstrickt, teils wurden sie schuldlos mißbraucht.“

Die Bundeswehr distanziert sich in ihrem Traditionsverständnis unmißverständlich von der Wehrmacht. So, wie der im Grundgesetz verfaßte demokratische Rechtsstaat eine Reaktion auf die Diktatur des 3. Reiches ist, so ist das Leitbild vom Staatsbürger in Uniform eine Reaktion auf die Verstrickungen der Wehrmacht.

Es geht bei diesen Feststellungen nicht um die militärische Tüchtigkeit der Wehrmacht. Sie ist unbestritten. Es geht hier auch nicht um Tapferkeit und Anstand von Millionen deutscher Soldaten. Aber wenn ein mörderisches System sich ein ganzes Volk unterwirft und sich Millionen Menschen begeistert unterwerfen lassen, dann finden sich eben zehntausende tatkräftiger Mörder, auch in Uniform.

Schulen, Universitäten, Presse, selbst Kirchen waren willige Helfer, Polizei, Justiz und Wehrmacht die willigen Instrumente. Nur wenige hatten die Kraft zum Widerstand.

Wir sollten glücklich sein, daß es vorbei ist und alles tun, daß es nicht wiederkehrt. Erinnern tut not. Wehren wir den Anfängen und überlassen wir den Marktplatz nicht den Unbelehrbaren, den Leichtfertigen und den Bösartigen. Sonst müßten wir uns vor den Opfern jener schlimmen Jahre und vor unseren Söhnen und Töchtern schämen.

Respekt also auch für Herrn Forchheimer und Dank an den OB.

16.12.1997 SÜDDEUTSCHE ZEITUNG

Der Offizier hat einen eminent politischen Beruf

Zum Leitartikel AKADEMIE FÜR INNERE IRREFÜHRUNG von Heribert Prantl in der SZ vom 9. Dezember

Daß Herr Roeder vor drei Jahren an der Führungsakademie sprechen konnte, ist schlimm und nicht zu entschuldigen. Die dafür Verantwortlichen werden die Konsequenzen zu tragen haben. Bei einigen hundert Lehrveranstaltungen täglich, davon einige Dutzend durch Gastdozenten, würde es den Lehrbetrieb an der FüAK lahmlegen, wenn jede Veranstaltung vom Akademie-Kommandeur genehmigt werden müßte. Es ist davon auszugehen, daß er vom Vortrag Roeders nicht gewußt hat.

Da der Kommandeur aber für das ganze Haus verantwortlich ist, hat er selbstverständlich auch für die Einladung an Herrn Roeder geradezustehen. Die Bundeswehr ist die vom Parlament beauftragte und kontrollierte militärische Macht unseres Gemeinwesens. Die Menschen in der Bundeswehr repräsentieren die Lebensbilder und Wertvorstellungen unserer Gesellschaft. Die Bundeswehr ist weder Schule der Nation noch Staat im Staate. An ihrer politischen Zuverlässigkeit kann es keinen Zweifel geben. Die Vorfälle mit rechtsradikalem Hintergrund sind natürlich Alarmzeichen und Anlaß zu großer Aufmerksamkeit. Sie liegen besonders in den Fällen, in denen Offiziere und Unteroffiziere beteiligt waren, meist einige Jahre zurück. Wenn sie heute bekannt werden, dann liegt das wohl auch an der Hartnäckigkeit, mit der sie inzwischen von der Spitze der Bundeswehr verfolgt werden. Die Bundeswehr ist ein Spiegel unserer Gesellschaft. Intoleranz und auch rechtsradikales Denken sind in unserer Republik weiter verbreitet, als wir es bisher meist wahrhaben wollen.

Solange Medien, Justiz, Parteien und andere meinungsbildende Organisationen den latenten und sogar den offenen Rechtsradikalismus in unserer Bevölkerung populistisch oder bösartig bedienen, werden wir ihn auch aus der Bundeswehr nicht hinaus bekommen. Das ist eine Frage nach der politischen Reife und Mündigkeit unserer Bürger und nach der zivilen Wehrhaftigkeit unserer demokratischen Gesellschaft. Das weiß natürlich auch Heribert Prantl.

Der Verteidigungsminister hat die Bekämpfung des Rechtsradikalismus in der Bundeswehr zur Chefsache gemacht. Jeder neue Vorfall scheint ihn persönlich zu kränken. Er sollte mehr Distanz zur Bundeswehr finden. Aus gutem Grund ist er nicht Bundeswehr-Minister, sondern Verteidigungs-Minister. Der Generalinspekteur ist der oberste Repräsentant der Bundeswehr. Er darf und muß auch eigenes Profil haben. Sein Beispiel strahlt in die Streitkräfte.

Das Konzept der Inneren Führung und vom Staatsbürger in Uniform fordert besonders vom militärischen Vorgesetzten neben seinem eindeutigen Bekenntnis zur Verfassung ganz besonders einen kritischen Verstand und beispielhafte Zivilcourage. Baudissin nannte zu Recht den Offizier-Beruf in einem demokratischen Rechtsstaat einen eminent politischen Beruf. Neben allem fachlichen Können sollte die Bundeswehr diese Eigenschaften viel konsequenter besonders bei ihren Soldaten in Vorgesetztenverantwortung erziehen, fordern und vorleben. Langfristig ist dies das einzige Rezept gegen Radikalismus aller Art.

Gustav Lünenborg
Oberstleutnant a. D., Nahe

..

Nahe, 24.01.99

„Wehrmachtsausstellung“

Eine Antwort.

Die Volkshochschulen Bad Segeberg und Bad Oldesloe haben in einer gemeinsamen Veranstaltung versucht, sich Inhalt und Absicht der Ausstellung „Vernichtungskrieg im Osten - Verbrechen der Wehrmacht 1941 - 1944“ anzunähern. Aus meinen Beiträgen dazu will ich versuchen, 14 häufig gestellt Fragen zu beantworten.

1. Wie kam es zum 2. Weltkrieg?

Statt einzugestehen, daß Deutschland am Ende des 1. Weltkrieges militärisch und wirtschaftlich besiegt war, erfand die alte Machtelite die Dolchstoßlegende. Die Sieger demütigten Deutschland im Versailler Vertrag. Die Reichswehr stand „neben“ der ungeliebten Republik. Weltwirtschaftskrise und hemmungslose Agitation von Nationalsozialisten und Kommunisten zerstörten das parlamentarische und gesellschaftliche Gefüge. Hitler, ein fanatischer und instinktsicherer Agitator, machtbesessen und hemmungslos, wird am 30. Januar 1933 legal Reichskanzler. Ab 1934 macht er sich zum absoluten Herrscher über Deutschland. Er zerstörte die Organisation des Staates und machte Deutschland zu einer Kriegsmaschine.

Für die Masse der 80 Millionen Deutschen war Hitler mindestens bis 1940 der glühend verehrte Führer. Die Mischung seiner außerpolitischen Erfolge mit brutaler Gewalt nach innen und außen zwang sie in seinen Bann. Die meisten glaubten an ihn bis zum bitteren Ende. Die wenigsten protestierten gegen seinen mörderischen Rassenwahn. Viele wurden willige Helfer und Täter.

Zwei Ziele bestimmten von Anfang an seine Herrschaft: Beherrschung Europas und die Vernichtung der europäischen Juden. Als Anfang 1942 klar war, daß der Krieg nicht mehr zu gewinnen war, nutzte er die Wehrmacht, um den Raum zu halten, indem er die europäischen Juden vernichten ließ.

Er liebte sein Volk nicht, er benutzte es. Als es am Ende seiner Kraft war, versuchte er, dessen Überlebensgrundlagen zu vernichten: „Ich werde dem deutschen Volk keine Träne nachweinen."

2. Warum „Verbrechen der Wehrmacht"?

Die Ausstellung heißt: „Vernichtungskrieg im Osten - Verbrechen der Wehrmacht 1941 - 1944". „Wehrmacht" meint die Institution, die sich in ihrer Spitze repräsentiert, im Oberbefehlshaber (Hitler), in den Spitzen ihrer Generalität und dem Generalstab.

Die Wehrmacht hat von 1939 bis 1945 in vielen Ländern Krieg geführt. In Frankreich, Skandinavien, Afrika. Zunächst „normale" Kriege. Gegen Polen und die Sowjetunion wurde ein Vernichtungskrieg geführt mit dem Ziel, Lebensraum im Osten zu erobern und ihn brutal zu germanisieren. Dazu wurden die ansässige Intelligenz, „rassisch Minderwertige" und andere planvoll ermordet und gleichzeitig im eroberten Raum die europäischen Juden fast vollständig vernichtet.

Am 30. März 1941, 3 Monate vor dem Angriff auf Russland schwor Hitler die Spitzen der Wehrmacht, über 200 Generale und Admirale, auf den Krieg gegen die Sowjetunion ein: „Ein Krieg der Weltanschauungen - der bolschewistische Soldat war nie Kamerad und wird es nie sein - Bolschewismus ist gleich asoziales Verbrechertum - es handelt sich um einen Vernichtungskampf" (aus dem Tagebuch Generaloberst Halder, Chef des Generalstabs des Heeres).

Das Kriegsvölkerrecht wurde außer Kraft gesetzt, kein deutscher Soldat sollte für Verbrechen gegen die sowjetische Zivilbevölkerung bestraft werden, wie schwer sie auch immer waren.

So geschah es dann auch. Die Wehrmacht kämpfte die feindlichen Truppen nieder, aber sie verhaftete, internierte, transportierte und sicherte auch zahllose Mordaktionen, oft waren Soldaten an den Erschießungen beteiligt. Die Masse der grausigen Arbeit erledigten SS und SD.

Die Tragödie der russischen Kriegsgefangenen, der Wehrmacht überantwortet, ist erschütternd.

3. Warum erst jetzt?

Planung und psychologische Vorbereitung der deutschen Wiederbewaffnung nach 1945 begannen schon 1950. 1955 wurden die ersten Soldaten vereidigt. In Europa herrschte der „Kalte Krieg“, der „Eiserne Vorhang“ spaltete Deutschland. Die Sowjetunion bedrohte das befreite Europa und die Furcht vor dem hochgerüsteten kommunistischen Pakt war groß.

Dies war nicht die Zeit, sich Rechenschaft abzulegen über die Gräuel des Krieges im Osten.

4. Sind denn alle Soldaten Mörder?

Insgesamt hatte die Wehrmacht ca. 18 Millionen Angehörige. Vielleicht die Hälfte stand im Osten, die meisten im guten Glauben, Volk und Vaterland zu schützen und täglich um ihr nacktes Leben kämpfend, jahrelang. Millionen sind gefallen. Viele haben nicht von den Vernichtungslagern gewusst und weder einen Juden noch einen russischen Zivilisten ermordet. Aber viele andere haben es getan und gewusst.

Es gibt keine Kollektivschuld für die deutschen Soldaten des 2. Weltkrieges. Aber nach den Verantwortlichen muß gefragt werden. Hitler hatte viele willige Helfer und sie haben Entsetzliches getan.

5. Hatte die Wehrmacht irgendetwas mit der SS oder dem SD zu tun?

Im nationalsozialistischen Vernichtungskrieg im Osten waren sie die ineinandergreifenden Räder eines großen Mechanismus. Die Wehrmacht vernichtete die Streitkräfte des angegriffenen Staates, SS und

SD ermordeten dann die Eliten, die „Minderwertigen“ und besonders die Juden.

Dabei waren Verbände und Einheiten der Wehrmacht oft Handlanger und Mittäter. Die Wehrmacht hielt den eroberten Raum, in dem dann die Genickschußkommandos der SD unterwegs waren und die SS die Vernichtungslager betrieb.

So wurden im besetzten Polen, also ab Oktober 1939, über 2 Millionen polnische Juden und weitere ca. 2,5 Millionen polnische Zivilisten ermordet. Daß dabei die polnische Intelligenz systematisch umgebracht wurde, gehörte zum System.

Die 4 Einsatzgruppen der SD meldeten für die ersten 10 Kriegsmonate in Russland 560.000 von ihnen getöteten Zivilisten. In der gleichen Zeit bis Anfang 1942 starben ca. 2 Millionen Kriegsgefangene in der Verantwortung der Wehrmacht an Hunger, Kälte oder wurden erschossen oder erschlagen. Bis August 1944 waren es 3,5 Millionen. Insgesamt wurden über 5 Millionen Juden ermordet. Das gleiche Schicksal erlitten die europäischen Sinti und Roma.

6. Waren alle SS-Angehörigen Verbrecher?

Die SS war der Vollstrecker des rassisch-ideologischen Programms Hitlers. Reichsführer-SS war Himmler. Der SS unterstanden u. a. die Konzentrations- und die Vernichtungslager.

Aus der allgemeinen SS wurde ab 1934 auch die sogenannte Waffen-SS gebildet, die schließlich 910.000 Mann stark war. Ihre Divisionen wurden oft an den Brennpunkten der Front eingesetzt. Sie waren für Härte und Rücksichtslosigkeit bekannt.

Im Verlauf des Krieges blieb die Waffen-SS nicht mehr homogen die auf den nationalsozialistischen Rassenkrieg eingeschworene Truppe. Es gab auch zahlreiche Zwangsrekrutierungen und Zwangsversetzungen in die Waffen-SS. So ist es falsch, die Angehörigen der Waffen-SS pauschal Verbrecher zu nennen. Aber viele waren es.

7. Waren Repressalien gegen Partisanen erlaubt?

Partisanen sind keine Kombattanten, also keine Kriegsteilnehmer im

Sinne des Völkerrechts. Sie handeln völkerrechtswidrig und begehen, wenn sie einen fremden Soldaten verwunden oder töten nach allgemeinem Rechtsverständnis ein Verbrechen.

Im 2. Weltkrieg waren bei der Bekämpfung von Partisanen Repressalien gegen die Zivilbevölkerung nach der Haager Landkriegsordnung nicht verboten und nach dem Völkergewohnheitsrecht erlaubt.

Die Repressalien sollten angemessen und in direktem Zusammenhang mit der Tat der Partisanen stehen. Es war akzeptiert, daß für einen getöteten Soldaten bis zu 10 Zivilisten getötet wurden.

Diese Zahlen wurden im Krieg auf dem Balkan, in Polen und in der Sowjetunion sehr oft um ein Vielfaches überschritten. Zivilisten wurden oft wahllos aufgegriffen und aufgehängt. Oft diente das Völkergewohnheitsrecht als Deckmantel für massenhafte Liquidierung von Juden und „rassisch Minderwertigen".

8. Aber werden die deutschen Generale des 2. Weltkrieges nicht heute noch auch von vielen Ausländern bewundert?

Rommel war schon im Krieg auch bei seinen Gegnern eine Legende, Manstein gilt noch heute international als strategisches Genie, Guderian schuf mit der modernsten Panzer-Waffe das Instrument für die Blitzsiege.

Die herausragenden militärischen Leistungen der deutschen Wehrmacht stehen außer Zweifel.

Die Generalität hat Hitler nicht zum Krieg getrieben. Das tat er selbst, besessen und zerstörerisch. Über ihren mangelnden Fanatismus und nationalsozialistischen Geist hat Hitler sich oft bitter beschwert. Aber sie führten seine verbrecherischen Kriege, die meisten unpolitisch denkend, gebunden in ihrem Pflichtgefühl und an ihren Eid zu „unbedingtem Gehorsam", einige in wachsender Distanz und Widerspruch.

Als die Generale hinnahmen, daß im sog. „Röhm-Putsch" Hitler nicht nur die Spitzen der konkurrierenden SA umbringen ließ, sondern auch ihre eigenen Kameraden, wie General von Schleicher mit dessen Frau und Oberst von Bredow, hatten sie sich in seine Hand gegeben. Als 1938 der untadelige und hochangesehene Generaloberst von Fritsch, Oberbefehlshaber des Heeres, von Himmler verleumdet und von Hitler in Schande entlassen wurde, hat Generaloberst von Rundstedt zwar die Rehabilitierung durchgesetzt. Aber v. Fritsch blieb seines Amtes enthoben und der Generalität war das Rückgrat gebrochen, als sie es hinnahm.

Als Hitler dann im März 1941 die Spitzen der Wehrmacht einwies, wie sie den Krieg im Osten zu führen hätten, als Krieg der Weltanschauungen und als Vernichtungskampf, ohne Rücksicht auf Kriegsvölkerrecht und jede Humanität, da ließen sie sich zu Komplizen machen, als sie sich nicht verweigerten, einen verbrecherischen Krieg zu führen.

Generaloberst Ludwig Beck, Chef des deutschen Generalstabes, trug am 16. Juli 1938 unter dem Eindruck der sich täglich steigernden Drohungen Hitlers gegen die Tschechoslowakei dem Oberbefehlshaber des Heeres, Generaloberst von Brauchitsch, u. a. vor:

> „… *Es stehen hier letzte Entscheidungen für den Bestand der Nation auf dem Spiel. Die Geschichte wird diese (militärischen) Führer mit einer Blutschuld belasten, wenn sie nicht nach ihrem fachlichen und staatspolitischen Gewissen handeln.*
>
> *Ihr soldatischer Gehorsam hat dort eine Grenze, wo ihr Wissen, ihr Gewissen und ihre Verantwortung die Ausführung eines Befehls verbieten.*
>
> *Finden ihre Ratschläge und Warnungen in solcher Lage kein Gehör, dann haben sie das Recht und die Pflicht vor Volk und Geschichte von ihren Ämtern abzutreten.*
>
> *Wenn sie alle in einem geschlossenen Willen so handeln, ist die Durchführung einer kriegerischen Handlung unmöglich. …*“

Sein Appell wurde nicht befolgt. Beck trat im August zurück. Als Mitverschwörer fand er am 20. Juli 1944 den Tod.

So zeigt auch der militärische Widerstand großartige Beispiele an Charakter, Verantwortung und Tapferkeit.

Aber es waren nur wenige.

9. Waren die anderen denn besser?

Man sollte nicht Ursache und Wirkung verwechseln. Der Vernichtungskrieg war eine deutsche Erfindung. Die Wut und Rache der Überfallenen und Gedemütigten schlug dann auf die Deutschen zurück. Wen wundert es?

10. Sind es nicht immer nur die Deutschen, die ihr eigenes Nest beschmutzen?

Und wenn wir die einzigen wären. Wie wollen wir denn unseren Kindern, unseren Schülern, unseren Rekruten in die Augen schauen, wenn wir ihnen von Anstand und Wahrhaftigkeit predigen, von Verantwortung und Zivilcourage, wenn wir nicht wenigstens eine kurze Weile innehielten und uns einer entsetzlichen Wahrheit unserer jüngsten Geschichte stellten?

Zudem: auch andere tun es. Die Weltmacht Amerika hat den Vietnam-Krieg unter großen Schmerzen aufgearbeitet. Südafrika stellt sich genauso seiner Vergangenheit, weil es weiß: ohne Wahrheit gibt es keinen Frieden.

11. Aber ist die Ausstellung nicht unwissenschaftlich und tendenziös?

Die Ausstellung zeigt nur einen Teil des Krieges im Osten, den verbrecherischen, den mörderischen. Sie zeigt nicht den „gewöhnlichen“ Krieg an der Front. Sie zeigt auch nicht das politische und gesellschaftliche Umfeld. Das mag man beklagen. In der Zuspitzung aber liegt die notwendige Wirkung, der Anstoß.

Es mag auch Gründe geben, die eine oder andere Bildunterschrift anzuzweifeln oder falsch zu nennen. Insgesamt gibt die Ausstellung offensichtlich ein zutreffendes Bild von dem, was passiert ist und wozu Menschen gebracht werden können und fähig sind, wenn die normalen Hemmnisse der Zivilisation und Menschlichkeit fehlen, die eigene „Rasse“ zur Herrschaft und die andere zur Sklaverei geboren erklärt wird, als minderwertig, als Ungeziefer.

Klaus von Bismarck, 1944 Regimentskommandeur im Osten, 1995 in einer Diskussion in der ZEIT-Redaktion: „Sie konnten - verblendet durch die Nazi-Ideologie - das menschliche Antlitz in den

Gesichtern ihrer Opfer nicht mehr erkennen.

12. Reemtsma und Heer, sind das nicht Kommunisten?

Setzen wir uns mit der Sache auseinander und diffamieren wir nicht Personen, deren Meinung uns lästig ist. In der Bundesrepublik war nicht nur ein belasteter ehem. Militärrichter Ministerpräsident, sondern zahllose Nazis in maßgeblichen Positionen. 2 russische Präsidenten, Kommunisten, waren des alten Kanzlers gute Freunde. Ich will nicht entscheiden, ob Nazis besser waren als Kommunisten. Heute ist ein ehem. Kommunist im demokratischen Italien Regierungschef und ein ehem. Hausbesetzer in Deutschland Außenminister und Vizekanzler. Machen wir es uns also nicht zu leicht: die alten Freund-Feind-Muster treffen nicht mehr.

13. Wie steht die Bundeswehr zur Wehrmacht?

In den „Richtlinien zum Traditionsverständnis und zur Traditionspflege in der Bundeswehr“ von 1982 heißt es:

> „Die Geschichte deutscher Streitkräfte hat sich nicht ohne tiefe Einbrüche entwickelt. In den Nationalsozialismus waren Streitkräfte teils schuldhaft verstrickt, teils wurden sie schuldlos mißbraucht. Ein Unrechtsregime wie das 3. Reich kann Tradition nicht begründen.“

Der Erlass ist konsequent und unmißverständlich. Er kam nach jahrzehntelanger Diskussion über das Verhältnis Bundeswehr - Wehrmacht unter Schmerzen zustande. Er ist bis heute nur in Teilen der Bundeswehr in seinen Konsequenzen bedacht und akzeptiert.

Verteidigungsminister Rühe sagte am 13.03.1997 im Bundestag u. a.:

> *„Nicht die Wehrmacht, aber einzelne Soldaten können traditionsbildend sein, wie die Offiziere des 20. Juli, aber auch wie viele Soldaten im Einsatz an der Front.“*

Die Aussage „… aber auch wie viele Soldaten im Einsatz an der Front“ steht im Widerspruch zum Traditionserlass und „bedient“

das diffuse Verhältnis so mancher in Bundeswehr und Gesellschaft zur Wehrmacht, ein Verhältnis zwischen trotziger Bewunderung, resigniertem Totschweigen und offizieller Distanzierung.

Der mühsame Umgang der Bundeswehr und vieler ihrer Angehörigen mit der Ausstellung gibt davon Zeugnis.

14. Wem nützt eine Aufarbeitung dieses Krieges heute, 50 Jahre danach?

Uns allen. Daß den jüdischen Mitbürgern Schlimmes widerfuhr, wußte ab 1933 jeder in Deutschland. Was zwischen 1941 und 1944 besonders im Osten Juden, „Minderrassigen", Kriegsgefangenen, „Überflüssigen", Kommunisten, Sinti, Roma oder anderen unter Mitwirkung der Wehrmacht angetan wurde, ist seit langem bis in das Detail festgestellt und außer jedem Zweifel. Es ist das Verdienst der Ausstellung, es gegen alle Widerstände öffentlich gemacht zu haben.

Es bleibt die Frage, wie soviel Barbarei möglich war, es bleibt das Entsetzen und die Trauer über Zerstörung und Verlust, aber auch der Ruf an Verstand, Herz und Courage: Wehret den Anfängen!

Wenn wir uns endlich dem dunkelsten Kapitel unserer jüngeren Vergangenheit ehrlich stellen und ihren Gespenstern, dann räumen wir auch den Blick frei auf die dahinter liegenden Ereignisse und Epochen unserer deutschen Geschichte mit ihren Schmerzen, aber auch mit ihrem Glanz und großen Persönlichkeiten, mit ihren bewegenden Leistungen in Staatskunst, Kultur und Wissenschaft. Vielleicht gelingt es uns dann, ein gelasseneres Selbstbewußtsein und eine selbstverständlichere Identität zu finden, wie die meisten anderen europäischen Völker sie haben.

Die Ausstellung „Vernichtungskrieg im Osten - Verbrechen der Wehrmacht 1941 - 1944" des Hamburger Instituts für Sozialforschung hat eine überfällige Auseinandersetzung erzwungen. Den Initiatoren ist zu danken.

Leser haben das Wort

Wehrpflicht auf Abruf?

Zur Diskussion um die Personalstärke der Bundeswehr und die Wehrpflicht.

Wie schnell sich politische Konstellationen verändern können, haben wir erlebt, als 1989 der Warschauer Pakt zusammenbrach oder als im vergangenen Jahr die NATO Serbien bombardierte. Die Globalisierung der Finanz- und Wirtschaftsmärkte wird den Gegensatz der Reichen und der Armen verschärfen. Mögen wir nicht aufwachen und feststellen, daß der Globus explosiv ist.

Die langfristige Bedrohungsanalyse haben Parlament und Regierung aufzustellen und daraus der Bundeswehr ihren Auftrag zuzuweisen. Die aktuelle Fixierung auf Krisenreaktionskräfte und ihre Einsätze allein außerhalb des Bündnisgebietes kann morgen überholt sein.

Landes- bzw. Bündnisverteidigung mit 200.000 bis 280.000 Zeit- und Berufssoldaten wird dann für den europäischen Zentralstaat Deutschland, den Staat mit der größten Bevölkerungszahl und der (noch) leistungsfähigsten Wirtschaft, in der EU nicht ausreichen. Aufwuchsfähigkeit fehlt, Reservisten stehen nicht zur Verfügung.

Es geht nicht nur um Krieg. Im Gegenteil! Angemessene Streitkräfte, eingebettet in die Gesellschaft und unter dem Primat der Politik sind auf absehbare Zeit ein unverzichtbares Mittel der Politik gegen Erpressung und Bedrohung. Sie sind es auch für die Besetzung von Ämtern und Positionen und damit für Gewicht und Einfluß auf die politischen Entscheidungen und Gestaltung des Friedens für Gesamteuropa.

Nach Abschaffen oder Aussetzen lassen sich die Vorteile einer Wehrpflichtarmee nicht „auf Knopfdruck" wieder herstellen. Das dauert manches Jahr. Viele zehntausend Spezialisten für Gerät und Waffen müssen ausgebildet, Unteroffiziere und Offiziere aller Dienstgrade durch verschiedene Verwendungen in Reserveübungen über Jahre heranwachsen, Waffen und Material meist neu gekauft, Kasernen, Einrichtungen, Übungsplätze, inzwischen längst verkauft, mit enormen Summen neu erworben werden (soweit überhaupt möglich), die Einberufungsorganisation muß neu aufgebaut, die Wirtschaft darauf eingestellt, die Bevölkerung motiviert werden.

Dem Verteidigungskreiskommando 113 (VKK 113) in Bad Segeberg waren z. B. 2.500 Reservisten unterstellt, dabei ca. 100 Offiziere, mehrere hundert Unteroffiziere bis zum Oberstabsfeldwebel. Im Verteidigungskreis lebten 2.000 Reserveoffiziere, die keine Beorderung für den Mobilmachungsfall hatten. Sie kamen aus allen Berufen und Positionen: Handwerker und Lehrer, Architekten, Arbeiter, Verwaltungsfachleute, Landwirte, Ärzte, Ingenieure, Rechtsanwälte, Informatiker, Kaufleute. Welches Wissen, wieviel berufliches Können, welche menschliche Substanz für Integration in die Gesellschaft, für Attraktivität des Berufes und für das Gewicht des militärischen Faktors Bundeswehr als Instrument der Politik.

Staatsbürger in Uniform und „intelligente, tolerante und weltoffene SoldatInnen“. Ob beides gelingt, hängt auch von der Entscheidung „Wehrpflicht- oder Berufs-Armee“ ab.

.. Nahe
Oberstleutnant a. D.

.. Oberstleutnant a. D. Nahe, 23.07.2000

Leserbrief an die Süddeutsche Zeitung

20. Juli und Feierliches Gelöbnis

Die Gedenkstunden des 20. Juli 1944 sind Erinnerung an den Widerstand gegen die Nazi-Diktatur, Erinnerung voller Entsetzen darüber, was Menschen Menschen antun, voller Hochachtung vor der Standhaftigkeit weniger, die sich widersetzten.

Es waren Männer und Frauen, Zivilisten und Soldaten aus allen Schichten und Berufen. Wenn beim mißglückten Attentat am 20. Juli Soldaten die Akteure waren, dann auch deshalb, weil ihnen ihre räumliche Nähe zu Hitler die Gelegenheit bot. Gleicher Mut war vorher vielfach und beispielhaft von anderen bewiesen.

Wir brauchen solche Gedenkstunden. Stunden der Besinnung auf die Zeit, der wir entkommen sind und der Opfer, die dafür gebracht wurden. Stunden des Appells an Gemeinsinn, Zivilcourage und Widerstand, die heute so unendlich leichter sind als damals, aber ohne die Staat und Gesellschaft verkommen.

Feierliche Gelöbnisse verengen in diesen Stunden den Blick. Widerstand haben auch Frauen, Pazifisten und Kriegsdienstgegner geleistet.

Feierliche Gelöbnisse sollen Stunden des ernsten und würdigen Bekenntnisses der Wehrpflichtigen zu dieser Republik und ihren Werten sein. Ohne das Gewicht des Versprechens „tapfer zu verteidigen“, also notfalls auch das Leben einzusetzen, zu mindern, ist für den Wehrpflichtigen heute der Kriegseinsatz nicht zu erwarten. Man sollte sie nicht mit der Tat von Menschen, die in der Zeit von SS und

Gestapo Widerstand leisteten, vermengen.

Es ist sicherlich verlockend, mit einem Feierlichen Gelöbnis die Präsenz des Staates zu demonstrieren. Aber entwürdigen wir nicht gleichzeitig das individuelle Bekenntnis des Einzelnen zur Kulisse? Bringen Großveranstaltungen dieser Art uns nicht auch in eine mißverständliche Nähe zu dem, wovon wir uns distanzieren wollen?

Wäre es nicht besser, die zentrale Feier zum 20. Juli aus dem Bendler-Block, dem Sitz des Verteidigungsministeriums, zu verlegen, z. B. in die Gedenkstätte Plötzensee und auf ein gleichzeitiges Gelöbnis zu verzichten?

Ein Brief zu **„Nichts ist gut in Afghanistan"**

Lieber Hubert. Hamburg, 25.02.2010

Nun können die Stammtische ihre Häme über die betrunkene Margot Käßmann genießen. Selbstbewusst, offensiv, hoher moralischer Anspruch, Frau. - Die Trunkenheitsfahrt ist unverzeihlich, sie mußte zurücktreten, sie tat es auch.

Es ist fast müßig, uns selbst, die wir auch in Ämtern waren, aufzufordern zu prüfen, wann wir uns ans Steuer gesetzt haben, obwohl wir es nicht hätten tun sollen. Die Ämter, die Frau Käßmann inne hatte, hatten wohl einen höheren ethisch-moralischen Anspruch. Sie hat ohne Zögern die Konsequenzen gezogen.

Die Bischöfin Margot Käßmann hat sich nicht als Politikerin, auch nicht als Offizier zu Afghanistan geäußert. Sie sprach als Theologin, in ihrer Verantwortung vor ihrem Herrn Jesus Christus. Die Kirche, der sie vorstand sagt: Krieg soll um Gottes Willen nicht sein. Sie sieht die Geschundenen, die Waisen und die Verkrüppelten, und die haben ihr ganzes Mitleid. Und das ist ihres Amtes und das ist gut so. Für Diplomatie und Waffen sind andere zuständig.

Was wird belanglos an ihren Äußerungen zu Afghanistan durch ihre Trunkenheitfahrt?

„Nichts ist gut in Afghanistan. … Waffen schaffen offensichtlich keinen Frieden in Afghanistan. … Mehr Fantasie für den Frieden, für ganz andere Formen, Konflikte zu bewältigen. …"

Holland zieht seine Soldaten zurück. Der deutsche Souverän, die Bevölkerung, will mehrheitlich den Einsatz beenden. Auch in den anderen truppenstellenden Staaten des Westens, einschließlich den USA, erkennen die meisten Menschen den Sinn des Einsatzes nicht mehr. Nach 9/11 mußten die Amerikaner Rache nehmen und die Camps der Terroristen in Afghanistan vernichten. Und wir waren an ihrer Seite. Einverstanden. 90 oder 95 % aller Mittel gingen seitdem in den militärischen Einsatz. Der Rest in den zivilen Aufbau. Was sollte das bringen? Dem Land die Demokratie und den Frauen die Freiheit. Heute spricht davon kaum noch jemand. Wie kommen wir mit einigermaßen heiler Haut da raus, mit ramponiertem Ansehen sowieso. Das ist die Sorge unserer Regierung und die der amerikanischen wohl auch.

Was ist falsch an der Predigt der Theologin Margot Käßmann? Spätestens nach dem Irakkrieg sind viele Menschen hellwach und tief mißtrauisch. Da sind wir schändlich belogen worden. Unter dem Deckmantel dieser Lügen sind Zehntausende getötet und Millionen vertrieben worden, die Infrastruktur des Landes zerbombt, die Museen ausgeraubt und der Iran zur führenden Macht im Nahen Osten gemacht und ihm der Weg zur Atombombe geebnet. Diese Lügen, die Schande von Abu Ghuraib, Blackwater, die Privatisierung des Krieges haben sich tief eingeprägt und auch bei uns das Vertrauen der kritischen Masse, jener positiven, aktiven, diesen Staat bejahenden Meinungsmacher in die Glaubwürdigkeit der politischen Klasse tief erschüttert.

Margot Käßmann hat die Sorgen und Ängste sehr vieler Menschen aufgenommen. Sie hat sich aus ihrer Verantwortung als Bischöfin, Seelsorgerin und Frau zu ihrer Fürsprecherin gemacht. Sie hat Millionen erreicht, die sich verstanden fühlten, hat ihnen aus der Seele gesprochen. Wahrscheinlich hat sie der Druck der selbstgesetzten Mission, der Erwartungen an sie, der harte politische Alltag einer Ratsvorsitzenden überfordert. Dann wäre sie für das Amt ungeeignet und damit will ich an den 1,54 ‰ nicht vorbeisehen.

Dennoch: Der deutsche Protestantismus und damit ganz

Deutschland hat eine kluge, mutige und authentische Stimme verloren.

Herzlich Gustav

Ein Brief zu **Neue Bundeswehr - neue Tradition ?**

Lieber Manfred! Hamburg, 17. März 2013

Zunächst herzlichen Dank für Deine Antwort.

Da steht nun die Frage nach der Schuld und wer wirft den Stein. 1870/71 und später 1914 - 1919 sind m. E. mit 1939 - 1945 der Deutschen Wehrmacht nicht zu vergleichen. Das eine waren große Siege und große Niederlagen, das andere war, hier erschrecke ich fast vor meiner Überzeugung, die Verstrickung in einen Völkermord.

Du kennst sicher die Rede Hitlers, mit der er am 30. März 1941 in der Reichskanzlei die Spitzen der Wehrmacht, ca. 200 Generäle, auf den geplanten Angriffskrieg gegen die Sowjetunion einschwor. Generaloberst Halder, damals Chef des Generalstabes, fasste die Rede im Kriegstagebuch zusammen. Ich nenne einige Stichworte: „... ein Vernichtungskampf - Bolschewismus gleich asoziales Verbrechertum - kein soldatisches Kameradentum - Vernichtung der kommunistischen Intelligenz - die Führer müssen von sich aus das Opfer bringen, ihre Bedenken zu überwinden ..." Kein General ist aufgestanden, keiner hat gesagt: „Für einen verbrecherischen Krieg stehe ich nicht zur Verfügung." Mir hat sich diese Rede tief eingebrannt.

Du weißt, was dann das Schicksal Hunderttausender russischer Kriegsgefangener war. Du weißt natürlich, wie schon in Polen SD und SS gehaust hatten. Die Wehrmacht hat hundertfach bei den Massenmorden die Absperrposten und Transportfahrzeuge gestellt und nicht selten selber mitgemacht. Wer wissentlich mit dem Teufel ins Bett geht, teilt seine Verbrechen. Im Rücken der kämpfenden Truppe geschah das Ungeheuerliche: Auschwitz. Und die Wehrmacht verschaffte die Zeit zum Morden, willentlich oder tragisch verstrickt.

Die strategisch großartigen frühen deutschen Siege, die bewundernswerte Tapferkeit von Millionen unschuldiger deutscher Soldaten, verblassen hinter der Dimension deutscher Verbrechen in den besetzten Gebieten, in die die Wehrmacht als das entscheidende Instrument des „Führers" verstrickt war. Die Armee ist nicht nur mißbraucht worden, sie hat sich aktiv mißbrauchen lassen.

Und darauf willst Du eine neue soldatische Tradition bauen? Wir sind zur sachlichen Analyse und zum logischen Denken erzogen. Dies sind die deutschen Realitäten und sie stehen wie ein schwarzer Riegel zwischen uns und dem, was oft so glänzend war vorher.

Bei allen Nationen kann man genug finden. Mich geht unser Teil an. Dem hat sich die Bundesrepublik beispielhaft gestellt. Auf die preußisch-deutsche Militärgeschichte vor dem 3. Reich können wir stolz schauen, sie lehren und erzählen. In 2/3 weiteren Generationen mögen die deutschen Verbrechen im 2. Weltkrieg, in denen die Wehrmacht beteiligt oder verstrickt war, im Bewusstsein der Deutschen und ihrer Nachbarn verblassen. Dann hat die Bundeswehr aus der Kraft des freiheitlichen Rechtsstaates und ihrer hoffentlich vorbildlichen Einsätze in der Welt gegen Gewalt und Völkermord eine eigene Tradition geschaffen und kann dann die ganze deutsche Militärgeschichte in ihren Höhen und Tiefen in ihre Tradition einbeziehen.

Uns bleibt, und das ist nicht wenig, der „20. Juli". Ist der durchlittene und bestandene Konflikt zwischen Eid auf den „Führer" und Verantwortung für die Nation nicht außerordentlich? Sind Beck, Olbricht, Stauffenberg, Tresckow, Quirnheim, Haeften, Stülpnagel nicht beeindruckende soldatische Persönlichkeiten von hohem Charakter? Oder auch der Gewissenskonflikt anderer, z. B. Halder und Rommel? Ist bei all diesem nicht genügend Substanz für würdige soldatische Tradition? Wer zwar heute noch an dem „unbefleckten Schild der deutschen Wehrmacht" festhält, der wird die Männer und Frauen des Widerstandes gegen den Diktator als Vaterlandsverräter verachten.

Lass mich einige Deiner skeptischen Fragen beantworten: Ja, „wo wir herkommen", das sollen ganz besonders die Führer wissen. Aber da können wir nicht das Gute nehmen und das Böse in den Giftschrank sperren. Das Böse durchwurzelt das Gute. Diese „Schultern“ auf denen Du gerne stehen möchtest, sind trügerisch. - Jeder kann „seinen Vater frei sprechen“, auch wenn er in der Wehrmacht in höchster Verantwortung stand. Das ist eine sehr subjektive, private Entscheidung. Aber er kann diese emotionale Entscheidung, bei der häufig doch auch der Wunsch der Vater des Gedankens ist, nicht zur Staatsraison der Republik machen und auf diesem unwissenschaftlichen und unhistorischen Boden die Tradition der neuen deutschen Streitkräfte gründen. - Die „kalten Krieger“ Manfred, wer waren das, wer sind das noch immer? Die, die Baudissin noch in den 70er Jahren im Bremer Ratskeller niederschrien, weil sie die historische Wahrheit nicht wissen wollten oder Demokratie und Rechtsstaat noch immer verachteten und gerne ein bisschen den starken Mann immer noch da oben hätten? Ich habe die nicht selten heftige Kritik, oft die verbalen Angriffe meiner Zuhörer auf hundert Podien, aber auch der Demonstranten auf der Straße nie als „Missachtung der Soldaten der Bundeswehr durch die Gesellschaft (gesehen), die ich um des Vaterlandes willen ertragen mußte“, sondern als selbstverständliche, ja notwendige Reaktion der Bürger nach der Katastrophe von 45, an der das Militär wesentlich mit schuldig war. Ja, wir hätten uns als Demokraten Sorgen machen müssen, wenn die deutschen Bürger nicht argwöhnisch den Aufbau einer neuen Armee verfolgt hätten, 10 Jahre nachdem die deutsche Wehrmacht Europa in Schutt und Asche gelegt hatte. - Und Dein Vergleich Dresden - Auschwitz? „Wer in Dresden war, ist auch in Auschwitz gewesen.“ Auf der einen Seite, weit vor dem Krieg in Gang gesetzt, die systematische Ermordung mehrerer Millionen Menschen, die man ihrer Religion und ihrer sogenannten Rasse wegen aus ganz Europa in den Vernichtungsfabriken ausrottete, auf der anderen Seite die völkerrechtswidrige, schreckliche Zerbombung deutscher Städte mit 100.000en toter Zivilisten, eingesetzt als Mittel zur Demoralisierung einer Kriegsmaschine unter dem Befehl eines Verbrechers, die seit 5 Jahren Europa in Schutt und Asche legte. Willst Du das wirklich gleichsetzen?

Lieber Manfred. Ich habe schon 60/61 als Jugendoffizier der Gebirgsdivision in den Abiturklassen bayrischer Standorte mich gerade von Soldatenkindern auspfeifen lassen, auch in den 70er Jahren in Bremen die Armee vertreten gegen den Repräsentanten der norddeutschen Kriegsdienstverweigerer, RA Hannover, und in linken Jugendzentren oder in schleswig-holsteiner Dorfkirchen gegen Kommunen von Kriegsdienstverweigererern und Pazifisten. Ich habe immer gewonnen, denn ich hasste die Diktatur, sah diese Republik als Glücksfall und Chance meiner Generation und war tief überzeugt, daß sie nur wehrhaft, mit einem wesentlichen militärischen Beitrag zum Schutz des noch freien Westeuropas Respekt und Souveränität zurück gewinnen würde. Und: dies war genau mein Land und genau meine Aufgabe mit denen ich mich zutiefst identifizierte.

So hat mich Kritik nie beunruhigt. Ich wusste, daß meine ehrlichen Argumente stark waren. Oft wurde ich zu Beginn der Veranstaltungen ausgepfiffen. Das hat mich nie gekränkt, eher amüsiert, ich kannte den Schluß. Am Ende trommelten sie, in München 1961 eine ganze Pädagogische Hochschule. Ja ich war stolz, Offizier der Streitkräfte in diesem demokratischen Rechtsstaat zu sein und bin es noch immer.

Verzeih den Oberlehrer. Gerade Dir gegenüber, lieber Manfred, liegt mir das fern. Mit diesem Thema habe ich mich seit Leutnantszeiten in stillen Kämmerlein und auf vielen Podien auseinander gesetzt. Im Kern ist genau dies das Thema von „loyal", wenn sie für die Soldaten im Einsatz feststellt: „Sie können mit dem Konzept der Inneren Führung … kaum noch etwas anfangen." Das, was ich heute geschrieben habe ist, mit Verlaub, sinngemäß die Grundlage des Konzeptes der Inneren Führung für Soldaten in einem Demokratischen Rechtsstaat. Wer die Innere Führung in Frage stellt, weil sie den neuen deutschen Profis und Kämpfer im Einsatz nicht mehr genug Orientierung und Halt gibt, muß gleichzeitig die Frage nach der „zeitgemäßen" Tradition stellen. Beide Themen hängen zusammen und müssen auf den Prüfstand der öffentlichen Diskussion. Ich habe meinen ersten Beitrag dazu zu geben versucht.

Wir sind es denen, die im Einsatz stehen schuldig, ohne Vorurteile Antworten zu suchen und mit ihnen gemeinsam Lösungen zu finden, mit denen sie leben und kämpfen können. Aber seien wir nicht leichtfertig und bequem. Locken wir unsere Soldaten nicht auf ein Gelände, wo wir kapitulieren müssen, wenn es um die Gret- chenfrage geht: Wie stehst Du zur historischen Wahrheit und wie stehst Du zu den Werten unseres demokratischen Rechtsstaates?

Auch hierzu müssen wir uns nicht in diesen Tagen unterhalten. Vielleicht treffen wir uns in Hamburg. -

Ganz herzlich Dein Gustav

An "Loyal" Magazin für Sicherheitspolitik Hamburg, 15.09.2013

Das Ende von „Staatsbürger in Uniform" und „Innerer Führung"? Bundeswehr im Umbruch

Kurzfassung :
Die deutschen Soldaten im Krieg beklagen den Mangel eines Lage und Auftrag entsprechenden geistigen Gerüstes. - Spaltet sich die Bundeswehr zur Zeit in die, die im Krieg waren und die Anderen? - Entwickelt sich eine professionelle Armee, die ihre neue Identität aus kriegerischem Geist, aus dem Willen zu überleben und auch zu siegen entwickelt? - Und wer stellt sich dann für diese Bundeswehr zur Verfügung ? - „Staatsbürger in Uniform" beschreibt die Einheit von Staat, Gesellschaft und Soldat. Diese Einheit ist spätestens mit den Auslandseinsätzen und dem Ende der Wehrpflicht neu zu bewerten.

Der Minister beklagte im Frühjahr die Gier der Soldaten nach Anerkennung. - General a. D. Ramms, lange in höchsten NATO-Verwendungen, auch in Afghanistan, beklagte vor großem Publikum das geringe Ansehen Deutschlands in internationalen Militärstäben. - Die weit verbreitete Reservistenzeitschrift „Loyal" titelte im März: „An der scharfen Kante des Berufes - der Soldat zwischen Kampfmoral und demokratischem Werteverständnis". Sie geht das Dilemma und seine Folgen in bemerkenswerter Direktheit an: „Die Innere Führung bietet … nicht mehr genug Orientierung und Halt. … Sie (die Soldaten) können mit dem Konzept kaum noch etwas anfangen. Sie sehen sich mehr als Kämpfer, denn als Heimatverteidiger." „Loyal" legt in 05/2013 noch einmal nach.

Ich war Soldat von 1956 bis 1993. Zuletzt als Kommandeur in verschiedenen Verwendungen und als Dozent an der Führungsakademie, in den frühen Jahren u. a. Jugendoffizier einer Division. Die Streitkräfte in diesen fast 40 Jahren Aufbau und Entwicklung sind mir vertraut, besonders ihre innere Verfasstheit.

„Innere Führung“ war das bahnbrechende, großartige Konzept der Einfügung der neuen Streitkräfte in den neuen Staat und seine Gesellschaft. Gerade 5 Jahre nach 1945, auf den materiellen und moralischen Trümmern Deutschlands, 1 Jahr nach der Gründung der Bundesrepublik, begannen im Amt Blank, dem Vorläufer des Verteidigungsministeriums, Männer eine Strategie zu entwickeln, wie neue deutsche Streitkräfte in den gerade gegründeten demokratischen Rechtsstaat harmonisch eingegliedert werden können.

Die Bundesrepublik war bis 1955 aufgeteilt in die amerikanische, britische und französische Besatzungszone, die Souveränität war eingeschränkt, jenseits der innerdeutschen Grenze existierte ein 2. deutscher Staat unter sowjetischem Diktat, Stalin herrschte über die Sowjetunion und bedrohte Westeuropa mit großer Militärmacht.

1955 wurden die ersten Soldaten der Bundesrepublik vereidigt. Ein rasanter Aufbau der Bundeswehr folgte mit dem Ziel, in wenigen Jahren 500.000 Soldaten im Dienst zu haben und über die Allgemeine Wehrpflicht einen Mobilmachungsumfang bis zu 1,3 Millionen.

Das Konzept der Eingliederung der Bundeswehr in den neuen Staat bekam den Namen „Innere Führung“. Eine oft erbitterte Auseinandersetzung über seine Richtigkeit entbrannte und dauerte Jahrzehnte an. Einflußreiche Offiziere sahen in der „Inneren Führung“ den Todesstoß für Tradition, Soldatentum und Kampfgeist. Das Konzept setzte sich dennoch offiziell durch und wurde Grundlage für Soldatengesetz und nachfolgende Gesetze und Weisungen.

Die „Innere Führung“ blieb bis heute vielfach mißverstanden, gewollt unverstanden, verspottet und verachtet. Wo es nicht klappte in den Streitkräften, fand man oft schnell die Ursache in der „Inneren

Führung". Der Versuch, den Begriff „Innere Führung" durch „Inneres Gefüge" zu ersetzen, wurde im Bundeswehrjargon schnell zu „Inneres Gewürge" umgedeutet.

Aber: das Konzept trug durch die langen Jahre bis zum Zusammenbruch des Warschauer Paktes und der Vereinigung der beiden deutschen Staaten, bis zur Erlangung der vollen Souveränität und damit der neuen Rolle Deutschlands in NATO und UN und ihrer Konsequenz, den Auslandseinsätzen und dem Ende der Allgemeinen Wehrpflicht.

Die Schöpfer der „Inneren Führung", die Generale Graf v. Kielmannsegg, de Maizière und Graf Baudissin wurden von der Hamburger Universität ausgezeichnet mit dem „Freiherrn von Stein Preis" für herausragende staatsbürgerliche Leistungen.

Was ist „Innere Führung"?

Als ich in diesen Tagen einen Hauptmann, der nach vielmonatigen Einsätzen als Führer einer Kampfkompanie in Afghanistan in Anbetracht der Realitäten des Einsatzes neue „Leitlinien für die Innere Führung" forderte, fragte, wie er denn „Innere Führung " definieren würde, antwortete er: „Das ist es ja! Ich weiß es nicht, jeder sagt mir etwas anderes! Innere Führung soll ja alles einschließen." Und als ich vor einer Woche einen pensionierten Oberst der Bundeswehr auf die Problematik ansprach, explodierte er: „Dieser Quatsch! Menschenführung haben wir immer gekonnt, im Kaiserreich, in der Wehrmacht und jetzt in der Bundeswehr. Da haben sich einige wichtig gemacht und wollten etwas ganz Neues erfinden und sich einen Namen machen."

Was ist „Innere Führung"?

„Innere Führung" definiert die Einfügung der Bundeswehr in den demokratischen Rechtsstaat Bundesrepublik Deutschland und die Position des einzelnen Soldaten, seine Rechte und Pflichten:

- Primat der Politik/Parlamentsarmee

- Bindung an Recht und Gesetz
- Staatsbürger in Uniform.

Von diesen 3 Eckpfeilern lassen sich alle Teile des Gebäudes ableiten einschließlich der Menschenführung in der Bundeswehr. So, wie die Bundesrepublik ein Gegenentwurf zur Diktatur des 3. Reiches ist, so ist die Bundeswehr in ihrer inneren Verfasstheit der Gegenentwurf zur Wehrmacht. Die Bundeswehr steht nicht in der Tradition der Wehrmacht. Der Eid wird auf die Verfassung geleistet.

Die 3 Eckpfeiler waren nach dem Zusammenbruch 1945 und im Aufbau eines demokratischen Rechtsstaates logisch und m. E. alternativlos.

Inzwischen aber ist deutlich geworden, daß die „Bundeswehr im Einsatz“, in „nicht staatlichen bewaffneten Konflikten“, im „Krieg“ eine andere Bundeswehr sein muß als in den 35 Jahren im Frieden. Da sind wesentliche Veränderungen:

- Ende des Kalten Krieges und der direkten Bedrohung
- Ende der Gefahr eines Atomkrieges auf absehbare Zeit
- Ende denkbarer Kriege auf europäischen Boden mit national basierten Massenheeren
- Ende der Wehrpflicht
- Einsatz der Bundeswehr in bewaffneten Konflikten und Kriegen global, in fremden Kulturen und bei geringem Rückhalt aus der Heimat
- Einsatz in asymmetrischen Kriegen bei undefinierbaren Gegnern, deren Kombattantenstatus nicht zu erkennen ist
- der Medienkrieg, mit Zugriff bis auf die untere Kampfebene und die verzugslose Übermittlung der Bilder in die Heimatmedien
- der Cyberkrieg, der Krieg im virtuellen Raum, mit und gegen die computergestützten Waffen und Systeme.

Und bald werden bewaffnete Drohnen, autonome Drohnen und Kriegsroboter Mittel der Kriege sein.

Auch der Leitspruch „Kämpfen können, um nicht kämpfen zu müssen“ oder das Wort eines Bundespräsidenten „Der Friede ist der Ernstfall“ sind Vergangenheit. Der Krieg ist der Ernstfall. Der Soldatenberuf ist auch nicht „ein Beruf wie jeder andere“, er ist ein ganz besonderer Beruf.

Weder Fremdenlegion noch Söldnerarmee sind in der Bundesrepublik Deutschland denkbar. Aber da ist der Unmut der Männer und Frauen im Einsatz, das Verlangen zu Hause als Kämpfer respektiert zu werden, der Stachel, oft von alliierten Kameraden nicht als gleichwertig akzeptiert zu sein, das völlige Unverständnis für das Verhalten von Öffentlichkeit, Politikern und höchsten Vorgesetzten gegenüber Männern wie Oberst Klein und seiner Entscheidung, die entführten Tanklaster bombardieren zu lassen. Es wächst die Fremdheit zwischen Bundeswehr und Gesellschaft.

Diese Enttäuschungen gebären nicht nur Bitterkeit, sondern, vereinzelt noch, auch den Gedanken, sich geistig abzusetzen in eine eigene Welt der Kämpfer und Krieger. Teilt sich da zur Zeit die Bundeswehr, die jungen Kommandeure und Kompaniechefs und ihre Männer und Frauen, die im Krieg waren und die anderen, auch Vorgesetzte aller Ebenen, die dieses Siegel nicht tragen?

Entwickelt sich zwangsläufig, in Distanz zur Gesellschaft, eine professionelle Armee, die ihre neue Identität aus sich, aus kriegerischem Geist, aus dem Willen, zu überleben und auch zu siegen entwickelt? Und wer stellt sich dann für diese Armee zur Verfügung?

Der Kern des Soldatenberufes ist die Bereitschaft zum Kampf. Seine Kampfmoral trägt den Soldaten im Einsatz. Ist sie nicht begründet in der Gewissheit für eine gute Sache einzustehen und dabei von der Heimatgesellschaft getragen zu sein, entwickelt sich die Armee entweder zum zahnlosen Tiger oder zum Staat im Staate.

Wo findet der Soldat heute seine staatsbürgerliche Identität? Wie ist die Verankerung dieses Soldaten in seiner deutschen Heimatgesellschaft sicher zu stellen, die ihn zwar in die neuen Einsätze auf Leben und Gesundheit schickt, der er aber letztendlich gleichgültig ist und der irgendwo in Afrika, Asien oder sonstwo sich fragt: „Was mache ich hier eigentlich?“

Der Aachener Friedenspreis 2013 ist an 2 deutsche Schulen

verliehen worden, die es ablehnen, Soldaten, auch Jugendoffiziere, einzulassen, „weil wir für Frieden sind und nicht für Krieg."

Die von den jungen Offizieren konkret beklagten Defizite haben oft mit mangelndem Verständnis von Politikern und ihrem Lavieren vor der deutschen Öffentlichkeit zu tun, auch nicht selten mit der mangelnden Klarheit und Härte ihrer hohen und höchsten Vorgesetzten gegenüber der Politik. Wie lange haben die Soldaten auf die Anerkennung ihrer Einsätze als Einsätze im „Krieg" und ihrer Toten als „Gefallene" gewartet?

Die Mühlen von Disziplinarrecht und deutscher Gerichtsbarkeit bei problematischen Entscheidungen militärischer Führer in Stresslagen des Kampfes sind besonders demotivierend. Die monatelange gerichtliche Verfolgung des Oberst Klein muß Signal sein für entschlossene Solidarität durch Vorgesetzte und Politiker.

Der Kern des Unbehagens, der Unzufriedenheit, geht an die Grundlagen, die innere Struktur, den Geist der Streitkräfte im neuen Auftrag.

Was bleibt?

„Primat der Politik" und „Bindung an deutsches Recht und Gesetz" bleiben Kern jedes neuen Berufsbildes. Eine „Parlamentsarmee" macht die Reaktion der Bundesrepublik in internationalen Krisen zwar schwerfällig und gefährdet die Verfügbarkeit national gemischter Verbände und Einrichtungen (AWACS, schnelle Eingreiftruppen u. ä.). Grundsätzlich aber wird und sollte sich das Deutsche Parlament die Entscheidung nicht nehmen lassen. Sie ist zugleich ein wichtiger Schutz der Soldaten vor schnellen Entschlüssen der Regierung. Auch die Entwicklung bei unseren westlichen, demokratischen Partnern stärkt die Parlamente bei der Entscheidung über Krieg und Frieden.

Aber „Staatsbürger in Uniform"? Ist das noch die bundesrepublikanische Realität nach Ende der Wehrpflicht und bei globalen Einsätzen im vielstaatlichen Verbund im Auftrag der UN? Oder ist es die Heilige Kuh, von der zu trennen wir uns nicht trauen?

Natürlich bleibt der Soldat Staatsbürger. Genau so wie der Polizist oder der Arzt oder der Feuerwehrmann in Auslandseinsätzen es ist. Also eine selbstverständliche Eigenschaft, über die man nicht besonders reden muß.

Aber wir haben im Aufbau und in den Friedensjahren den „Staatsbürger in Uniform" vor uns hergetragen wie eine Fackel. Der Bürger als der geborene Verteidiger seines Vaterlandes, Staatsbürger in Uniform.

Hat der Wandel dieses signifikante Alleinstellungsmerkmal zu einem selbstverständlichen Qualitätsmerkmal verändert?

Wenn der „Staatsbürger in Uniform" aber neu bewertet werden muß, dann steht auch die „Innere Führung" als System, in dem der „Staatsbürger in Uniform" eine zentrale Rolle hat, auf dem Prüfstand. Unter dem Thema „Bundeswehr in Staat und Gesellschaft" läßt sich eigentlich alles sagen.

Das neue Leitbild wird das Bild eines Berufssoldaten sein, der im Auftrag des deutschen Parlaments und nach Anforderung durch internationale Organisationen, UN, NATO und EU gegen Gewalt und Völkermord als hochprofessioneller Kämpfer weltweit für Recht und Freiheit einsteht.

Die neue Lage erzwingt eine ehrliche Neuorientierung. Die Führungsspitze der Bundeswehr muß sie einleiten und maßgeblich gestalten. Das Primat der Politik darf dabei nicht die gewohnte Ausrede sein. Die Politiker des Bundestages werden den Realitäten des Einsatzes ihrer Soldaten nur dann Rechnung tragen, wenn sie hart darauf gestoßen werden. Die führenden Offiziere müssen das leisten.

Zivilcourage sollte den Offizier dabei auszeichnen. Mögen die jungen „Offiziere im Einsatz" sich mutig einmischen, innen und außen. Politik ist per se nicht schmutzig, sondern ein „Gefechtsfeld" der Demokratie. Nur wer sich stellt, entscheidet mit.

..

Hamburg, 30.01.2014

Führen und geführt werden

20.01. - ein Abend an der Universität der Bundeswehr

Die Aula war gut besetzt. Weit überwiegend Studenten und Studentinnen, einige Professoren, Fachbereichsleiter, wenige zivile Gäste. - Ein Mittwoch im Januar, 19 Uhr.

„Schlüsselsituationen im Afghanistaneinsatz - Vortragsveranstaltung „Führen und geführt werden“ in der HSU. Vortrag mit anschließender Podiumsdiskussion“. Die Kameradschaft Grenadiere und der Freundeskreis der Panzertruppe an der Universität der Bundeswehr e. V. hatten eingeladen. Zugang hatte jedermann. Der Zugang in das Gelände der Bundeswehr-Universität war offen.

Keine sichtbaren Kontrollen, auch nicht in der Aula. Ich war wegen meines Interesses an der „neuen“ Bundeswehr gekommen.

Auf dem Podium 4 Soldaten aus Afghanistaneinsatz mit persönlicher Kampferfahrung: ein Kompaniechef, ein Zugführer, ein stellvertretender Zugführer, ein Stabsgefreiter. Gesprächsleitung: ein Leutnant, vermutlich ohne Auslandserfahrung.

Nach Begrüßung und Vorstellung des Podiums berichteten die 4 Soldaten in Kurzvorträgen jeder über ein spezielles Erlebnis zum Thema, seine Wirkungen und ihre Art der Verarbeitung. Es folgte die Podiumsdiskussion, die überwiegend aus Antworten der 4 Teilnehmer aus ihrer unterschiedlichen Perspektive bestand, Antworten auf die vernünftigen, unaufgeregten Fragen des Gesprächsleiters. Danach eine allgemeine Aussprache, an der sich überwiegend ältere Veranstaltungsbesucher beteiligten.

Die Veranstaltung dauerte ca. 2 Stunden. Sie verlief routiniert, diszipliniert, locker. Wieweit sie im Einzelfall persönliche Betroffenheit bei den jungen Militärstudenten auslöste, war nicht zu erkennen.

Auf dem Podium saßen sehr unterschiedliche Männer, keine Soldatin. Mindestens 2 von ihnen sehr gesprächs- und diskussionserfahren, fast routiniert im Thema, der Hauptmann und der Stabsgefreite. Aber auch Oberleutnant und Oberfeldwebel sehr aussagefähig.

Eindrucksvoll war ihre Konzentration auf das Geschehen im Einsatz, ihre selbstkritische, aber zugleich selbstbewusste Darstellung, ihre analytische Bewertung und ihre Konsequenzen für die Zusammenarbeit und Wechselwirkung von Führern und Geführten.

Die 4 Soldaten strahlten gelassene Selbstgewissheit aus bei aller distanzierten Selbstkritik. Sie hatten in Afghanistan ihren Auftrag erfüllt, ihr Handwerk ausgeübt, in einer extremen Situation sich selbst erprobt und waren offenbar gefestigt in die zivile Heimatgesellschaft zurückgekehrt.

Sie hatten sich wohl damit abgefunden, daß Kollegen, Freunde und Familie zu ihrer Erlebniswelt keinen Zugang hatten, meist auch nicht haben wollten, und sie kamen damit offenbar zurecht. Da war eine neue, eine andere Gemeinschaft entstanden. Auch eine Gemeinschaft im Geiste. Wenn der eine eine Einsatzsituation schilderte und bewertete, auch seine Gefühle in der kritische Lage aussprach, nickten oft die anderen. Gleichartige Prägung in der unvergleichlichen Herausforderung, ein neuen Berufsstolz, ein Siegel des Besonderen, ein Unterscheidungszeichen.

Dabei war kein Anklang von Heldentum oder Kriegsspiel. Die Männer waren unaufgeregt, bescheiden, nie auftrumpfend oder selbstgerecht, sondern nachdenklich und rücksichtsvoll, aber offenbar ohne Selbstzweifel. Die Folgen der Einsätze für viele Kameraden, auch für sie selbst, wurden benannt, die vielen posttraumatischen Erkrankungen, die Verwundungen und die gefallenen Kameraden nicht verschwiegen, auch die großen Belastungen für die Familien und Partnerschaften. Aber ohne Lamento, in großem Ernst als die erwartbaren, ja unvermeidlichen Folgen solcher Einsätze im Krieg.

Die Soldaten stellten keine direkten Forderungen an Staat und Gesellschaft. Eher in sachlichen Nebenbemerkungen und schließlich erst nach Aufforderung in der allgemeinen Aussprache. Als sie dann den Wert einer verständnisvollen Öffentlichkeit zu Hause benannten, war das sachliche Feststellung, kein Klagelied.

Hier präsentierte sich die „Bundeswehr im Einsatz" in einer für mich erstaunlichen Selbstverständlichkeit im Rahmen unserer demokratischen Normen und Ordnung. Wie weit dieser Eindruck zu verallgemeinern ist, kann ich nicht beurteilen. Nach meiner Vermutung eher nicht.

Vier Gesprächsfelder möchte ich noch herausheben: 1. Kern des soldatischen Selbstverständnisses ist die Bereitschaft zum Kampf. Ungeschminkte Vorbereitung in der Ausbildung erspart nicht ersetzbare Ausfälle im Einsatz. 2. Die Bedeutung des Vertrauens in den Führer im Kampf ist außerordentlich. Das gilt für jede Ebene. Wo scharf geschossen wird, herrscht Angst und Unsicherheit. Nur, wenn die Truppe ihrem Führer vertraut, ist sie zusammenzuhalten und zum offensiven gemeinsamen Handeln zu motivieren. Fehler werden dem Führer zugestanden, wenn er kraftvoll und glaubwürdig handelt. 3. Information ist ein unverzichtbares Führungsmittel. Die Soldaten wollen angesprochen und einbezogen werden. Der Führer entscheidet. 4. Im Einsatz konzentrieren sich Gefühle und Aktivitäten zu allererst auf das Überleben, die Erfüllung der vor Ort gestellten Aufgaben und die Sorge um die anvertrauten Soldaten. So wichtig die Familie in der Heimat ist und Verständnis und Unterstützung durch die Heimatgesellschaft, sie treten im Einsatz weit in den Hintergrund und ggf. erst in den langen Kampfpausen wieder hervor.

Summe: Eine durchgehend gelungene Veranstaltung, informativ und lehrreich, dem Thema angemessen. Das Führen und Geführtwerden in national gemischten Teileinheiten bzw. Einheiten, wie auch die Eingliederung von Soldatinnen wurde nicht thematisiert. Wie viel Bedenkenswertes die Offiziersstudenten und -studentinnen mitgenommen haben, kann ich nicht beurteilen. Ihre große freiwillige Teilnahme, zudem in Uniform, gibt Hoffnung.

Es wird immer wieder berichtet, daß nur ein kleiner Teil der z. B. in Afghanistan diensttuenden Soldaten das Camp verlässt und in den scharfen Einsatz geht. Ohne die Belastungen des Lebens im Camp, fern von Deutschland und unter täglicher Bedrohung von Anschlägen gering zu achten, wird der soldatische Geist der neuen „Bundeswehr im Einsatz" und die Qualität von Führern und Geführten von denen geprägt werden müssen, die „Draußen" waren, unter Feuer.

Die Bundeswehr und ihre Soldaten stehen bei den neuen weltweiten Einsätzen in der Zerreißprobe zwischen den unverzichtbaren Normen des demokratischen Rechtsstaates, der sie entsendet und den Herausforderungen von Krieg und Kampf. Und das im asymmetrischen Krieg in fremden Kulturen, in denen Kombattantenstatus und Kriegsvölkerrecht wenig gelten. Die Vermittlung vom Sinn solcher Einsätze hat dann herausragende Bedeutung. Die geistigen und charakterlichen Anforderungen, besonders an die Offiziere und Unteroffiziere, sind groß.

Die 4 Soldaten auf dem Podium am 20.01. in der Bundeswehr-Universität Hamburg vertraten die „Bundeswehr im Einsatz" eindrucksvoll.

G.L.:

DE 1956
u. a. Jgd.Offz, Kdr, DozFüAk
DZE 1993
OTL a. D.

Hamburg, 27.11.2014

..
OTL a. D.

„Anforderungen an den jungen militärischen Führer"

Buchvorstellung und Podiumsdiskussion
Universität der Bundeswehr Hamburg, 25.11.2014

Anregungen - weitergedacht

Nach der Buchvorstellung „Armee im Aufbruch" am 25.11. in der Universität der Bundeswehr diskutierte eine kompetente Gruppe unterschiedlicher Kenner der Bundeswehr das Thema „Quo vadis - Anforderungen an den jungen militärischen Führer".

Der Militärhistoriker bezeichnete den Offiziersberuf als einen eminent politischen Beruf, der Betreiber eines sicherheitspolitischen Blogs beklagte die mangelhafte Präsenz der Bundeswehr im Netz. Alle wünschten von den militärischen Repräsentanten mehr Mut zur eigenen Meinung und Präsenz in der Öffentlichkeit. Es bestünde der Eindruck, die Spitzen der Bundeswehr warteten jeweils auf das Wort des Ministers/der Ministerin, um sich dann, wenn überhaupt, in deren Sinn zu äußern.

Ein eminent politischer Beruf. Graf von Baudissin hat das schon in den 60er Jahren so formuliert. Die wenigsten Offiziere haben es gelebt, die allermeisten wollten damit nichts zu tun haben. Die Politiker hatten nach ihrer Meinung für das Ansehen der Soldaten zu sorgen. Man selbst machte sich „die Finger nicht schmutzig" und stellte sich nicht den kritischen Fragen in der Öffentlichkeit.

Das Soldatengesetz sichert dem Soldaten ein großes Maß an staatsbürgerlicher Freiheit. Er muß es nur couragiert nutzen.

Die Armee ist im Aufbruch, im Wandel, der Auftrag hat sich grundlegend verändert, die Bundeswehr im Einsatz ist nicht mehr die Bundeswehr im Frieden.

Dennoch hat sich am Verhalten der militärischen Führer nach den Aussagen dieses Abends jedenfalls wenig geändert: Die Führer sind unpolitisch und treten wenig in die militärische und gesellschaftliche Öffentlichkeit. Die Forderung nach Präsenz und Richtungsweisung aber war heftiger, als ich sie je in den Friedensjahrzehnten erlebt habe. Der Soldat will seine Generäle in den Medien sehen und fordert dort ihre Meinung, wohl gerade in Zeiten, in denen Hans und Franz über die Mängel der Bundeswehr reden und die schweigende Armee sich der Lächerlichkeit preis gibt.

Ein eminent politischer Beruf? Natürlich ist er das. Staatsbürger in Uniform. Ein Beruf unter hunderten, aber ein unvergleichlicher. Wer sich den Entscheidungen des Parlaments unterstellt und sich in einen Krieg schicken läßt, den er selbst vielleicht sogar für falsch hält und dazu noch bereit ist, andere Soldaten auf diese Konsequenz hin zu erziehen, auszubilden und zu führen, der hat einen sehr besonderen Beruf. Und diese Herausforderung hat Konsequenzen, ganz besonders für den militärischen Führer.

Staatsbürger in Uniform. Das kann der Soldat nur in einem demokratischen Rechtsstaat sein. Das fordert Mitwirkung, Einflußnahme, Positionierung, vor die Front treten, diesmal im gesellschaftspolitischen Diskurs mit der anderen Meinung, mit den Andersdenkenden, gegebenenfalls auch in der Konfrontation.

Und da sollten die Spitzen der Bundeswehr nicht dabei sein und jeder andere nicht, der militärischer Führer ist? Schon aus Verantwortung für die Männer und Frauen, die er morgen in den Krieg führt, ist er hier gefordert.

Dazu gehört Courage, Zivilcourage. Mitunter auch Mut und Tapferkeit. Aber wer sich selbst und seinem Urteil vertraut, keine Angst vor Fürstenthronen hat und nicht in ständiger Sorge um die nächste Beförderung lebt, der wird die öffentliche Meinung mitgestalten und Einfluß nehmen wollen, ganz besonders auf die Sicherheitspolitik und die wird im zivilen politischen Raum bestimmt. Politik ist nicht schmutzig, sie ist das „Gefechtsfeld“ der Demokratie, nur wer präsent ist, bestimmt mit.

Unsere Verantwortung beginnt nicht in der Kaserne oder im Krieg, sondern in der Mitwirkung an der Entscheidung für den „richtigen“ Krieg. Staatsbürger in Uniform.

Wer das Besondere unseres Berufes kennt, die Schwächen nicht verschweigt, ihn aus Überzeugung lebt, der kennt die Stärke unserer Argumente für eine wehrhafte Demokratie. Da ist das Kreuzen der Klingen, der Argumente, eine selbstbewußte Herausforderung.

Zivilcourage. Man hat sie oder man hat sie nicht? Glücklich der, der sie im Elternhaus lernt, dem schon früh Mut gemacht wird. Schlecht dran der, der schon früh zum Duckmäuser erzogen wurde. Aber spätestens ab 20 hat der ganz eigene Weg begonnen. Man kann manches nachholen. Und die Bundeswehr könnte nicht nur vorleben, sondern schon bei der Auswahl des Offiziersnachwuchses die soziale Kompetenz, das Engagement in Sportvereinen, Jugendorganisationen, Parteien, Kirchen positiv werten.

Es geht nicht um Opponieren, um Besserwissen, um Auftrumpfen. Es geht um Verantwortung, Ehrlichkeit, Klarheit, mitunter auch um Selbstachtung. Den militärischen Führer binden nur die Werte unserer Verfassung und sein Gewissen. Seine Verantwortung gilt seinen Untergebenen. Seinen Vorgesetzten ist er Gehorsam schuldig, aber nicht um jeden Preis. Wer widerspricht, sollte das Ganze im Auge halten, seine Sache sorgfältig geprüft haben, Form und Anstand wahren. Zivilcourage ist nicht blind. Empörung kann spontan sich äußern, handeln in Gefahr erfordert den kühlen Kopf.

Es gibt in der deutschen Militärgeschichte so manches großartige Beispiel für Zivilcourage und so manches erschreckende Versagen. Die Gelegenheiten, Geschichte zu schreiben sind selten, der militärische Führer bewährt sich im Alltag.

Zivilcourage ist die Voraussetzung für verantwortliches Handeln in einem eminent politischen Beruf, dem Beruf des militärischen Führers. Der Abend in der Universität der Bundeswehr in Hamburg gibt Hoffnung.

Ein Wort zum Abschluß

Ich habe nie bedauert, nicht in einem Krieg gekämpft zu haben. Wenn das Parlament es so entschieden hätte, wären wir gegangen, ohne Zögern, das ist die Konsequenz unseres Berufes.

Wir hatten das Glück unserer Generation. Zu jung, um am 2. Weltkrieg teilgenommen zu haben, zu alt, um in Afrika, Kosovo, Afghanistan eingesetzt zu werden.

Wir durften 60 Jahre ein Leben in Sicherheit, in Wohlstand und in Recht und Freiheit genießen. Wir Soldaten aus dieser Zeit können mit guten Gründen überzeugt sein, durch Verteidigungsentschlossenheit an der Verhinderung eines Krieges und der Bewahrung des Friedens in Freiheit in Europa maßgeblich mitgewirkt zu haben.

Krieg ist die Geißel der Völker
Friede ist die Lebensbedingung des digitalen Zeitalters
Krieg kann das einzige Mittel sein zur Befreiung

Krieg ist die Geißel der Völker. Kein Ereignis hat soviel Not und Elend, soviel Verlust, soviel Zerstörung zur Folge. Kein Verbrechen ist größer als einen Krieg leichtfertig herbei zu führen.

Krieg kann das einzige Mittel sein zur Befreiung aus Unterdrückung, Willkür und Ohnmacht. In einer Demokratie entscheidet letztendlich die Mehrheit, ob sie für die Erhaltung von Recht und Freiheit den hohen Preis eines Krieges zahlen will.

Streitkräfte sind das unverzichtbare Instrument des Politikers. Wer sie erfolgreich als Abschreckung zur Erhaltung des Friedens in Recht und Freiheit einsetzt, dem soll man Denkmäler bauen.

Massenvernichtungswaffen blockieren sich in klassischen Konflikten gegenseitig, solange die Androhung ihres Einsatzes glaubwürdig ist. Im Kalten Krieg wurde das Risiko mit offenbarem Erfolg gewagt. Auch wenn in diesem Irrsinn also eine Logik liegt, ist er unerträglich. In modernen, nichtstaatlichen Kriegen sind Massenvernichtungswaffen unberechenbare, extreme Bedrohungen. Die Staatengemeinschaft muß sie abschaffen.

Der hybride Krieg ist der Krieg des 21. Jahrhunderts. Er ist die Herausforderung des Westens, die Nagelprobe des demokratischen Rechtsstaates. Noch nie waren offene Gesellschaften so angreifbar wie heute. Rußland gibt in der Ukraine zur Zeit einen Vorgeschmack.

Im hybriden Krieg werden Soldaten der Bundeswehr endgültig Teil einer ganzheitlichen Abwehr, in der wie nie zuvor die staatlichen und gesellschaftlichen Kräfte kooperieren, wenn sie überleben wollen. Zivil-Militärische-Zusammenarbeit (ZMZ) meiner Zeit war da nur eine Vorstufe.

Neben hybrider Kriegsführung, auch im NATO-Gebiet, gehören weltweite Einsätze im Auftrag der UN und in allen Formen des Krieges zu den jederzeit möglichen Einsätzen der Bundeswehr. Dazu müssen die Stabsoffiziere Fachleute ihres Handwerks sein, mehrsprachig, diplomatisch geschult, in internationaler Zusammenarbeit erfahren und vom Sinn ihres lebensgefährlichen Einsatzes überzeugt.

Nur eine geeinte EU ist den Herausforderungen gewachsen. Bei den großen Operationen sind die USA unverzichtbar.

Diplomatie und strategisches Denken sind die Werkzeuge, Weltinnenpolitik, humane Regeln und wirksame Sanktionsmöglichkeiten müssen das Ziel der Politik sein.

Unsere Kameraden stehen heute im Kosovo und am Horn von Afrika, führten Krieg in Afghanistan und morgen vielleicht in Zentralafrika, auf den Golanhöhen, im Irak oder in den baltischen Staaten, an der Grenze zur Ukraine. Ihre Gegner respektieren die Regeln des Völkerrechtes nicht. Ihr Beruf ist unvergleichbar. Eine freiheitliche Gesellschaft, ein Rechtsstaat wäre ohne sie schutzlos gegen Gewalt und Willkür.

Würde und Anspruch unserer Soldaten ist ihr Mut, sich den parlamentarischen Entscheidungsabläufen anzuvertrauen, die sie gegebenenfalls in den Krieg schicken, ohne sie zu fragen, ohne Wenn und Aber.

Eine angemessene, d. h. optimale Ausbildung, Ausrüstung und Versorgung sollte selbstverständlich sein. Wenn der europäische Zentralstaat Deutschland mit dem Anspruch auf mehr Verantwortung und Führung seine Armee kaputt spart, dann handelt er verantwortungslos und macht sich lächerlich. Er stellt seine Soldaten bloß im Einsatz und Kampf auch vor ihren internationalen Kameraden.

Ein sehr hoher deutscher NATO-Offizier faßte kürzlich seine Erfahrungen so zusammen: „Wenn auf einem NATO-Gefechtsstand ein amerikanischer, ein britischer und ein französischer Offizier im Gespräch sind und ein deutscher tritt hinzu, gehen die ersten Drei auseinander und treffen sich bald anderswo ohne den deutschen Kameraden." Da stockt der Atem.

Nach 1989 träumten viele vom ewigen Frieden in Wohlstand, unbegrenzter Freiheit und einer kleinen Rest-Bundeswehr. Innerhalb der letzten Monate beginnt der Boden unter unseren Füßen zu schwanken. Nicht nur der Zusammenbruch des Euro und damit unseres Wohlstandes, der Sozialsysteme, des inneren Friedens ist möglich, sondern auch Krieg in Europa, vor unserer Tür, in unserem eigenen Haus. Wenn wir Glück haben, dann ist dies nur der Versuch der Erpressung mit militärischen Mitteln und einer rücksichtslosen Gesinnung, die sich über die Regeln hinwegsetzt.

Wo werden dann unsere Soldaten sein? Wie gut sind sie dann trainiert und ausgerüstet? Wie stark trägt sie unsere Gesellschaft rational und emotional? Wie sicher können sie sein, daß die Politiker, die sie schicken, wissen, was sie tun? Wer wird sich überhaupt noch zur Verfügung stellen und welche Familie wird das mittragen?

Eine Gesellschaft ist dumm, die ihre Politiker mißachtet. Ermuntern wir unsere Kinder und Enkel, in die Politik zu gehen. Seien wir selbst kritische und aktive Bürger. Nur starke, selbstbewusste, unabhängige Frauen und Männer sollten unsere Dörfer und Städte, Land und Bund leiten. Nur sie können dem Druck der Lobbyisten widerstehen und Entscheidungen treffen aus Verantwortung und allein zum Wohle der Gemeinschaft, Entscheidungen auch für unsere Soldaten, über Moral und Stolz auf ihre Aufgaben, über ihre Gesundheit und ihr Leben.

Nur die Werte unserer Verfassung können Auftrag und Handeln unserer Soldaten bestimmen: Recht und Freiheit. Dann ist Soldatsein ein großer Beruf, ungewöhnlich, vielseitig, herausfordernd und erfüllend.

Ich habe Dank zu sagen: Wilfried für Anstoß und Ideen, Holger für Rat, Erika für kritische Begleitung durch all die Jahre und auch jetzt bei der Erstellung des Manuskriptes und Marcel Bohnert für die Einführung in Vorstellungen und Erwartungen der jungen Offiziere heute. Dank auch an Annett Welzel für Einfühlungsvermögen und Professionalität bei der Übertragung der Texte.

Gustav Lünenborg, Oberstleutnant a.D.

Jahrgang 1936, aufgewachsen bis zum Abitur in Rheine/Westfalen
Soldat seit 1956, Truppengattung Pioniere

Verwendungen:

1958 - 1960	Zugführer im Gebirgspionierbataillon 8
1960 - 1961	Sicherheits- u. Personaloffizier, S2/S1 Degerndorf/Inn
1961 - 1963	Divisionsjugendoffizier 1. Gebirgsdivision Garmisch
1963 - 1965	Kompaniechef Gebirgspionierbataillon 8
1965 - 1967	Brigadepionierführer Gebirgsjägerbrigade 22 u. Kompaniechef Gebirgspionierkompanie 220, Degerndorf/Inn
1967 - 1969	Hörsaalleiter Heeresunteroffiziersschule I Sonthofen
1969 - 1972	Lehrstabsoffizier u. Pionierstabsoffizier Schule Technische Truppen II Bremen
1972 - 1974	Lehrstabsoffizier u. Hörsaalleiter Heeresoffiziersschule II Hamburg
1974 - 1975	Generalstabslehrgang A Führungsakademie Hamburg
1975 - 1981	Divisionspionierführer 6.Panzergrenadierdivision und Kommandeur Pionierbataillon 6, Plön
1981 - 1987	Dozent für Pionierwesen Führungsakademie Hamburg
1987 - 1993	Kommandeur Verteidigungskreiskommando 113 Bad Segeberg

Abkürzungsverzeichnis

ABC	Atomar/Baktereologisch/Chemisch
AmphPiKp	Amphibische Pionierkompanie
Art	Artillerie
B SE	Bad Segeberg
Btl	Bataillon
Bw	Bundeswehr
Div	Division
Fm	Fernmelde
Fhr	Führer
FüAk	Führungsakademie
FüS	Führungsstab der Streitkräfte
Fw	Feldwebel
Gen	General
GrpFhr	Gruppenführer
H	Hauptmann
Hfw	Hauptfeldwebel
HQ	Hauptquartier
HSU	Helmut-Schmidt-Universität
Inf	Infanterie
Kp	Kompanie
KpChef	Kompaniechef
KpFw	Kompaniefeldwebel
Lt	Leutnant
M	Major
Mannschaften	untere Dienstgruppe

Mob	Mobilmachung
NVA	Nationale Volksarmee
O	Oberst
Ofw	Oberfeldwebel
Offz	Offizier
OL	Oberleutnant
OTL	Oberstleutnant
PiBtl	Pionierbataillon
PiS	Pionierschule
PiStOffz	Pionierstabsoffizier
PiSpezSperrKp	Pionierspezialsperrkompanie
Pz	Panzer
Res	Reserve
Rgt	Regiment
ROA	Reserveoffiziersanwärter
SG	Soldatengesetz
SFw	Stabsfeldwebel
S-H	Schleswig-Holstein
Stv	Stellvertreter
SZ	Süddeutsche Zeitung
TE	Teileinheit
Uffz	Unteroffizier
VBK	Verteidigungsbezirkskommando
VKK	Verteidigungskreiskommando
WBK	Wehrbereichskommando
ZDV	Zentrale Dienstvorschrift
ZgFhr	Zugführer
ZMZ	Zivil-Militärische-Zusammenarbeit

Carola Hartmann Miles-Verlag

Politik, Gesellschaft, Militär

Uwe Hartmann, *Innere Führung. Erfolge und Defizite der Führungsphilosophie für die Bundeswehr,* Berlin 2007.

Hans Joachim Reeb, *Sicherheitskultur als kommunikative und pädagogische Herausforderung - Der Umgang in Politik, Medien und Gesellschaft,* Berlin 2011.

Hans-Christian Beck, Christian Singer (Hrsg.), *Entscheiden - Führen - Verantworten. Soldatsein im 21. Jahrhundert,* Berlin 2011.

Eberhard Birk, Winfried Heinemann, Sven Lange (Hrsg.), *Tradition für die Bundeswehr. Neue Aspekte einer alten Debatte,* Berlin 2012.

Angelika Dörfler-Dierken, *Führung in der Bundeswehr,* Berlin 2013.

Cornelia Fedtke, Kai-Uwe Hellmann, Jan Hörmann, *Migration und Militär. Zur Integration deutscher Soldaten mit Migrationshintergrund in der Bundeswehr,* Berlin 2013.

Wolf Graf von Baudissin, *Grundwert Frieden in Politik - Strategie - Führung von Streitkräften,* hrsg. von Claus von Rosen, Berlin 2014.

Wolf Graf von Baudissin, *Der Widerstand. „... um nie wieder in die ausweglose Lage zu geraten ...“,* hrsg. von Claus von Rosen, Berlin 2014.

Marcel Bohnert, Lukas J. Reitstetter (Hrsg.), *Armee im Aufbruch. Zur Gedankenwelt junger Offiziere in den Kampftruppen der Bundeswehr,* Berlin 2014.

Phil C. Langer, Gerhard Kümmel (Hrsg.), *„Wir sind Bundeswehr.“ Wie viel Vielfalt benötigen/vertragen die Streitkräfte?,* Berlin 2015.

Reihe: Jahrbuch Innere Führung

Uwe Hartmann, Claus von Rosen, Christian Walther (Hrsg.), *Jahrbuch Innere Führung 2009. Die Rückkehr des Soldatischen,* Eschede 2009.

Helmut R. Hammerich, Uwe Hartmann, Claus von Rosen (Hrsg.), *Jahrbuch Innere Führung 2010. Die Grenzen des Militärischen,* Berlin 2010.

Uwe Hartmann, Claus von Rosen, Christian Walther (Hrsg.), *Jahrbuch Innere Führung 2011. Ethik als geistige Rüstung für Soldaten,* Berlin 2011.

Uwe Hartmann, Claus von Rosen, Christian Walther (Hrsg.), *Jahrbuch Innere Führung 2012. Der Soldatenberuf zwischen gesellschaftlicher Integration und suis generis-Ansprüchen,* Berlin 2012.

Uwe Hartmann, Claus von Rosen (Hrsg.), *Jahrbuch Innere Führung 2013. Wissenschaften und ihre Relevanz für die Bundeswehr als Armee im Einsatz,* Berlin 2013.

Uwe Hartmann, Claus von Rosen (Hrsg.), *Jahrbuch Innere Führung 2014. Drohnen, Roboter und Cyborgs - Der Soldat im Angesicht neuer Militärtechnologien,* Berlin 2014.

Einsatzerfahrungen

Kay Kuhlen, *Um des lieben Friedens willen. Als Peacekeeper im Kosovo,* Eschede 2009.

Sascha Brinkmann, Joachim Hoppe (Hrsg.), *Generation Einsatz, Fallschirmjäger berichten ihre Erfahrungen aus Afghanistan,* Berlin 2010.

Artur Schwitalla, *Afghanistan, jetzt weiß ich erst… Gedanken aus meiner Zeit als Kommandeur des Provincial Reconstruction Team FEYZABAD,* Berlin 2010.

Uwe Hartmann, *War without Fighting? The Reintegration of Former Combatants in Afghanistan seen through the Lens of Strategic Thought*, Berlin 2014.

Rainer Buske, *KUNDUZ. Ein Erlebnisbericht über einen militärischen Einsatz der Bundeswehr in AFGHANISTAN im Jahre 2008*, Berlin 2015.

Erinnerungen

Blue Braun, *Erinnerungen an die Marine 1956 - 1996,* Berlin 2012.

Harald Volkmar Schlieder, *Kommando zurück!,* Berlin 2012.

Reinhart Lunderstädt, *Aus dem Leben eines Hochschullehrers. Persönlicher Bericht,* Berlin 2012.

Wulf Beeck, *Mit Überschall durch den Kalten Krieg. Mein Leben für die Marine,* Berlin 2013.

Jan Becker, *Aufgewühltes Wasser,* 3 Bde., Berlin 2014.

Heinz Dietrich Minkewitz, *An einem Sonnabend im Oktober,* Berlin 2014.

Klaus Grot, *So war's, damals. Dienstchronik eines Pionieroffiziers im Kalten Krieg 1954–1991,* Berlin 2014.

Reihe: Standpunkte und Orientierungen

Daniel Giese, *Militärische Führung im Internetzeitalter - Die Bedeutung von Strategischer Kommunikation und Social Media für Entscheidungsprozesse, Organisationsstrukturen und Führerausbildung in der Bundeswehr,* Berlin 2014.

Dirk Freudenberg, *Auftragstaktik und Innere Führung. Feststellungen und Anmerkungen zur Frage nach Bedeutung und Verhältnis des inneren Gefüges und der Auftragstaktik unter den Bedingungen des Einsatzes der Deutschen Bundeswehr,* Berlin 2014.

Uwe Hartmann (Hrsg.), *Lernen von Afghanistan. Innovative Mittel und Wege für Auslandseinsätze,* Berlin 2015.

Fouzieh Melanie Alamir, *Vernetzte Sicherheit - Quo Vadis?,* Berlin 2015.

Monterey Studies

Uwe Hartmann, *Carl von Clausewitz and the Making of Modern Strategy,* Potsdam 2002.

Zeljko Cepanec, *Croatia and NATO. The Stony Road to Membership,* Potsdam 2002.

Ekkehard Stemmer, *Demography and European Armed Forces,* Berlin 2006.

Sven Lange, *Revolt against the West. A Comparison of the Current War on Terror with the Boxer Rebellion in 1900 - 01,* Berlin 2007.

Klaus M. Brust, *Culture and the Transformation of the Bundeswehr,* Berlin 2007.

Donald Abenheim, *Soldier and Politics Transformed,* Berlin 2007.

Michael Stolzke, *The Conflict Aftermath. A Chance for Democracy: Norm Diffusion in Post-Conflict Peace Building,* Berlin 2007.

Frank Reimers, *Security Culture in Times of War. How did the Balkan War affect the Security Cultures in Germany and the United States?,* Berlin 2007.

Michael G. Lux, *Innere Führung - A Superior Concept of Leadership?,* Berlin 2009.

Marc A. Walther, *HAMAS between Violence and Pragmatism,* Berlin 2010.

Frank Hagemann, *Strategy Making in the European Union,* Berlin 2010.

Ralf Hammerstein, *Deliberalization in Jordan: the Roles of Islamists and U.S.-EU Assistance in stalled Democratization,* Berlin 2011.

Ingo Wittmann, *Auftragstaktik,* Berlin 2012.